창세기의 원原역사, 과학으로 말하다

– 창세기 1–11장

창세기의 원原역사, 과학으로 말하다

임번삼 지음

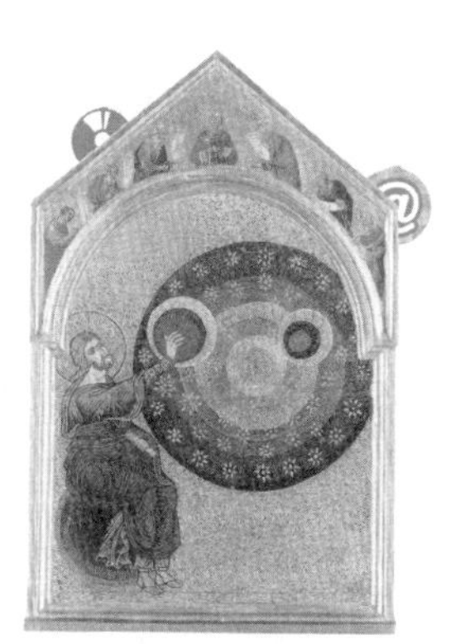

크리스챤서적

| 추천사 |

지금까지 창세기에 대한 해석은 신학자의 몫이었다. 그러나 과학이 급속도로 발전하면서, 과학이 신학에 큰 영향을 끼치기 때문에 과학을 도외시하고서는 현대 신학을 이야기할 수 없게 되었다. 특히 진화론의 영향으로 창세기의 내용을 단순한 신화로 치부하려는 신학자들이 늘어나고, 과학과 종교가 대립하는 양상이 심심치 않게 보인다. 이에 따라 창세기의 내용이 과학의 눈으로 보더라도 진화론보다 더 과학적임을 변증해야 할 필요성이 제기되었다.

창세기 12-50장은 이스라엘 민족 형성에 대해 기술한 것으로, 역사적 사실로 이미 확인되었다. 그러나 1-11장의 원原역사는 과학적 증명과 추정이 어려워 신화로 다루어지곤 하였다. 이 책은 창세기 1-11장의 내용에 대하여 그동안 신학자들은 물론 수많은 과학자의 연구 내용을 총 망라한 역작으로, 가히 창세기의 부록이라 할 수 있다. 또한 기원 문제에 대하여 설득력 있는 훌륭한 정보를 제공하는, 과학과 신학의 필독서라고 확신한다. 기독교인은 물론이거니와 그동안 우주와 인류의 기원에 대하여 궁금증을 가졌던 지성인들이라면 꼭 읽어 보시기를 권고한다.

– 순천향대학교 명예교수, 전 한국창조과학회 회장 **정계헌**

| 추천사 |

임번삼 박사는 과학자미생물학 박사로서, 신학을 전공한 신학자이거나 목회자는 아닙니다. 그럼에도 불구하고 전문가도 부끄러울 만큼 성경과 신학에 해박합니다. 그의 신앙은 전적으로 성경에 기반을 둔 복음주의입니다.

본서의 대상인 창세기 1-11장은 인간의 이성으로는 수용하기가 쉽지 않기 때문에 신화나 전설 또는 비유로 다루는 경향이 있고, 신학자나 목회자들도 다루기를 망설이거나 확신이 없어서 유신진화론으로 타협하고 넘어가기 쉬운 뜨거운 감자입니다.

그런데 저자는 긍정적이고 과학적인 시각으로 성경을 깊이 연구하고, 방대한 자료를 근거로 성경은 현대 과학과도 모순이 없다는 사실을 변증합니다. 미해결 주제가 있다면 그것은 성경에 문제가 있어서가 아니라, 인간의 지혜가 아직 하나님의 말씀에 미치지 못하기 때문이라고 봅니다. 혹자는 인간이 못하니까 하나님도 불가능할 것으로 간주하지만, 하나님은 능치 못할 일이 없는 분입니다.

기독교 신앙은 하나님의 특별계시인 성경에 토대를 두는데, 성경에 대한 확신이 없다면 어떻게 바른 신앙을 가질 수 있을까요? 성경의 난해한 부분이나 기적에 대해 "일단 믿기만 하면 이해하게 된다"는 말을 흔히 듣지만, 이 책은 성경을 이성적으로도 믿을 수 있도록 확실한 도움을 줄 것입니다.

신학자, 목회자, 신학생들에게 필독을 권합니다. 신학교의 교양 교재로도 손색이 없으리라고 확신합니다. 일반 지성인들이 읽으면 기독교를 잘 이해할 수 있을 뿐 아니라, 영혼을 구원하는 일에도 도움을 얻을 것으로 확신합니다. 그가 준비하고 있는 제2, 제3의 저서들도 속간되어 그의 놀라운 재능이 빛을 볼 수 있기를 기대합니다.

– CCC 원로목사, 한국창조과학회 이사 **유종호**

| 추천사 |

첨단 과학이 사회 구석구석을 압도하는 요즈음, 우리는 창세기가 신화이며, 그것도 중동의 설화들을 각색한 것이라고 서슴없이 비하하는 사람들과 함께 호흡하며 살고 있다. 그만큼 가치관이 전도된 세상이 되었나. 그러나 성경은 여전히 하나님의 감동으로 기록된 하나님 말씀이라고 선포한다. 특히 창세기는 하나님의 능력과 신성을 보여주는 창조의 신비에 대해 기술하고 있다. 기독교의 교리는 대부분 창세기에 근거하므로, 창세기를 부정하면 기독교의 기본 교리가 무너지게 된다. 따라서 창세기가 문자 그대로 역사적 사실이며 진리라는 사실을 밝혀서 진화 사상으로 오염된 창세기에 관한 해석을 제자리로 돌려 놓아야 한다.

이러한 때에 저자가 30여 년 동안 창조과학에 관해 연구한 수많은 과학적 자료들을 실타래를 엮듯이 접목하여 《창세기의 원原역사, 과학으로 말하다》를 출간하게 되었으니 축하와 더불어 감사를 드린다. 이 책에서 인용한 방대한 자료들은 객관성을 한층 더 높여주며, 창세기의 역사성을 뒷받침한다. 또한 창조의 진리에 갈급한 모든 분들에게 과학의 안목으로 성경을 깊이 이해하도록 도와줌으로써 진리의 실체가 창조주임을 발견하도록 인도할 것이다. 부디 이 책이 널리 보급되어 창조주의 지혜와 사랑을 확인하고 기쁨을 함께 나눌 수 있기를 바란다.

– 한양대학교 명예교수, 전 한양대학교 의과대학장 **이하백**

| 머리말 |

이 책은 지난 30여 년간 내가 여러 대학과 교회에서 강의한 내용 중, 창세기의 원原역사1-11장에 관한 부분을 과학의 시각에 비추어 기술한 것이다. 그렇게 함으로써 창세기가 신화가 아닌 역사적 사실임을 밝히고자 했다. 이를 뒷받침하기 위해 많은 자료를 참고했다. 기독교계에서는 지금까지 창세기를 신학의 시각으로만 해석해 왔다. 그러나 과학이 급속히 발전하면서, 창세기를 과학의 시각으로도 살펴야 할 필요가 생겼고, 이 책은 이러한 필요에 부응해 저술한 것이다.

제1장에서는 창세기에 대한 개요, 천지 창조 및 생명체에 나타난 설계의 증거를 소개했다. 제2장에서는 인간의 창조와 그들이 살았던 에덴동산에 대해 살폈다. 아울러 유인원의 진화설類人猿進化說도 소개해, 창조론과 진화론이 어떻게 다른지 비교하도록 했다. 제3장에서는 인류의 타락과 그에 따른 죽음의 도래, 낙원 추방, 최초의 살인, 아담의 족보 및 불신 계열不信系列에 의한 도시 국가 건설 등을 다루었다.

제4장에서는 노아의 대홍수를 비롯해, 지층·지형의 형성에 대한 격변설과 동일과정설 비교, 육식 허용 문제, 대홍수 증거 등을 소개했다. 제5장에서는 많은 자료에 근거를 두고 노아의 후손들이 어느 곳으로 이동했는지 살펴보았다. 그리고 인류의 이동을 유발한 바벨탑 사건과 언어·인종의 분화 내용을 살폈다.

제6장에서는 학계를 지배하는 진화론의 실체가 무서운 무신론적 유물唯物 사상임을 밝히고, 진화론이 역사에 끼친 참담한 사례들을 소개했다. 아울러 요즈음 급격히 부상浮上하는 유신진화론有神進化論의 내

용을 비롯해, 창조론과 지적설계론知的設計論이 무엇인지를 개괄적으로 살폈다. 끝으로, 성경에 나타난 과학적 사실과 국내외에서 활동하는 대표적 창조과학자들을 소개했다. 이들은 모두 믿음의 기초 위에서 자연 속에 숨어 있는 자연의 운행 원리를 추구한 학자들이었다.

각 주제에 대한 설명은 전통개혁주의 노선에 따랐으나, 논란이 있는 주제에 대해서는 이설異說도 참고 사항으로 소개함으로써 독자들의 이해를 돕도록 했다. 방대한 내용을 정리하다 보니 부족한 부분이 많으리라 염려된다. 독자 여러분의 따뜻한 지적과 비판을 기대한다. 아울러 기독교의 실체와 인생의 근본 문제를 바르게 이해하는 데 이 글이 조금이라도 도움이 되기를 바라는 마음 간절하다.

이 책이 출간되기까지 고견을 주신 많은 분들과 이 책의 출판을 흔쾌히 허락하신 임만호 사장님을 비롯한 크리스챤서적 관계자 여러분, 그리고 뒷바라지로 수고한 백여옥 권사에게 감사한다.

2014년 봄, 용인에서

양헌亮軒 임번삼

| 차례 |

※ 본서의 인용 성경은 개역개정판입니다.

※ 본서의 내용 중 약자로 기록한 라, 그, 히, 바는 언어 분류 표기입니다.
라: 라틴어, 그: 그리스어, 히: 히브리어, 바: 바벨론어

제1장

천지창조

물질과 에너지는 생성되거나 소멸하지 않는다. 이것이 열역학 제1법칙이다. 그렇다면 오늘의 천지만물은 어떻게 존재하게 된 것일까? 이는 과학적 질문인 동시에 철학적인 질문이기도 하다. 불교에서는 무시무종無始無終이라 하는데, 이는 종교적인 대답은 될지언정 과학적인 대답은 될 수 없다. 과학계를 지배하는 진화론進化論은 우연과 시간이, 창세기創世記는 초월적인 존재가 천지만물을 창조했다고 말한다. 과연 어느 주장이 보다 과학적일까?

제1강

창세기는 어떤 책인가?

자연계의 기원起源은 그것을 만든 자가 아니면 알 수가 없다. 우주의 창조 장면은 아무도 본 사람이 없고, 실험할 수도 없다. 창세기創世記, Genesis는 창조주 하나님이 알려준 내용을 모세Moses가 기록한 책이다. 따라서 창세기를 떠나서 자연계의 기원과 본질을 바르게 이해한다는 것은 사실상 불가능한 일이다. 기독교의 핵심 교리는 대부분 창세기에 근거하므로 창세기를 부정하면 기독교의 전통 교리도 무너지게 된다. 창세기에 나타난 주요한 기원을 정리하면 다음과 같다Genesis Record, pp. 18-22 등.

① 우주: 자존하는 하나님이 무無, nothing에서 우주의 구성 요소有: 시간·공간·물질를 창조했다창 1:1, 2:4. 그러나 일반 종교와 학계에서는 미지의 물질에서 우주가 생성되었다는 유有에서 유有의 창조를 주장한다.

② 질서order와 복잡성complexity: 우주와 자연계창 1:14-19 및 생명체들창 1:11-12, 20-30이 가진 정교한 질서와 복잡한 구조는 그것을 있게 한 최초원인最初原因, 라 *prima causa*에 의해서만 주어질 수 있다.

⑶ 태양계: 지구를 포함한 태양계는 각각 고유한 목적을 가지고 있다창 1:14-19.

④ 대기권과 수권水圈: 물과 대기층창 1:6-10을 가진 지구는 진화의 결과로 나타난 것이 아니라, 처음부터 생물을 위해 특별히 창조되었다.

⑤ 생명: 모든 생물은 처음부터 종류대로, 완벽한 형태로 창조되었다창 1장.

⑥ 족보族譜: 창세기는 천지창 2:4와 인류의 족보창 5:1에 대해 상세히 소개한다.

⑦ 결혼제도: 아담과 하와는 하나님의 중매로 최초의 가정을 이루었다창 2:22-25.

⑧ 죄와 죽음: 뱀으로 위장한 사탄의 유혹으로 죄가 세상에 들어왔다. 아담과 하와는 그들의 자유의지로 악을 선택했기 때문에 그에 대해 책임을 져야 했다. 그 책임은 다름 아닌 고통과 죽음이었다창 3장.

⑨ 언어: 온 땅의 언어가 원래는 하나였으나창 11:1, 하나님께 대항하다가 지금처럼 여러 나라 말로 나뉘게 되었다창 11:7-8.

⑩ 국가: 에리두Eridu를 비롯한 최초의 도시국가들이 에덴의 동쪽에서창 4:16-17, 19-22 번성했으나 대홍수로 모두 수장되었다창 6-8장. 대홍수 후에 다시 기시Kish와 우루크Uruk를 비롯한 도시국가들이 나타났다창 10-11장.

⑪ 문화와 문명: 최초의 도시 문명은 가인의 후손들이 이루었다. 특히 아담의 제7대손 라멕 가문에 의해 세속문화가 이루어졌다창 4:20-22.

⑫ 종교와 제사: 모든 종교의 제사 의식은 아벨의 제사에서 기원을 찾을 수 있다창 4:3-5.

⑬ 고대 국가의 기원과 인종人種, Human races의 분화: 바벨탑 사건으로 언어가 나뉘었고, 각 어족語族이 고대 국가를 세웠다. 그리고 같은 국경 안에서 자기 집단끼리 결혼하고 관습을 공유한 결과, 오늘의 피부색과 체형體形을 가진 인종으로 분화되었다창 10-11장.

⑭ 선민選民: 하나님은 아브라함의 후손인 이스라엘 민족을 선민으로 택했다창 12:1-2, 17:1-8, 26-2, 46:1-4.

이러한 창세기의 기술은 일반 종교나 철학의 이론이 허구라고 다음과 같이 반박한다Genesis record, p. 38.

① 하나님이 우주를 창조했다고 말하므로, 무신론無神論을 반박한다.

② 하나님은 우주를 초월한 존재라고 말하므로, 범신론汎神論을 반박한다.

③ 하나님이 홀로 천지를 창조했다고 선언하므로, 다신론과 이원론을 반박한다.

④ 물질은 창조된 것이라고 선언하므로, 유물론唯物論을 반박한다.

⑤ 하나님은 인간이 아니라고 선언하므로, 인본주의人本主義를 반박한다.

⑥ 하나님이 생물을 종류대로 창조했다고 하므로, 진화론進化論을 반

박한다.

⑦ 하나님의 형상대로 사람을 창조했다고 하므로, 유인원 진화설類人猿進化說을 반박한다.

⑧ 하나님이 6일 동안 우주를 창조했다고 하므로, 동일과정설同一過程說을 반박한다.

⑨ 하나님이 무에서 시공물時空物을 창조했다고 선언하므로, 빅뱅설을 반박한다.

창세기의 구성

창세기는 원原역사1-11장와 족장族長의 역사12-50장로 구성되어 있다. 원역사Primitive history는 천지 창조부터 인간의 창조와 타락, 홍수 심판, 인간이 바벨탑을 쌓아 하나님께 반역한 사건 등을 담고 있다. 진화론자와 자유주의 신학자들은 이러한 원原역사를 신화神話라고 깎아내리지만, 성서고고학이 발전하면서 창세기의 내용이 점차 역사적인 사실로 드러나고 있다.

족장族長, Patriach의 역사에서는 믿음의 조상 아브라함과 그 후손들이삭·야곱·요셉이 이스라엘 민족을 형성해 나가는 과정을 한 편의 드라마처럼 펼쳐 보여준다. 이러한 역사는 남의 이야기가 아닌, 우리 역사의 한 편린片鱗이라 할 수 있다. 불행히도 선민選民 이스라엘이 하나님의 아들 메시아히 *Mesiah*, 그 *Christos*를 처형함으로써 선민의 계보가 메시아를 구세주로 고백하는 그리스도인들에게로 옮겨졌다.

▲ 〈그림 1〉 모세 상(미켈란젤로, 1516)

창세기를 기록한 모세

모세Moses, BC 15C, 그림 1는 풍운의 사나이였다. 어려서부터 40년은 이집트의 왕자로서 호화로운 생활을 하며 학문을 익혔다. 그 후 40년은 미디안 광야의 바람과 햇볕 속에서 고독과 싸우며 살았다. 어느 날, 그는 불타는 가시덤불 앞에서 하나님의 부르심을 받았다. 그 후 40년은 이집트에서 노예생활을 하는 이스라엘 민족을 이끌어 젖과 꿀이 흐르는 가나안으로 인도한 지도자로서의 삶을 살았다. 그는 호렙 산에서 하나님과 대면해 율법律法, Law을 직접 받았다. 창세기를 포함한 모세오경五經, Pentateuch, *Torah*의 일부는 이때 기록한 것으로 보인다.

창세기와 세계관

성경聖經, Bible은 하나님의 감동으로 쓰인 책이므로, 스스로 권위가 있다. 이러한 성경을 어떻게 받아들이느냐에 따라 그 사람의 세계관世界觀이 달라지기 마련이다. 세계관은 삶의 방향과 우선순위를 알려주는 역할을 한다. 이러한 세계관의 형성에 성경의 첫 책인 창세기創世記, Genesis가 끼친 영향은 매우 크다. 우주의 기원起源에 관한 해석을 기준으로 세계관을 분류하면, 다음의 세 유형으로 나눌 수 있다.

(1) 진화론적 세계관 Evolutional worldview

우주가 시행착오를 거치면서 오늘의 질서 있는 세계로 발전했다는 자연주의적 견해自然主義, naturalism이다. 진화론자들은 우주의 탄생에 필요한 것은 오직 우연chance과 시간time뿐이며, 우주에는 아무런 목적이 없다고 말한다. 그러나 우연偶然에서 자연계의 필연必然이 나올 수는 없는 일이다. 무질서에서 자연계의 질서가 나왔다는 주장도 논리적인 모순이다. 그들 스스로 주장하듯이, 자연계는 지향하는 목표를 가지고 있지 않기 때문이다.

(2) 창조론적 세계관 Creational worldview

창세기에 근거한 기독교적 세계관으로, 창조주創造主가 목적을 가지고 우주만물을 만들었다는 견해이다창 1:1; 요 1:2-3; 롬 11:36. 이에 따르면 창조 초기에 가장 질서가 높았고, 인류가 타락하면서 질서가 붕괴하는 방향으로 모든 반응계反應系가 작동하게 되었다고 말한다. 이는 진화론과 상반되지만, 열역학 제2법칙모든 반응은 질서가 감소하는 쪽으로 진행의 지지를 받는다.

(3) 유신진화론적 세계관 Theistic evolutional worldview

창조주가 진화의 방법으로 자연계를 만들었다는 주장이다. 창조주도 믿고 진화론도 수용하자는 일종의 혼합이론인데, 실제 내용은 진화론에 매우 가깝다.

이처럼 우주의 기원에 관해서는 기본적으로 창조-진화의 두 견해세계관가 대립한다. 그런데 이 중 하나는 잘못된 것이라 단정할 수 있다. 왜냐하면 상반되는 두 주장이 모두 정답일 수는 없기 때문이다. 이 책은 창조론적 세계관에 따라 기술했다.

창세기는 기독교 교리의 뿌리

창세기를 바르게 이해하지 않고는 우주와 인간의 기원은 물론, 기독교의 교리도 바르게 알 수 없다. 만일 창세기에 대한 해석이 잘못된다면 기독교의 모든 교리는 무너지게 될 것이다. 창세기에 근거한 창조론적 세계관만이 우리 삶을 바른 길로 인도해 줄 것이다. 최근 기독교계에 진화사상이 침투하면서, 창세기를 설화나 전설로 치부하는 현실은 매우 가슴 아픈 일이 아닐 수 없다. 한국 교회는 창세기를 열심히 읽고 연구하며, 기록된 내용 그대로 선포하는 '진리의 기둥과 터'가 되어야 한다. 교회가 앞장 서서 창세기의 내용을 부지런히 가르쳐서, 성도들이 바른 세계관을 갖도록 도와주어야 할 것이다.

참고 사항: 각국의 창조 설화

창세기는 하나님이 '무에서 유'를 창조했다고 말한다. 이에 반해 다른 창조 설화들의 공통점은 '유에서 유'의 창조이다. 더 나아가 자녀 신들이 아버지 신父神을 죽이고 우주의 주도권을 장악했다는 것이다. 이는 그들이 하나님父神을 대항해 여신女神을 만들어 섬긴 가인과 니므롯의 후예임을 보여주는 증거이다. 이러한 창조 설화들은 그 후 범신론적 자연주의로 발전해 진화론의 한 뿌리가 되었다.

메소포타미아에서는 민물淡水의 신 압수Apsu와 바닷물의 신 티아맛Tiamat이 라흐무와 다하무를 낳았고, 이들로부터 많은 신들이 태어나 아버지 압수를 죽였나고 말한다. 그리고 승리한 자녀 신의 대표인 에아Ea가 신들의 왕인 마르둑Marduk을 낳았다고 한다. 남편의 죽음에 화가 난 티아맛은 킹구Kinggu와 연합해 마르둑에게 대항했으나 패했고, 마르둑은 티아맛의 시체로 우주를 만들고, 킹구의 피로 사람을 만들었다는 것이다.

이집트에는 여러 종류의 창조 신화가 있다. '아툼Atum 창조설'에 따르면, 아툼이 오시리스와 하피Osiris & Hapi를 만들어, 그들로 하여금 우주만물을 창조하도록 했다고 한다. 이와는 반대로 오시리스와 이시스 사이에서 아툼이 태어났다는 설도 있다. 반면에 '레Re의 창조설'에 따르면, 태양신 레가 물과 인간을 창조했다고 말한다. 이 밖에도 지혜의 신 '토트Thot의 창조설'도 있다.

그리스에서는 카오스Chaos에서 신들이 태어났고, 가이아Gia, 대지의 신가 우라노스天神, Uranos와 폰토스海神, Pontos를 출산했다고 한다. 가이아가 다시 우라노스와 교접해 남신타이탄 등 5명과 여신타타니스 등 6명 및 크로노스Kronos를 낳았다고 한다. 그런데 크로노스의 아들인 제우스Zeus가 아버지를 죽이고 형제들과 함께 세계를 다스리게 되었다는 것이다. 이처럼 세계의 창조설화의 특징은 부신父神에 대한 자녀 신들의 반역이 핵심을 이룬다.

중국의 창조 신화는 난생 설화卵生說話이다. 태초에 우주를 품은 알 속에 거인 반고班固가 들어 있었는데, 그가 1만8천 년간의 긴 잠에서 깨어나 껍데기를 깨트리자 청명한 기운은 위로, 혼탁한 기운은 아래로 내려가면서 하늘과 땅이 분리되었다는 것이다. 반고는 천지가 엉키지 않도록 1만8천 년간 쐐기를 박는 일을 하다가 죽었는데, 그의 육신이 분해되어 우주만물이 생겨났다는 것이다. 이러한 난생 설화는 신라의 건국 신화에도 나온다.

인도의 창조 신화는 자존자 브라흐만Brahman에서 나온 질서의 신 인드라Indra, 帝釋天가 혼돈의 신 부르트라뱀·용왕를 물리치는 과정에서 천지와 태양과 물이 생성되었다고 말한다.

제2강

천지의 창조 우주의 기원

구약성경은 히브리어로, 신약성경은 그리스어로 기록되었다. 성경의 모든 말씀은 하나님의 영감으로 기록되었으므로 성경 원어原語의 의미를 깊이 살펴야 성경을 바르게 이해할 수 있을 것이다. 따라서 이 강좌부터는 창세기의 원原역사1-11장에 관한 주요한 히브리어 성경 구절을 강해식講解式으로 설명하려고 한다. 여기에 곁들여 여러 사학자, 신학자 및 창조과학자들의 해석을 참고로 소개하여 성경의 역사성을 뒷받침하고자 한다.

창세기 제1장은 장엄한 6일 창조의 내용을 담고 있다. 하나님은 말씀으로 6일 동안에 온 우주와 만물을 만드셨다창 2:3; 출 20:11, 31:17. 첫 3일제1·2·3일은 기본 틀을 만들고, 후 3일제4·5·6일에는 첫 3일에 상응하는 일자에 일월성신1→4일, 조류와 어류2→5일, 육상 동물과 사람3→6일을 차례로 만들어 채우셨다그림 1.

▲ 〈그림 1〉 천지창조

창 1:1 태초에 하나님이 천지를 창조하시니라.

이 구절은 하나님의 주권 선포라고 할 수 있다. 하나님이 시간태초과 천지天地를 만드셨으므로 하나님이 우주의 주인이라는 선언이다. 이 구절과 관련해, 물리학에서 150년 동안 변하지 않고 통용되는 열역학법칙熱力學法則에 대해 살펴보고자 한다.

열역학 제1법칙은 '물질과 에너지는 서로 전환하지만 총량은 일정하다'는 에너지불변의 법칙양적 법칙이고, 제2법칙은 '우주계의 모든 반응은 질서가 줄어드는 방향으로 진행한다'는 무질서도Entropy의 증가법칙질적 법칙이다. 아인슈타인은 물질과 에너지의 전환 방정식$E=MC^2$을 발견했다E: 에너지, M: 물질, C: 빛의 속도. 이에 따르면 물질에서 생성되는 에너지의 양은 물질의 중량에 광속光速의 제곱을 곱한 수치와 같으며, 물질과 에너지는 생성이나 소멸되지 않고 총량은 항상 일정하다는 것이다.

그렇다면 오늘의 물질또는 에너지은 처음에 어떻게 생겨났느냐 하는 문제에 봉착하게 된다. 이에 대해 자연과학은 해답을 줄 수가 없다. 과학은 실험 가능한 주제를 연구 대상으로 하기 때문이다. 그런데 성경은 자존自存하시는 하나님출 3:14이 무無로부터 천지의 구성 요소시·공·물를 동시에 만들었다고 말한다창 1:1. 현대물리학에서 시공물時空物이 이처럼 공존한다는 사실을 처음으로 밝힌 것은 아인슈타인의 특수상대성원리 1905에 의해서이다. 그런데 3,400년 전에 기록한 창세기가 시공물의 동시 창조를 선언하고 있으니 놀라운 일이 아닐 수 없다. 그러면 위 구절에 나오는 주제어주어·동사·목적어에 대해 좀더 자세히 살펴보기로 하자.

하나님God, 히 *Elohim*: 히브리어로 하나님을 가리키는 엘로힘하나님들은 복수형이다. 그런데 동사는 단수형창조하다, 히 *bara*을 사용했다. 하나님은 복수형인데 왜 동사는 단수형으로 표현한 것일까? 이에 대한 해답은 하나님에 대한 아래의 성경 구절들을 종합적으로 살펴보아야 알 수 있다.

*나는 스스로 있는 자이니라(출 3:14).

*나는 만물을 지은 여호와라 홀로 하늘을 폈으며 나와 함께한 자 없이 땅을 펼쳤고(사 44:24).

*태초에 말씀이 계시니라 이 말씀이 하나님과 함께 계셨으니 이 말씀은 곧 하나님이시니라 그가 태초에 하나님과 함께 계셨고 만물이 그로 말미암아 지은 바 되었으니 지은 것이 하나도 그가 없이는 된 것이 없느니라(요 1:1–4).

*이는 만물이 주에게서 나오고 주로 말미암고 주에게로 돌아감이라(롬 11:36).

*그는 근본 하나님의 본체시나 하나님과 동등됨을 취할 것으로 여기지 아

니하시고 오히려 자기를 비워 종의 형체를 가지사 사람들과 같이 되셨고 (빌 2:6-7).

*그는 보이지 아니하는 하나님의 형상이시요 모든 피조물보다 먼저 나신 이시니 만물이 그에게서 창조되되 하늘과 땅에서 보이는 것들과 보이지 않는 것들과 혹은 왕권들이나 주권들이나 통치자들이 다 그로 말미암고 그를 위하여 창조되었고 또한 그가 만물보다 먼저 계시고 만물이 그 안에 함께 섰느니라(골 1:15-17).

위의 구절들을 종합하면 하나님은 유일하신 분임을 알 수 있다. 위의 구절들에 나오는 나그 또는 주란 예수를 지칭한다. 따라서 예수가 우주를 창조하신 하나님이라는 이야기이다. 그렇다면 예수와 엘로힘하나님들은 어떤 관계일까? 신학자들은 엘로힘이라는 용어를 단·복수형 uniplurality이라 부른다. 상식적으로는 이해하기 어려운 개념인데, 이에 도움을 주는 교리가 삼위일체론三位一體論이다그림 2. 하나님은 한 분인데, 그 안에 세 위격位格이 공존한다는, 그래서 유일한 분이라는 이론이다.

창조하시니라Creation, 히 *Bara*: 히브리어 동사 빠라*bara*는 '무에서 유'의 창조라 *creatio ex nihilo*를 말한다. 여기서 유有는 우주를 구성하는 시·공·물time·space·matter을 말한다. 빠라Creation, 히 *bara*가 '무로부터 유'의 창조임에 반해, 아사make, 히 *asah*나 야짜르form, 히 *yatsar*는 기존 재료로 어떤 형태를 만들거나 조성하는 행위를 뜻한다. 세계의 창조 설화들은 한결같이 '유에서 유'의 창조를 말한다. 이것이 인간이 상상할 수 있는 인식의 한계이다. '빠라'는 오직 성경에서만 나오는 단어로, 우주·생명·영혼의 창조 시에만 사용되었다. 이 동사의 주체는 자존하시고 전지하시며 영원 불변하신 하나님 한 분뿐이다.

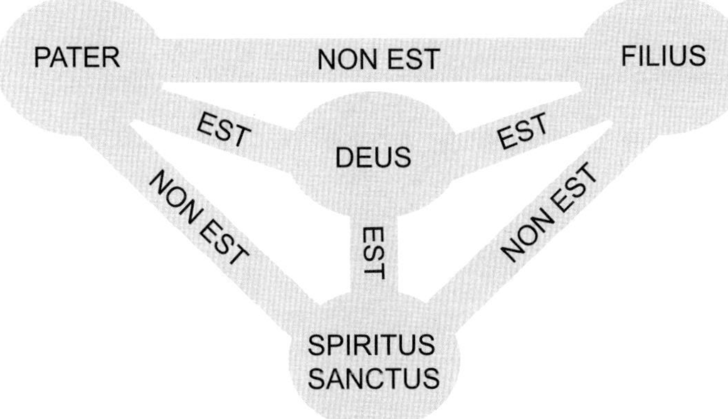

▲ 〈그림 2〉 삼위일체 방패(*Trinity-Scutum-Fidei*) 성부·성자·성령은 동일 인격은 아니지만(*non est*), 한 하나님(one God)이시다.

동시에 창조된 시공물時空物

(1) 태초In the beginning, 히 *Beresith*

태초太初란 시침이 돌기 시작한 최초의 시점時點, 그 *kairos*을 말한다. 그 시각부터 시간은 미래를 향해 흐르기 시작했다. 이렇게 탄생한 시간의 무대 위에 사람아담이 등장하면서 시간은 역사history로 바뀌었다. 현재 학계에서는 시간에 대해 두 견해가 대립한다.

어거스틴이 《고백록》397-401과 《하나님의 도성》413-426에서 확립한 직선적 시간관linear view에 따르면, 하나님이 원圓처럼 생긴 절대시간*en arche*, 요 1:1에서 한 오라기의 상대적 시간*kronos*, 창 1:1을 꺼내어 직선적으로 흐르게 했으며, 지상에서는 하나님왕국과 지상왕국이 대립하다가, 마침내 하나님왕국으로 완성된다고 하였다神政史觀. 이에 반해 순환적 시간관circular view은 시간이 돌고 돈다는 견해이다. 이는 기독교를 제외한 대부분의 종교·사상·철학이 공통적으로 가진 개념이다. 불교·힌두교 등에서는 시간은 돌고 돌며輪回論, 시작도 끝도 없다無始無終고 말한다. 유교에서는 '옛것을 알면, 그것을 미루어 새것을 알 수 있다' 溫故而知新 可以爲師矣고 말한다. 니체는 영원회귀永遠回歸, eternal recurrence를 주장했고, 헤르만 헤세·쇼펜하우어 등의 철학자들은 시간의 회귀에 따른 숙명론宿命論, fatalism을 설파했다. 영국의 사학자 아널드 토인비도 《역사의 연구》1933에서 순환론적 역사관을 주장했다.

(2) 하늘들Heavens, 히 *Shamayim*

샤마임*Shamayim*, 하늘들은 샴*sham*, there, 거기과 마임*mayim*, waters, 물들의 합성어이다. 이는 하늘 위에 '물 층' water canopy, 창 1:7이 있었음을 암시한다. 유대인은 하늘이 삼층천이라 믿었다원어성경대전, pp. 44–45. 삼층천에 대해서는 여러 해석이 있지만, 필자의 견해는 아래와 같다.

① 일층천Sky: 새가 날고 일월성신이 있는 곳창 1:6–8, 2:1; 벧후 3:7–13.

② 이층천Mid heaven: 일층천과 삼층천 사이에 있는 곳으로, 사탄과 악령들이 머무는 곳, 공중권세를 잡은 자가 거주하는 곳, 예수님의 공중 재림의 장소로, 하늘의 전쟁터엡 2:2; 살전 4:16–17.

③ 삼층천Heaven: 하나님·천군·천사가 있는 곳, 바울이 방문했던 곳고후 12:1–4.

(3) 땅The Earth, material, 히 *Erets*

'그 땅'히 *ha erets*은 아직 어떠한 형체도 갖추어지지 않은 상태이므로창 1:2 지구나 흙이 아닌 물질mass, matter, 즉 원소element로 해석하는 것이 합리적이다창 1:1–2, 10–12. 최초의 땅은 여러 원소들이 엉성한 물 분자에 둘러싸여 우주 공간에 흩어져 있었을 것으로 추측된다창 1:2; 욥 26:7. 물질에너지은 다른 물질에서 유출된 것이 아니라 비非물질에서만 나올 수 있다. 시공時空은 시공을 초월한 자만이 창조할 수 있는 것이다. 이러한 비물질적이면서 시공을 초월한 존재는 창조주 한 분뿐이다. 창조과학의 아버지라 불리는 헨리 모리스1918-2006는 물질땅이라는 용어를 에너지를 포함하는 개념으로 해석했다Genesis Record, p. 41. 이상의 내용을 종합해 볼 때 창세기 1장 1절은 다음과 같이 풀어쓸 수 있을 것이다.

> 삼위일체 하나님이 아무것도 없는 무無로부터 우주를 구성하는 시간과 하늘들과 원소들물질·에너지을 있도록 하셨다.

연속체설連續體說, Continuum theory과 우연偶然의 허구

연속체설이란 현대물리학에서 시간·공간·물질이 연속체連續體, continuum로 존재한다는 이론이다. 이들은 서로 분리될 수 없으며, 동시에 존재한다는 것이다. 창세기1:1는 시간태초이 공간하늘들 및 물질땅과 동시에 창조되었다고 말한다. 일찍이 교부 어거스틴354-430도 《하나님의 도성》11:6에서 우주가 시간 속에서 창조된 것이 아니라 시간과 함께 창조되었으며, 그 이전에는 창조주 이외에 아무것도 없었다고 했다.

이성주의理性主義 철학은 무無에서는 아무것도 생기지 않는다라 *ex nihilo nihil fit*고 말하고, 이성을 앞세우는 진화론은 우주의 생성 요인이 시간과 공간과 우연뿐이라고 말한다. 프랑스의 진화학자 자크 모노1971는 '완전히 자유하면서 지각이 없는 우연偶然이 진화의 거대한 체계를 이루는 근본 뿌리'라고 했고, 영국의 허버트 스펜서1820-1903는 과학의 궁극적 개념인 다섯 요소시간·공간·물질·힘·작용가 우연과 결합되어 만물을 생성했다고 했다. 그러나 우연은 힘이나 원인原因이 아니므로 자연을 발생시킬 수 없으며, 우연偶然, accident에서 자연계의 필연必然, inevitability이 나올 수는 없는 일이다. 따라서 진화론의 실체인 자연주의 만물이 우연히 생겼다는 주장는 이성의 자살 행위와도 같다존 맥아더, 2001.

우주의 크기와 창조설Cosmogeny

지구가 속한 태양계는 우리은하계10만 광년 크기의 일원으로, 은하 중심으로부터 2만7천 광년 떨어진 거리에서 은하의 주위를 회전한다. 일회전을 하는 데 2억 년이 소요된다고 하니, 우리은하계의 광대함은 가히 짐작하고도 남는다. 그런데 이러한 우리은하계는 국부은하군局部銀河群, 600만 광년의 일원에 불과하며, 국부은하군은 처녀좌은하단處女坐銀河團, 6,000만 광년의 한 점에 지나지 않는다. 이것은 다시 국부초은하단1억 5천만 광년의 한 점에 불과하다. 이런 식으로 확대해 나가다 보면 마침내 우주의 가장자리에 도달하게 될 것이다.

우주의 크기는 120억 광년으로 추정한다. 일 광년光年은 빛이 일 년간 달려간 거리이므로, 120억 광년은 빛이 120억 년을 달린 거리이다. 그렇다면 우주의 경계선 너머로는 또 어떤 세계가 펼쳐져 있을까? 또 다시 땅이 혼돈하고 공허하며 흑암이 깊음 위에 있는 상태창 1:2가 아닐까? 이처럼 광대한 우주의 기원에 대해, 현대물리학에서는 우주란 cosmic egg이 갑자기 폭발해 탄생했다는 빅뱅설불완전→완전 모델과 창조주의 설계 작품이라는 창조설완전→불완전 모델이 대립한다.

모세는 하나님이 6일 동안에 모든 우주와 만물을 창조했다고 기록했다창 2:3; 출 20:11, 31:17. 창조 이전에는 아무것도 존재하지 않았다. 왜냐하면 '창조' 라는 말이 절대무絕對無에서 유有의 창조를 의미하기 때문이다. 천지창조 이전에는 시간은 흐르지 않았고 물질과 공간도 없었다. 하나님만 홀로 존재하셨다. 하나님은 6일 동안에 천지를 무에서 창조했고 제7일에 안식했다고 직접 선언했다창 2:3; 출 20:11, 31:17.

> 하나님이 그 일곱째 날을 복되게 하사 거룩하게 하셨으니 이는 하나님이 그 창조(*bara*)하시며 만드시던(*asah*) 모든 일을 마치시고 그 날에 안식하셨음이니라(창 2:3).
>
> 이는 엿새 동안에 나 여호와가 하늘과 땅과 바다와 그 가운데 모든 것을 만들고 일곱째 날에 쉬었음이라 그러므로 나 여호와가 안식일을 복되게 하여 그 날을 거룩하게 하였느니라(출 20:11).

젊은 지구 나이

진화론자들은 연대측정법에 근거해 지구의 나이를 46억 년으로 추정한다. 자유주의 신학자들과 유신진화론자들은 이러한 주장에 적극 동조한다. 그러나 대부분의 교부들과 종교 개혁자들 및 교회사가敎會史家들은 젊은 나이일만 년 미만에 동조했다. 어거스틴은 창조 6일의 길이가 '성경으로 계산해 보면 6,000년이 채 지나지 않았음을 발견한다' 고 했다.《하나님의 도성》, 11:6, 12:10 그리고 창조 6일의 길이를 모두 같은 길이로 해석했다전게서, 22:7. 아일랜드의 주교 어셔1581–1656는 창조 시점을 기원전 4004년으로 추정했고, 저명한 물리학자 뉴턴1643–1727은 이러한 견해에 동의했다.

《이집트왕명록》Egyptian King's List을 작성한 마네토Manetho, BC 3C는 기원전 3,000년 이전에는 어떠한 기록도 없으며, 6,000년 이상의 역사는 추측에 의한 것이라고 했다Colin Renfew, 1974. 이 밖에도 젊은 지구 연대를 주장한 대표적인 사람은 다음과 같다Genesis Record p. 45. 요세푸스 5555년, 케플러 3993년, 멜란히톤 3964년, 루터 3961년, 라잇풋 3960년, 해일스 5402년, 플래이페어 4008년, 리프만 3916년, 유대전설 3760년, 칠십인역 5270년.

창 1:2 땅이 혼돈하고 공허하며 흑암이 깊음 위에 있고 하나님의 영은 수면에 운행하시니라.

땅: 히브리 원어는 '웨'그런데+ '하'그+ '에레츠'땅로 구성되어 있다. 따라서 '그런데 그 땅이'라는 말이다. 헨리 모리스는 땅 속에는 모든 원소가 들어있으므로 땅을 물질로 해석하는 것이 합리적이라고 하면서, 이 구절을 이렇게 풀이했다.

> 태초에 하나님이 천지또는 공간과 물질를 창조했다. 그런데 그렇게 창조된 물질은 처음에는 형태가 없었고, 아무도 거주하지 않았다In the beginning God created the heaven and the earth(or space and matter), and the matter so created was at first unformed and unhabited.

혼돈하고 공허하며 흑암이: 원시 지구의 혼돈 상태를 나타내는 세 단어는 혼돈한 땅이 텅 빈 어둠 속에 존재했음을 보여준다. 혼돈

Formless, Chaos, 히 *Tohu*은 황무지신 32:10나 뒤범벅이 된 상태를 말한다사 24:10. 공허Emptiness, 히 *Bohu*는 텅 비어 있음렘 4:23과 황폐함을 뜻한다사 34:11. 그리고 흑암Darkness, 히 *Hoshek*은 어둠 자체를 뜻한다.

깊음Deep, 히 *Tehom*: 깊은 심연무저갱, 헬 *abyss*을 말한다사 8:24; 27, 벧후 3:5; 계 9:1. 창조 시점에는 중력重力을 포함해 어떠한 에너지도 없었으므로, 지구를 뒤덮은 물 분자H_2O는 수소H와 산소O가 느슨하게 연결된 상태였을 것이고, 물 분자가 느슨하게나마 연결된 것은 빛에너지의 근원인 창조주의 특별한 섭리에 기인한 것으로 보인다. 따라서 하늘에서 내려다본 지구의 모습은 깊은 혼돈 상태였을 것이다. 어느 학자는 이 구절을 '태초에 수소H와 정보말씀가 있었다'로 해석했다.

수면水面, 히 *panim*: 헨리 모리스는 히브리어 패님*panim*을 표면surface이 아닌 존재presence로 해석했다. 물 분자가 어둠에 섞여 있었다는 것이다Genesis Record, p. 50. 이처럼 지구의 첫 모습은 원소들이 무질서하게 흩어져 있어서 그야말로 깊이를 가늠할 수 없는, 거대한 묽은 수프 상태를 이루고 있었던 듯하다. 하나님은 혼돈그 *chaos*의 상태로 우주를 만드셨고, 6일 동안에 그 혼돈을 질서로 바꾸신 것이다. 이처럼 '무질서에서 질서의 창조' From chaos to cosmos가 '무에서 유의 창조'에 이은 창조의 두 번째 단계였다. 이렇게 하여 형성된 질서cosmos가 곧 우주cosmos를 의미하게 되었다. 미국의 천문학자인 러셀 험프리1990는 만물은 물에서 만들어졌다고 했고, 철학의 아버지 탈레스BC 625-547도 물이 만물의 원질原質, *en arche*이라고 했다. 멕시코의 아스테카 신화Lewis Spencer, p. 108, 인도의 사타파타 신화, 아프리카의 반투 신화수잔 바우어, p. 39도 태초에 흑암과 물이 세상을 뒤덮고 있었다고 하였다.

하나님의 영wind, breath, 히 *ruach*: 일부 학자는 성령원어성경대전, pp. 62-63

이나 하나님의 바람웬함, p. 106으로, 칼빈 등은 성부여호와의 영으로 해석한다. 그러나 성경의 여러 구절을 종합해 보면 창조의 주체는 엘로힘하나님들, 창 1:1, 하나님성부의 영1:2 및 예수요 1:1-3; 롬 11:36; 골 1:15-17 등으로 나타나므로, 창조는 삼위 하나님의 협동 사역이라 할 수 있을 것이다원어성경대전, p. 63.

운행하시니라hovering, 히 *merahepet*: '보살피다, 감시하다'는 뜻이다. 이는 암탉이 알을 품고 굴리거나 독수리가 허공에서 새끼를 받아 보호하듯이신 32:11, 창조주가 무한한 애정으로 지구를 품고 보살폈다는 뜻이다. 동사 라하프히 *lahaf*, 흔들다, 움직이다의 분사형이다. 킹제임스성경KJV은 이 단어를 '퍼덕거리다' 또는 '떨리다'렘 23:9로, 모리스는 '진동하다'로 해석했다Genesis Record, p. 52. 이는 창조주의 능력이 피조 세계로 전달된 사실을 강조하기 위한 표현들이다. 물질이 진동하면 전자電子의 수數와 회로가 변하므로, 다른 원소로 바뀌게 된다히 12:26-29; 벧후 1:21. 따라서 이 구절은 물을 원료로 하여 여러 원소들이 만들어진 것으로 해석할 수 있다. 모리스는 이러한 '하나님의 영'을 모든 창조 활동을 작동시킨 근본 원동력Prime Mover으로, 그리고 '운행'을 '진동'으로 해석하면서, 이 부분을 다음처럼 표현했다.

> 하나님의 성령이 수면에서 진동했다Genesis Record, p. 52.

창 1:3-5 하나님이 이르시되 빛이 있으라 하시니 빛이 있었고 빛이 하나님이 보시기에 좋았더라 하나님이 빛과 어둠을 나누사 하나님이 빛을 낮이라 부르시고 어둠을 밤이라 부르시니라 저녁이 되고 아침이 되니 이는 첫째 날이니라 창세기 1장 3절-2장 3절은 '6일 창조'에 대한 명시적 선언이다. 이 때의 하루는 지금과 꼭 같은 '24시간의 하루'이다. 그러나 날-연대설 날-시대설, Day-Age theory을 주장하는 사람들은 창조 6일의 하루히 *yom*가 불특정의 긴 지질학적 기간을 의미한다고 말한다. 그러나 이러한 주장은 다음과 같은 문제에 봉착한다Genesis Record, pp. 53-54 등.

① 창세기 제1장에 나오는 생물들의 창소 순서가 긴 시질학적 기간을 주장하는 동일과정설의 지층 화석들의 형성 순서와 일치하지 않는다. 고생대 지층이 최근지층보다 더 위쪽에 나오는 등 순서가 맞지 않는다.

② 각 지층의 화석은 당시에 살았던 생물들의 사체死體라 주장하므로, 이는 제6일째 창조된 아담의 범죄에서 죽음이 기인했다는 성경의 주장과 어긋난다.

③ 성경은 날day, 히 *yom*이 '24시간의 하루임'을 증거한다. 창세기 제1장에서는 창조 6일마다 '저녁이 되고 아침이 되니'라는 동일한 표현을 반복해 사용했다. 성경에 나오는 욤의 의미는 90% 이상이 24시간의 하루이다. 나머지는 '기간, 때, 낮 시간' 등의 의미를 가지고 있지만, 이러한 경우에는 반드시 형용사나 부사가 함께 사용되었다예: 여호와의 날, 야곱의 환난의 날.

④ 창조주 자신이 직접 6일 동안에 우주와 만물을 만들고 일곱째 날에 안식했다고 선언했다창 2:3; 출 20:11, 31:17.

⑤ 지질학적 기간설은 족장들의 나이 문제창 5장와도 상충한다.

⑥ 창조의 하루가 지질학적 기간수십억이라면, 제3일에 창조된 식물植物은 긴 기간에 태양 빛을 받지 못하여 모두 고사하고 말

앗을 것이다.

하나님이 이르시되: 하나님은 단순히 명령함으로써창 1:3, 6, 9, 11, 14, 15, 20, 22, 24, 26, 28, 즉 말씀으로 만물을 만드셨다. 이는 창조주의 전지전능성에 기인한다. 성부는 만물의 근원이고1:1, 성령은 활성을 부여했으며1:2, 성자말씀, 요 1:1, 14는 만물이 나타나도록 하셨다1:3. 이 말씀이 출애굽 시기에는 법궤 속에 계셨고, 2000년 전에는 사람의 모습으로 나타나셨다成肉身, Incarnation.

빛이 있으라 하시니 빛이 있었고: 창조의 첫날한 날, one day, 빛의 근원인 하나님은 말씀으로 빛을 만드셨다. 어둠에서 빛이 분리됨으로써 우주는 활성화되었고, '저녁이 되고 아침이 되는' 지구의 자전自轉과 모든 행성계가 움직이기 시작했다. 그때의 장엄했을 광경을 상상해 보라. 우주를 작동하는 힘은 근원적으로 빛에너지에서 나온다. 현대물리학에서는 '빛은 파동이면서 입자'인 물질파物質波라고 말한다. 입자이지만 질량이 전혀 없는 광양자光陽子, photon라는 것이다. 만일 빛이 조금이라도 질량을 가지고 있다면 빛이 내려쪼이는 곳마다 거대한 폭발이 일어날 것이다.

빛은 회전하지 않는다. 그래서 첫날부터 지구는 '저녁이 되고 아침이 되는' 지구의 자전 현상이 일어난 것으로 보인다. 그런데 첫날 창조된 이 빛은 창조 제4일에 만들어진 '우주의 빛'과는 다른 빛이었다. 어거스틴은 이 빛을 천사天使로 해석했고, 헨리 모리스도 욥기38:4-7에 근거해 같은 견해를 피력했다. 빛의 자녀인 천사들은 우주공간에서 활동하며, 구원의 후손들을 위해 창조되었으므로히 1:14 우주의 창조 이전에는 존재할 필요가 없었다Genesis Record, p. 57. 성경은 하나님을 빛으로 표현한다요 1:9, 8:12, 9:5; 히 12:29; 약 1:17; 요일 1:5. 그리고 천국에서는 해와 달이 필요 없다고 했다. 하나님의 영광과 어린양예수이 세상을 비추는 등불이 되기 때문이다계 21:23.

창 1:7-10 하나님이 궁창을 만드사 궁창 아래의 물과 궁창 위의 물로 나뉘게 하시니 그대로 되니라 하나님이 궁창을 하늘이라 부르시니라 저녁이 되고 아침이 되니 이는 둘째 날이니라 하나님이 이르시되 천하의 물이 한 곳으로 모이고 뭍이 드러나라 하시니 그대로 되니라 하나님이 뭍을 땅이라 부르시고 모인 물을 바다라 부르시니 하나님이 보시기에 좋았더라.

궁창 아래의 물과 궁창 위의 물로 나뉘게 하시니: 창조 초기에 주목할 사실은 하늘의 위와 아래에 각각 물층이 있었다는 것이다. 하늘 위에도 물 층水層, water canopy이 있었다고 하니 놀라운 일이다. 지구를 감싼 이 물 층은 유해 광선의 침투를 막아 생물들을 오래 살게 했다. 지면에는 비가 내리지 않았으므로 안개만 자욱한창 2:5-6 아열대성 기후가 형성되었다. 이와 같은 환경에서는 생물은 장수하고, 신장이 장대했을 것이다. 이러한 현상을 온실 효과溫室效果, greenhouse effect라고 부른다. 창세기 5장에 나오는 족장들의 평균 수명은 평균 912세였으며, 100세 이후에도 자녀를 낳았다. 이 '궁창 위의 물'이 노아가 살던 시기에 쏟아져 내리면서 대홍수를 일으킨 것으로 보인다창 7:11.

뭍을 땅이라 부르시고 모인 물을 바다라 부르시니: 창조 사역은 '무에서 유의 창조' 뿐 아니라, '분리나뉨와 정리'도 포함한다. 하나님은 창조 제1일에 빛과 어둠을창 1:4-5 나누었다. 제2일에는 물을 궁창 위의 물과 아래의 물로 나누었고1:7, 그리고 땅과 바다를 각각 나누었다1:9-

10. 그 결과 제2-3일에는 수권hydrosphere, 대기권atmosphere 및 암석권lithosphere, 제3일에 식물을 포함한 생물권biosphere이 형성되었다. 이러한 지구권terrestrial sphere의 조성은 제5-6일에 창조될 동물과 인간의 생활 환경을 조성하기 위한 예비 조처들이었다.

창 1:14-19 하나님이 이르시되 하늘의 궁창에 광명체들이 있어 낮과 밤을 나뉘게 하고 그것들로 징조와 계절과 날과 해를 이루게 하라 또 광명체들이 하늘의 궁창에 있어 땅을 비추라 하시니 그대로 되니라 하나님이 두 큰 광명체를 만드사 큰 광명체로 낮을 주관하게 하시고 작은 광명체로 밤을 주관하게 하시며 또 별들을 만드시고 하나님이 그것들을 하늘의 궁창에 두어 땅을 비추게 하시며 낮과 밤을 주관하게 하시고 빛과 어둠을 나뉘게 하시니 하나님이 보시기에 좋았더라 저녁이 되고 아침이 되니 이는 넷째 날이니라.

광명체들Celestrial sphere**이 있어**: 시편 기자는 하나님이 말씀하심으로써 하늘과 만상이 지음을 받았다고 했고시 33:6-9, 잠언 기자는 해와 달과 별들을 창조한 분이 지혜智慧라고 했다잠 8:22-30. 잠언에서 말하는 지혜는 곧 예수를 지칭한다. 그런데 창조 첫날의 빛과 제4일의 빛은 어떻게 다를까?

첫날의 빛은 빛 자체이지만light, 히 *or*, 제4일의 빛은 발광체히 *ma-or*였다. 이들은 모두 만들어진 빛이며, 낮과 밤을 나누는 공통 기능이 있다. 그런데 한 가지 의문은 어떻게 일월성신이 두 물 층 사이하늘에 존재할 수 있는가 하는 것이다. 이에 대해 헨리 모리스는 제4일의 하늘은 일월성신이 떠 있는 지금과 같은 '하늘의 궁창'firmament of heaven, 1:15인 반면, 제2일의 하늘은 '개방된 하늘의 궁창'open firmmament of heaven,

1:20으로 해석한다Genesis Record, pp. 65-67. 즉 창조 제2일이 말하는 하늘 속에 일월성신이 있었다는 뜻이 아니라는 것이다.

일부 신학자들은 창세기 1장 1-2절은 6일 창조 이전의 사건이며, 3절 이하부터가 정상적인 '6일 창조' 과정이라고 해석한다. 그리고 첫 3일간은 태양이 없었으므로 정상적인 하루가 아니라고 주장한다. 태양이 제4일에 등장하므로, 그 이후부터 '24시간의 하루'가 시작되었다고 하면서, 지구의 나이가 46억 년이라는 빅뱅설Big Bang theory에 동조한다. 그러나 어거스틴은 천지창조 이전에는 시·공時·空은 물론 천사도 없었으며《하나님의 도성》, 11:5, 우주는 시간과 동시에 창조되었고, 하나님은 창조 작업을 제6일에 마치시고 제7일에 안식하셨다고 했다 11:6. 창조주 스스로도 6일 동안에 하늘과 땅을 모두 창조했다고 선포하셨다창 2:3; 출 20:11, 31:17.

빅뱅설에 따르면, 태양으로부터 지구를 비롯한 행성들이 떨어져 나왔다고 말한다. 그러나 각 행성들의 조성은 물론 크기와 모양 및 회전 방향이 제각기 다르다. 금성·천왕성·명왕성은 다른 행성들과 반대 방향으로 회전한다. 이처럼 질서정연하게 움직이는 태양계는 폭발에 의한 것이 아니라 설계된 작품임을 보여준다. 시편 기자는 광대한 우주를 바라보면서, '하늘이 하나님의 영광을 선포하고 궁창이 그의 손으로 하신 일을 나타내는도다'시 19:1고 찬양했다.

징조omen: 일월성신은 날과 연한을 이루고, 일식과 월식을 만드는 외에, 종말의 징조처럼계 21:1 이상적異常的인 천문학적 현상도 연출한다 마 12:38-42; 막 13:28-29; 눅 21장. 이러한 징조는 별에 대한 숭배나 점성술 및 이교도들의 우상으로 악용되기도 했다.

큰 광명체해, **작은 광명체**달: 해와 달은 우리에게 영적으로 중요한 교훈을 준다. 유일하게 빛을 발하는 태양은 예수를, 어둔 밤하늘에 높이 떠서 태양빛을 받아 어둔 지구를 비추는 달은 성도들을 암시한다. 그 빛을 보고서 사람들이 어둠 속에서도 길을 찾고, 부드러운 달빛 아래 지친 육신이 쉼을 얻는다. 무수한 별들은, 태양만 바라보며 사는 성도들을 응원하는 믿음의 선진들을 암시한다히 12:1. 이처럼 하나님은 창조 제1일에 빛에너지을 만들어 우주를 활성화시켰고, 제2일에는 수권과 대기권을, 제3일에는 암석권과 식물계를, 제4일에 행성권을 조성했다. 전능하신 창조주가 이들을 만드는 데에는 수십억 년이 필요치 않았으며, 단순히 명령함으로써 순간적으로 만드셨다시 33:9.

하늘에서 작동하는 생명 보호 장치들

하늘에는 수많은 생명 보호 장치들이 작동하고 있다. 태양계의 행성과 위성은 운석의 지구 유입을 막아 준다. 반알렌대Van Allen Band는 태양풍太陽風, solar wind의 지구 침투를 막아주며, 전리층오로라 현상과 아르곤층 및 오존층 등은 유해한 광입자들이 대기층으로 침투하지 못하도

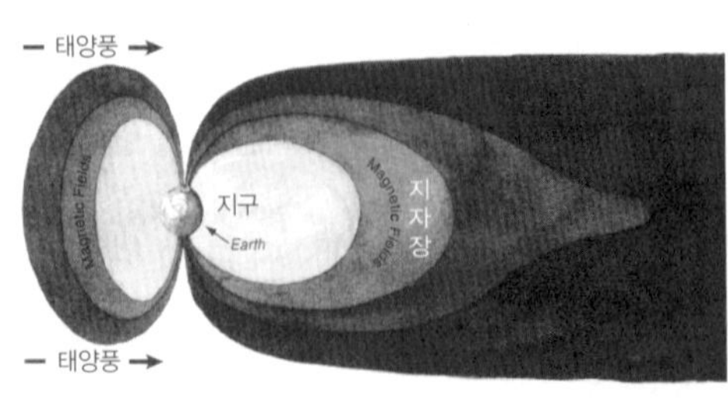

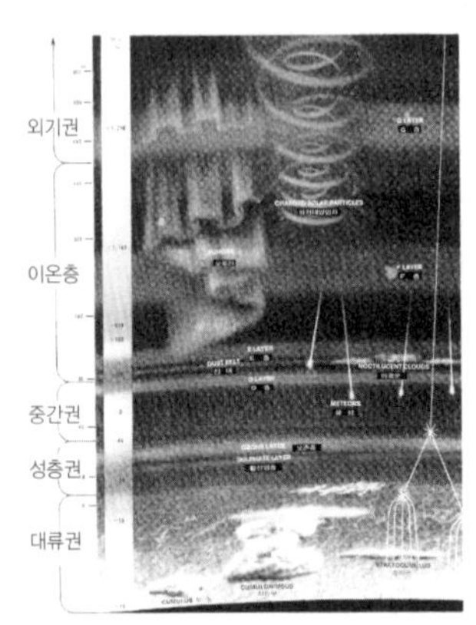

▲ 〈그림 3〉 반알렌대(左)와 다양한 대기 중의 생명 보호 장치(右)

록 방어한다그림 3. 반알렌대가 약화된 남북극에서는 대기권으로 침투하는 유해한 태양풍의 입자들이 전리층의 입자들과 부딪히면서 일어나는 불꽃의 춤사위를 일으킨다. 이것이 오로라Aurora, 極光이다. 이처럼 하나님이 우주를 붙드시므로 모든 생명이 오늘도 목숨을 지탱하고 있는 것이다히 1:2-3.

부동不動의 동자動者인 예수 그리스도

하나님이 천지를 창조했다는 선언은 만물의 소유권이 하나님께 있으며, 인간은 그것을 잠시 관리하다가 사라지는 청지기stewardship라는 사실을 일깨워준다. 하나님은 우주를 창조했을 뿐 아니라 분리정리·정돈함으로써 질서 있는 천지를 만드셨다. 이처럼 하나님이 임재하면 질서가 나타난다. 온 우주에 가득한 질서 체계가 자연법칙을 따르며, 자연과학은 이러한 법칙을 찾는 학문이다.

그리스의 석학인 아리스토텔레스는 행성과 생물을 움직이게 하는 힘의 원천을 규명하는 데 관심을 집중했다. 그리고 자신은 움직이지 않으면서 자연계를 움직이는 '부동의 동자'moving unmover가 존재할 수밖에 없다고 했다. 그분이 다름 아닌 예수라고 성경은 말한다롬 11:36. 우리가 그에게 영광을 돌리며*Soli Deo Gloria*, 예배를 드려야 하는 이유가 여기에 있다. 당신은 예배 시간마다 창조주이신 예수 그리스도를 만나는가?

참고 사항 (1): 우주의 생성 이론

(1) 빅뱅설Big Bang Theory, 大爆發說

학계에서 가장 널리 수용되고 있는 '유에서 유'의 창조설이다. 벨기에 신부 르메트르G. Lemaitre, 1931는 '어제가 없는 한 날' 우주가 계란 크기로 부풀었을 때 갑자기 굉음을 내며 폭발했다고 했다. 그 불덩어리들이 팽창하다가 냉각, 수축해 오늘의 별들을 만들었다고 했다. 우주계란이 폭발한 지 50억 년 후에 은하계가, 100억 년 후에 태양계가 형성되었다는 것이다. 그는 우주의 폭발음을 '큰 소음'Big Noise이라고 했으나, 영국의 천문학자 호일F. Hoyle은 '빅뱅'Big Bang이라고 비웃었다. 그런데 이 말이 이 학설의 대명사가 되었으니 아이러니가 아닐 수 없다.

이 설은 그 후 가모G. Gamow, 1946를 거쳐, 대폭발 후 3분 이내에 오늘의 우주에 존재하는 수소의 73%와 헬륨 27%가 형성되었다는 와인버그S. Weinberg의 '표준 대폭발이론'으로 발전했다. 그러나 지평선 문제와 평편도 문제 등으로, 구스A. Guth, 1981가 수정한 '인플레이션 빅뱅설'이 등장했다. 우주가 10^{33}분의 1초라는 짧은 순간에 지금의 우주 크기로 급속히 팽창했다는 것이다. 그러나 이 주장에도 모순이 발견되어, 지금은 린데A. Linde의 '혼돈 인플레이션이론'으로 바뀌었다. 이에 따르면 수많은 우주가 동시에 만들어졌기 때문에 다중우주론多重宇宙論이라고 부른다. 그러나 독일의 저명한 천문학자인 아르프Arp를 비롯한 많은 학자들이 빅뱅설을 비판한다. NASA에서 연구한 적이 있는 권진혁물리학, 영남대도 빅뱅설이 학술적으로는 사실상 붕괴되었다고 말한다.

만일 태양계의 행성들이 태양에서 떨어져나온 것이라면 이들의 구성 성분은 서로 같아야 하는데, 모든 행성은 지구와 달리 매우 단순한 구조와 물질로 구성되어 있고, 오직 지구만이 생물이 살기에 적합한 조건과 물을 가진 유일한 행성이다. 태양과 지구와 행성의 구성 성분이나 대기의 조성도 서로 전혀 다르다. 태양은 98% 이상이 수소와 헬륨이지만 행성들의 대기권에는 수소와 헬륨 농도가 1% 미만이고, 지구는 다양한 광물질로 구성되었으며, 지구의 대기권은 대부분 질소와 산소로 되어 있다.

(2) 펴지는 우주론Spreading Cosmogeny

권진혁2006, 영남대이 주장한 씨앗우주론seed cosmogeny이다. 창조주가 고차원5차원 이상에서 성년의 '씨앗 우주'를 만든 후, 오늘의 우주공간4차원으로 펼쳐냈다는 것이다. 그 근거로 '그는 땅 위 궁창에 앉으시나니 enthroned above the circle of earth…… 그가 하늘을 차일같이 펴셨으며stretches out 거주할 천막같이 치셨고spreads' 사 40:22와 '그는 북쪽을 허공에 펴시며 spreads out 땅을 아무것도 없는 곳에 매다시며suspends' 욥 26:7 등의 성경 구절을 인용한다. 시공이 신속히 펼쳐졌기 때문에 지구 나이가 젊음에도 불구하고 오래된 것처럼 보인다는 것이다. 우주는 생성 초기에 엄청난 광속으로 펼쳐졌으나씨앗우주는 평형이므로 별빛이 우주에 빠른 속도로 퍼짐, 일단 펼쳐진 후에는 지금과 같은 광속으로 바뀌어 불변하게 되었다는 것이다. 따라서 창세기 1장 1절은 우주가 펼쳐지는 과정이며, 2절 이하는 지구에 대한 창조 내용을 서술한 것이라고 해석한다.

(3) 화이트홀 우주론White Hole Cosmogeny

미국의 천문학자 험프리Russel Humphrey, AiG·CMI는 창조주가 화이트홀에서 성년 우주를 창조한 후, 화이트홀의 외부로 펼쳤다고 주장한다. 이 과정에서 방사능의 붕괴로 발생하는 열의 누적은 급속한 우주 팽창에 의해 방지되었다는 것이다. 그는 창세기의 창조 6일은 화이트홀 내에서의 6일이라고 해석한다. 우주는 제1일에 큰 물반경 1억 광년이 중력에 의해 수축하면서 핵융합이 일어나 화이트홀로 바뀌었고, 제2일에 공간 팽창이 일어나면서 물 층이 분리되었으며, 제3일에는 팽창이 느려지면서 2.76° K까지 냉각되었다고 한다. 제4일에는 사상지평선event horizon이 화이트홀의 중심지구으로 접근했고, 제5-6일에는 별과 은하의 빛들이 우주의 모든 곳에 도달했다는 것이다. 따라서 우주계의 물질은 유한하며, 우주는 팽창했고, 지구는 우주의 중심에 있고, 지구의 나이는 젊다는 것이다. 그는 더 나아가 우주의 원질은 물水이라고 주장했다.

참고 사항 (2): 자연계를 움직이는 힘

자연계는 전자기력, 강력, 약력, 중력의 네 가지 힘에 의해 정밀하게 조절된다. 이러한 힘의 근원은 창조주 하나님이시다. 자신은 움직이지 않으면서 만물을 움직이시는, 부동의 동자이시다.

전자기력電磁氣力, Electromagnetic force은 전하를 가진 물체 사이에 작용하는 힘으로, 대부분의 물체는 전기적으로 중성이다. 원자는 원자핵+과 전자-로 구성되며, 수소원자는 중력보다 10^{38}배나 강하다. 만일 전자기력이 지금보다 조금 강하거나 약하다면 분자 형성에 어려움이 생긴다. 양성자의 질량과 전자의 질량 비율은 전자기력의 세기와 균형을 이루며, 생명체의 형성에 결정적 영향을 준다.

강력强力, Strong force은 양성자와 중성자를 구성하는 쿼크quark 사이에 작용하는 힘으로, 원자핵에서 가장 강력한 결합력양성자-중성자을 가지지만, 강 전하에만 영향을 끼치고 약 전하 전자에는 영향을 주지 않는다. 만일 강력이 조금만 약하다면 원자핵의 구성이 어렵고, 2%만 크다면 2개 양성자의 결합으로 수소 대신 헬륨을 형성하게 되어 물 분자나 태양계의 형성이 불가능하게 된다. 만일 2%만 작다면 생명을 구성하는 중원소의 불안정으로 생명체 자체의 존립이 불가능하게 된다.

약력弱力, Weak force은 원자핵을 붕괴시키는 힘으로, 약 전하 사이에 작용한다. 약력이 조금만 커진다면 중성자가 붕괴되어 헬륨 형성이 어려우며, 매우 커진다면 헬륨만 존재하게 된다. 반대로 약력이 약해진다면 헬륨만 존재하게 되어 생명체가 존립할 수 없게 된다.

중력重力, Gravitational force은 우주를 구성하는 힘으로, 행성의 궤도와 은하계의 운동을 조정한다. 가장 미약한 힘이며, 원자와 분자에 영향을 주지 않는다. 그러나 중력이 미세하게라도 변한다면 지구의 위치에 변화를 주어 태양계가 존립할 수 없게 된다.

제3강

식물의 창조 생명의 기원

이 세상에서 생명보다 소중한 것은 아무것도 없다. 생명은 그 자체로 고귀하다. 생명이 있기에 생물들은 갖가지 생명 현상을 연출한다. 춤추고, 사랑하고, 노래하고, 기뻐하고, 감사하고, 분노하고, 슬퍼한다. 봄날에 허공에 높이 떠올라 조잘대는 종달새의 노래는 그 알卵을 제아무리 화학적으로 정밀하게 분석해도 측정되지 않는다. 이처럼 귀중한 생명은 물질에서 나온 것이 아니라 어버이의 유전 형질을 이어받아 태어난 것이다. 그래서 자녀들은 어버이의 형상을 닮는다.

그리스인들은 이러한 생명을 조에*zoe*, 비오스*bios*, 프시케*psyche*로, 우리 선조들은 생명과 목숨으로 구분했다. 그러나 성경은 여러 용어로 더욱 상세하게 구분했다.

① 하임히 *hayim*, 헬 *zoe*: 생존 기간창 23:1; 눅 16:25이나 생명 자체를 뜻한다창 1:18, 8:1, 17, 21.

② 네페쉬히 *nepesh*, 헬 *psyche*: '영혼으로서의 기식 생명'창 2:7 눈에 보이지 않는 삶의 원동력인 정신과 영적 생명을 뜻한다.

③ 바사르히 *basar*, 헬 *soma*, *sarks*: 눈에 보이는 육체를 뜻한다창 2:7; 시 56:4.

④ 비오스헬 *bios*: 존재의 표시삶나 존속을 뜻한다딤전 2:2; 벧전 4:3; 요일 3:17.

⑤ 르아흐히 *reah*, 헬 *pneuma*: '바람·호흡·생명·창조력' 등으로, 영혼을 의미한다창 2:7.

⑥ 네솨마히 neshama: '호흡'시 150:6으로, 인생을 종징한다. 네페쉬와 유사한 의미이다. 정신적이거나 감정적 기능을 나타낼 때에도 사용한다.

생명의 기원

생명의 기원에 대해 생물학계에서는 두 학설이 대립한다. 진화론進化論에서는 무기물들이 우연히 결합되어 생명의 최소 단위인 세포cell가 되었고화학적 진화설, 단세포생물아메바이 오늘의 동·식물로 진화했다는 것이다생물진화설. 이러한 주장은 가설假說에 지나지 않지만, 과학계에서는 정설定說처럼 가르친다. 이처럼 진리가 아닌 것이 진리 행세를 하는 것이 오늘의 참담한 현실이다. 이에 반해, 창조론創造論에서는 초월자가 각종 생물을 처음부터 종류대로, 완벽한 형태로 만들었다고 말한다. 이것이 창세기에 근거한 성경적 창조론Biblical creationism이다. 그리고 성경을 떠나서 보더라도 생명은 진화가 아닌 창조의 작품일 수밖에 없다는 주장이 과학적 창조론Scientific creationism이다.

무생명에서 생명이 나온다는 것은 허구의 시나리오이며 논리의 비약이다. 흙과 같은 무생물은 영원히 움직이지 못하며 침묵만 할 뿐이다.

그것은 아무런 힘을 가지고 있지 않기 때문이다. 생명은 오직 생명에서 나온다Life from life only. 이는 파스퇴르의 생명속생설續生說, biogenesis, 1861에 의해 증명된 실험적 사실이다. 하나님은 생명의 근원이므로 오직 그에게서만 생명이 나올 수 있다.

생물의 창조

하나님은 창조 제1-4일에 우주와 빛, 그리고 우주계를 만드셨다. 생명의 탄생 이전에 천지를 조성하신 목적은 생물들이 살기에 적합한 생태계를 조성하시기 위한 예비 조처였다. 제3일에 창조된 식물植物도 동물과 사람의 식량 자원으로 만드신 것이다. 하나님은 제5일에 어류와 조류를, 제6일에는 지상 동물과 사람을 만드셨다. 혼을 가진 동물과 영혼을 가진 사람은 식물과 달리히 *asah* 무에서 창조히 *bara*하셨다.

하나님은 생물들을 처음부터 종류대로after its kind, 히 *miyn* 창조했고, 각기 다른 기능과 역할을 부여했다. 식물植物은 동물과 사람들에게 식량영양·에너지과 산소O_2 및 건강 물질을 만들어 제공하는 생산자producer의 기능을 한다. 꽃의 아름다움과 향기는 사람에게 기쁨을 주며, 식물이 내뿜는 기능성 물질phytochemicals과 항균성 피톤치드phytoncides는 면역 기능을 높이고 질병을 치유한다.

이에 반해 동물과 사람은 소비자consumer로 만드셨다. 소비자란 생산자의 목적이 되는 존재라는 말이다. 하나님은 동물과 사람을 창조한 후 이들에게 '복을 주시며, 번성하라' 창 1:22, 28고 축복했지만, 식물에 복을 주었다는 말은 없다. 그저 '보시기에 좋았더라' 창 1:12고만 했다. 특히 사람은 '하나님의 형상대로' 창조되었다. 그리스의 철학자들소크라테스 · 플라톤 · 아리스토텔레스 등은 '사람은 목적을 가지고 태어난 존재' 라고 했다. 특히 아리스토텔레스는 식물은 영양 영혼, 동물은 영양 영혼과 감각 영혼, 사람은 영양 영혼과 감각 영혼에 이성 영혼을 가진 존재로 구분했다. 그리고 사람만이 가진 이성*logos*, reason을 가장 중시했다.

설계된 생물

지상에 서식하는 공식 확인된 식물은 50만 종이며, 동물은 100만 종에 이른다. 그러나 실제 생물 종은 5,000만 종으로 추정된다. 이러한 생물의 특징은 '살아 있다는 것' 이다. 살아 있다는 것은 생물학적으로 다음과 같은 구조와 특성을 가지고 있다는 뜻이다.

① 조직Organ: 생물은 조직으로 구성되어 있다. 생명의 최소 단위가 세포cell인데, 그 안에는 생명에 필요한 모든 요소를 다 가지고 있다. 핵nucleus 속에는 유전 정보를 담은 유전자gene가 들어 있다. 세포질細胞質에는 유전 정보에 따라 단백질을 만드는 리보좀ribosome을 비롯해 아미노산의 운반체들transporters, 생명 물질을 합성·분해·이동하는 효소들enzymes, 에너지를 합성하는 미토콘드리아mitochondria 등이 쉬지 않고 자기 임무를 수행한다. 이러한 세포가 모여서 조직tissue을, 조직들이 모여서 기관organ을, 기관들이 모여서 기관계organ system를, 기관계들이 모여서 마침내 하나의 개체zooid를 이룬다. 세균은 단세포로 구성되어 있지만 사람의 세포는 60조 개가 넘는다.

② 대사작용Metabolism: 대사代謝는 영양 물질을 작은 단위로 분해하

는 이화작용異化作用, catabolism과 그러한 성분들을 이용해 생체 고분자를 합성하는 동화작용同化作用, anabolism의 두 과정으로 구성되어 있다. 이화작용을 할 때 발생하는 에너지를 이용해 동화작용을 한다.

③ 생식작용Reproduction: 생물은 자신을 닮은 개체를 재생산한다. 무성생식은 어버이의 형질을 닮은 개체자손를 단순히 재생산하지만, 유성생식은 양친에게 물려받은 유전 형질이 재조합이 되어 다양한 형태의 자손들이 태어나게 한다.

④ 자극과 반응Response to stimulus: 생물은 각종 자극을 오감기관을 통해 감지하고 그에 반응한다. 이러한 반응은 두뇌가 신속하고도 정교하게 지시한다.

⑤ 항상성恒常性, Homeostasis: 생물은 생리 현상호르몬·체액·혈압·혈당 등이 일정한 수준으로 지속적으로 유지 및 발현되도록 조절하는 능력을 가지고 있다.

⑥ 적응Adoption: 생물은 생존하기 위해 환경에 적응한다. 그러나 그 개체가 다른 개체로 바뀌는 진화는 일어나지 않으며, 목격된 바도 없다.

⑦ 집단생활Population structure: 생물은 여럿이 모여 있을 때 적으로부터 자신을 방어하기가 쉽고, 서로 위로를 주고받으며, 공동 작업을 통해 집단의 동질성을 확인한다.

⑧ 다양성Biodiverdiversity: 하나님이 모든 생물을 다양하게 만드신 것은 '다양성 속의 조화'를 원하시기 때문이다. 획일적 아름다움은 신기루에 지나지 않는다.

창 1:11-13 하나님이 이르시되 땅은 풀과 씨 맺는 채소와 각기 종류대로 씨 가진 열매 맺는 나무를 내라 하시니 그대로 되어 땅이 풀과 각기 종류대로 씨 맺는 채소와 각기 종류대로 씨 가진 열매 맺는 나무를 내니 하나님이 보시기에 좋았더라 저녁이 되고 아침이 되니 이는 셋째 날이니라.

내라 하시니식물의 창조: 하나님은 귀耳가 없는 땅을 향해 '풀과 씨 맺는 채소'와 '각기 종류대로 씨 가진 열매 맺는 나무를 내라'고 하셨다. 그런데 땅이 그 말을 알아들었다고 하니 신기한 일이다. 여기서 '내라' produce, 히 *tadche*는 말은 '싹을 내라' produce sprout는 뜻이다욜 2:22. 이는 창조주만이 할 수 있는 명령이다. 이렇게 하여 최초로 지상에 출현한 생명체가 식물植物이다그림 1. 창세기는 식물을 풀, 씨를 맺는 채소, 열매를 맺는 나무의 세 종류로 구분했다창 1:11-12. 하나님은 이들에게 '보시기에 좋았다' good, 히 *towv*고 했을 뿐, 축복하지는 않았다. 이는 식물에게는 영靈이나 혼魂이 없기 때문이다. 하나님은 식물을 종류대로

▲ 〈그림 1〉 최초의 생물인 식물

kind, 히 *miyn*, 처음부터 완전한 성체成體로 만드셨다. 달걀이 아닌 닭을 만드신 것이다.

벌게이트 학자이면서 식물학자인 스웨덴의 린네1735는 창세기 1장에 나오는 생물의 종류kind를 생물학 용어인 '종'種, species으로 표현했다. 그리고 '종은 영원히 변하지 않는다'는 '종의 불변설'을 주장했다. 그러나 생물의 분류 체계가 수시로 바뀌면서, 일부 근린 종의 소속도 바뀌곤 한다. 이를 두고 진화론자들은 종이 다른 종으로 진화한 것처럼 주장하지만, 결코 사실이 아니다. 성경이 말하는 '종류'는 현대 분류학에서 말하는 강class이나 목order에 해당하는 것으로 보인다이미순 외, 2013.

식물의 특징

(1) 탄소동화작용Photosynthesis

초록 식물들은 양자물리학 기술을 이용해 광합성光合成을 한다ICR News, 12. 6. 25. 잎의 윗면에서는 빛을 받아서 화학에너지로 전환시킨다. 잎의 하면下面에서는 이 에너지를 이용해 뿌리에서 올라온 물과 대기에서 흡수한 이산화탄소를 결합해 탄수화물$C_6H_{12}O_6$을 만들고, 산소와 피톤치드를 방출한다. 식물의 이러한 광합성작용이 없다면 동물들은 생존이 불가능하다. 그런데 광합성 작용의 90%를 바다의 조류藻類가 담당한다고 하니 매우 놀라운 일이다.

(2) 생명의 재생산Reproduction

식물은 유전 정보가 들어 있는 씨앗을 합성한다. 씨앗이나 뿌리 및 매듭callus, 癒傷組織은 딱딱해서 동물이 먹지 않고 버린다. 그 버려진 곳에서 새 개체가 탄생해 종의 영속성을 유지해 간다. 땅의 성분물·무기질과 하늘의 성분이산화탄소을 에너지빛로 결합해 탄수화물식량자원을 만드는 광합성작용은 신비한 생명 탄생의 비밀을 보여준다.

(3) 전분화능全分化能, Totipotency

씨앗 속에는 완전한 성체成體로 성장·분화하는 식물 고유의 유전 정보와 영양 성분이 함께 들어 있다. 씨앗뿐 아니라 모든 개개의 세포에는 성체를 만드는 전분화능이 있다.

(4) 향일성向日性, Heliotropism

식물의 잎은 광합성을 하기 위해 태양을 따라가면서 온몸으로 태양빛을 흡수한다.

(5) 단풍Autumn leaves

혹독한 추위를 견디기 위해 식물은 가을이면 잎을 떨어뜨려 뿌리를 보호한다. 낙엽을 만드는 시점은 색소 단백질인 피토크롬phytochrome과 호르몬에틸렌·엡시스 산이 일조량과 기온을 감지해 결정한다. 은행나무는 노란 색소인 카로틴과 크산토필햇빛을 받으면 초록화을 분해해 오렌지 색의 카로틴만 남게 한다. 참나무 잎의 탄닌tannin은 엽록소에 의해 분해하면 카로틴과 탄닌이 섞이어 검붉은 색을 나타내게 된다.

(6) 빙점 강하Depression of freezing point

식물은 겨울이 오면 체내의 용질영양 물질을 세포에 과량으로 축적함으로써 빙점氷點을 낮춘다. 이렇게 형성한 휴면아休眠芽는 -40℃에서도 죽지 않고 견딘다.

(7) **꽃**Flowering

꽃은 종족의 번식을 위해 수정의 매개체인 곤충을 유혹하려고 고운 색깔과 향기 및 영양 물질을 제공한다. 꽃의 아름다움과 향기는 동물과 사람들에게 큰 기쁨을 준다.

(8) **피보나치수열**Fibonacci sequence

우주와 모든 생명체의 형태와 무늬는 피보나치수열을 따른다. 발생과 분화 과정에도 정교한 수열식의 질서 체계가 작동한다.

(9) **생체시계**生體時計, Biological clock

모든 식물은 싹을 내는 시기와 잎을 떨어뜨리고 동면을 준비하는 시점을 감지한다. 미모사는 잎을 열고 닫는 시간을 알며, 나팔꽃은 아침에 꽃잎을 열었다가 저녁에 닫는다. 해바라기는 하루 종일 해를 따라간다.

제4강

동물의 창조 동물의 기원

창 1:20-23 하나님이 이르시되 물들은 생물을 번성하게 하라 땅 위 하늘의 궁창에는 새가 날으라 하시고 하나님이 큰 바다 짐승들과 물에서 번성하여 움직이는 모든 생물을 그 종류대로, 날개 있는 모든 새를 그 종류대로 창조하시니 하나님이 보시기에 좋았더라 하나님이 그들에게 복을 주시며 이르시되 생육하고 번성하여 여러 바닷물에 충만하라 새들도 땅에 번성하라 하시니라 저녁이 되고 아침이 되니 이는 다섯째 날이니라.

물고기와 새의 창조: 하나님은 창조 제5일에 어류와 조류를, 제6일에 육상 동물을 만드셨다. 모든 동물은 암수雌雄로, 그리고 복을 받는 존재로 만드셨다. 동물은 감정feeling을 가지고 있으며, 죽으면 혼魂, soul이 육체와 함께 흙으로 사라진다전 3:21.

새가 날으라: 새는 날개와 뼈를 가진 동물을 말한다. 그러나 익수룡파충류과 박쥐포유류 및 날개가 있으나 뼈가 없는 메뚜기곤충류는 조류에

속하지 않는다.

큰 바다 짐승: 히브리어 탄닌*tannin*은 큰 고래나 바다괴물을 말한다. 바다공룡海龍, plesiosaurus이나 리워야단leviathan, 사 27:1; 시 74:14; 욥 41:1-9 및 늪지에 사는 베헤못behemoth, 욥 40:15-24 등의 어룡魚龍, ichthyosaur은 물론 멸종한 거대한 바다생물을 포함하는 말이다. 모리스는 이들을 공룡dragon으로 해석했다Genesis Record, p. 69. 공룡恐龍, dinosaur이라는 말은 영국의 리처드 오언1841이 한 화석동물을 '무시무시한dinos 도마뱀sauros'이라 부른 데서 기인한다. 이는 킹제임스성경KJV, 1611의 출판보다 30년 후의 일이므로 KJV는 히브리식 명칭리워야단·베헤못 등 그대로 기술했다. 이것을 개역성경은 하마나 악어로, 개역개정판1998은 히브리어 명칭대로 표기했다.

좋았더라good, 히 *towv*: 하나님은 물고기와 새들을 종류대로 창조하시고 '보시기에 좋았다' 고 했다. 이는 모든 생물이 하나의 공통 조상에서 진화한 산물이 아님을 보여준다. 아메바로부터 수십억 년이 지난 후에 동식물이 출현했다면 아직 나타나지도 않은 생물을 향해 하나님이 '보시기에 좋았다'고 거짓말을 한 셈이 된다.

복을 주시며 이르시되: 하나님이 어류와 조류에게 복을 주신 이유는 그들이 혼魂을 가졌기 때문이다창 8:17; 마 6:26, 10:29. 이는 혼과 영이 축복의 대상임을 의미한다.

창 1:24-25 하나님이 이르시되 땅은 생물을 종류대로 내되 가축과 기는 것과 땅의 짐승을 종류대로 내라 하시니 그대로 되니라 하나님이 땅의 짐승을 그 종류대로, 가축을 그 종류대로, 땅에 기는 모든 것을 그 종류대로 만드시니 하나님이 보시기에 좋았더라.

땅은 생물을 그 종류대로 내되육상 동물의 창조: 하나님은 제6일에는 가축을 포함해 각종 육상 동물을 '종류대로' 창조하셨다. 이는 땅의 생물들이 공통 조상에서 진화한 것이 아니라는 증거이다. 진화론자들은 모든 생물이 아메바에서 식물과 동물로 진화했다고 주장한다. 창세기는 육상 동물을 세 종류로 구분했다.

① 가축cattle, 히 *behema*: 조류, 어류, 파충류를 제외한 짐승들
② 기는 것creeping things, 히 *remes*: 뱀, 파충류, 지네, 지렁이 등
③ 땅의 짐승beast of the earth, 히 *hayeto erets*: 들짐승들

동물의 특징

(1) 짝짓기

짝짓기는 사랑의 감정에 근거하며, 그 결실로 자신을 닮은 자손을 낳는다. 교미를 하려고 수컷이 암컷에게 펼치는 아양은 신기함을 넘어 감동을 자아낸다. 열대 조류들은 암컷을 유혹하려고 날개를 펼치고 현란하게 춤을 추며, 암컷이 좋아하는 각종 색깔로 둥지 주변을 꾸미고 구애한다. 힘센 수컷은 암컷을 차지하려고 목숨을 건 사투도 마다하지 않는다.

(2) 모성애

동물들의 새끼에 대한 사랑은 숭고하고도 감동적이다. 평상시에는 그토록 연약한 암탉이 제 병아리를 위해서라면 사나운 짐승에게도 두 날개를 펼치고 필사적으로 달려든다. 야생조野生鳥들은 적의 공격에 노

출된 새끼들을 보호하려고 자신이 날개나 다리를 다친 것처럼 비틀거리며 다른 길로 적敵을 유도한다. '여자는 약해도 어머니는 강하다'는 말도 같은 맥락의 이야기이다. 자연계를 눈여겨본다면 이러한 감동 드라마는 지금도 도처에서 펼쳐지고 있다.

(3) 음색音色, Tone

동물들은 각기 다른 음색을 가지고 있다. 이는 멀리 떨어진 곳에서 자기 무리를 찾을 때 다른 동물 집단과 구분이 되도록 창조주가 설계한 배려이다. 지금도 창문을 열면 수없이 밀려오는 생명의 소리를 들어 보라. 그들은 그들만의 소리로 동료를 부르며, 사랑을 노래하고, 창조주를 찬양한다. 새들은 공교로운 목소리로, 여치나 곤충들은 가냘픈 다리와 얇은 날개를 떨면서, 개구리와 두꺼비는 목주머니를 부풀려 전심으로 노래한다. 이들의 합창은 웅장한 대자연의 화음을 이루어 쉼 없이 하늘 위로 올라간다.

(4) 식성食性

창조 초기에는 동물은 모두 초식성이었다창 1:29-30. 따라서 서로 사이좋게 지낼 수 있었다. 그러나 대홍수 이후에 육식肉食이 허용되면서창 9:2-3 지금과 같은 살벌한 먹이사슬이 형성된 것으로 보인다.

(5) 본능本能, Instinct

생물은 생존과 번식을 위한 본능을 가지고 있으며, 태어나면서부터 유전 정보에 따라 행동한다. 정보는 외부에서 주입하지 않으면 저절로 발생하지 않는다. 이것이 정보의 법칙이다. 그렇다면 모든 생물의 유전

▲ 〈그림 1〉 철새의 이동

자 속에 들어 있는 방대하고도 정교한 유전정보는 누가 주입한 것일까?

부화기에서 갓 태어난 병아리는 모이를 주면 뒷다리로 흙을 파헤치는 시늉을 한다. 오리 새끼들은 부화하자마자 어미 뒤를 따라 헤엄치고, 물속에서 열심히 먹이를 찾는다. 이것이 생존 본능survival instinct이다. 어미는 새끼들을 위해 적들과 목숨을 건 사투를 마다하지 않는다. 이것이 모성 본능maternal instinct이다. 생물들은 먹이를 찾으면서도 끊임없이 주변을 살피고 위험을 감지하면 즉시 피신하는 자기보호 본능self protective instinct을 가지고 있다. 그리고 죽음이 임박하면 자기가 태어난 곳으로 되돌아가려는 귀소 본능homing instinct도 가지고 있다. 연어와 송어, 꽃게, 물개, 고래, 거북 등은 죽기 전에 부화나 출산을 하려고 자기가 태어났던 곳을 향해 수만 리를 이동한다. 그리고 목적지에 도달해 자손을 낳으면 온몸으로 그들을 지키다가 일생을 마무리한다. 이러한 현상은 말로는 표현할 수 없는 숭고하고도 장대한 대자연의 드라마라고 아니할 수 없다.

(6) 생체시계生體時計, Biological clock

해마다 8,600종이 넘는 철새들이 먼 거리를 이동한다. 그들이 어떻게 그토록 먼 길을 찾아가는지는 불가사의한 현상이다.

가을이 되면 우리나라를 찾는 철새독수리 · 청둥오리 · 기러기가 있는가 하면, 남쪽으로 떠나는 철새제비 등도 있다. 장거리 선수인 도요새와 물떼새는 해마다 2만9천km, 검은 슴새sooty shearter는 뉴질랜드에서 북태평양까지 6만4천km, 북극제비갈매기는 7만km를 이동한다. 인도 남부에 사는 잠자리는 가냘픈 두 장의 날개를 팔랑거리며 장장 1만8천km가 넘는 인도양을 건너 아프리카로 이동하며BBC News, 09. 7. 14, 제왕나비도 찢어질 듯한 두 장의 날개를 퍼덕거려 캐나다에서 멕시코까지 7천km를 이동한다. 이는 그들이 체내에 GPS 항법장치를 가지고 있기 때문에 가능한 일이다.

해가 저물면 주행성 동물은 쉬지만, 야행성 동물부엉이 · 올빼미 · 이리 · 박쥐 · 독사 · 쥐 · 바퀴벌레 · 빈대은 먹이를 찾아 밖으로 나온다. 수컷 모기는 어둑한 새벽과 저녁에 암컷을 유혹하려고 군무를 한다. 바닷가에 사는 생물들은 조수의 시간대에 맞추어 행동하며, 게들crabs은 보름달이 뜨는 밤중에 짝짓기를 하고 알을 낳는다. 혹독한 추위를 피해 겨울잠에 드는 생물곰 · 개구리 · 고슴도치 · 뱀 · 다람쥐도 있다. 이러한 현상들은 생물들에게는 자연계의 변화를 감지할 수 있는 생체시계가 작동하고 있음을 보여준다. 그 누가 명령했기에 이들은 온 힘을 다해 자기가 태어난 곳으로 이동을 하며 생명현상을 연출하는 것일까? 이들의 뒤에서 이토록 장엄한 대자연의 드라마를 연출하는 힘의 실체는 과연 무엇일까? 이것이 단지 우연한 현상에 지나지 않는 것일까?

(7) 페로몬Pheromone

페로몬 역시 동물의 행동이 지적설계에 의해 일어나는 현상임을 보여주는 움직일 수 없는 증거이다. 페로몬이란 동물 집단 사이에 주고받는 정보신호 전달 물질을 말한다. 대표적인 사례가 '생리 변화 페로몬' 과 '행동 유기 페로몬' 이다. 전자는 이를 감지한 개체가 생리적 변화를 일으켜 계급의 분화나 생식 능력을 촉진하거나 억제하도록 한다. 벌, 개미, 메뚜기 등에서 자주 발견되는 현상이다. 후자는 이를 감지한 개체들이 반응하도록 유도한다. 페로몬이 사라지기 전에 이들은 신속히 군집을 형성하거나 교미를 하고, 길을 안내한다. 중국이나 아프리카 지역에서 매년 반복되는 메뚜기 떼의 이동이 대표적인 사례이다.

이밖에도 '경보 페로몬' 은 적에게 공격을 당할 때 분비하는 물질로, 휘발성이 강해 신속하게 자기 집단으로 하여금 떼를 이루어 반격하도록 한다. 출애굽기에 나오는 메뚜기 재앙이 대표 사례이다. 〈내셔널지오그래픽〉지 2013. 6. 22에 의하면, 메뚜기가 위험을 알리는 페로몬을 발산하자 삽시간에 960억 마리가 날아와 닥치는 대로 눈앞에 나타난 적들을 공격했다고 한다. '길잡이 페로몬' 은 지나간 길을 기억하고 동료들에게 알려주려고 분비하는 것으로, 흰개미·벌노린재·딱정벌레 등이 이에 속한다. 개미는 길에서 방황하는 것같이 보이지만 자신이 걸어온 길을 정확히 기억하고 다시 자리로 되돌아간다. 이들은 발걸음을 세면서 걷는다고 한다동아닷컴, 06.6.30. 호주의 한 사막에서는 흰개미들이 협동해 6m 높이의 거대한 집을 짓는다. 그뿐 아니라, '성 촉진 페로몬' 은 상대방을 유인해 짝짓기를 유도하며, 교접 후에는 '성 억제 페로몬' 을 분비해 상대방이 접근하지 못하게 한다.

미생물의 부패작용과 물질 대사

동식물이 수명을 다하면 그 사체死體, biomass는 흙 속에 묻힌다. 흙 속에는 수백만 종의 미생물이 서식한다. 지금까지 알려진 미생물은 자연계에 존재하는 것들의 5% 미만으로 추측된다. 그만큼 이름도 알 수 없는 무수한 미생물이 흙 속에 제 모습을 숨긴 채, 자신에게 주어진 임무를 수행하고 있는 것이다. 미생물의 가장 중요한 기능은 동식물의 사체를 원소로 분해시켜 식물이 재활용을 할 수 있게 하는 일이다. 그래서 미생물을 분해자decomposer라고 부른다. 생체가 미생물에 의해 저분자로 분해되는 현상이 부패또는 발효이다. 이러한 부패작용이 없다면 이 세상은 동식물의 사체로 가득 찼을 것이다. 이 얼마나 끔찍한 재앙인가!

부패腐敗가 물질적 분해 현상이라면, 망각忘却, Oblivion은 정신적 분해 현상이라고 할 수 있다. 부패와 망각은 하나님이 인간에게 내려주신 최대의 선물이다. 미생물에 의해 분해되어 생성된 영양분은 식물의 뿌리로 흡수되고, 과일과 야채와 같은 식량 자원으로 재탄생한다. 이것을 사람과 동물이 먹으며 생존의 먹이사슬food chain을 이어간다. 그 결과 자연계는 쓰레기가 전혀 발생하지 않으면서 물질순환계物質循環系가 작동하는 기적을 오늘도 연출하고 있는 것이다.

창조주는 만물의 제일 생성원인第一生成原因

조금만 관심을 가지고 살펴보면 자연계는 온통 신비로 가득 차 있다. 어느 것 하나 우연히 만들어진 것이 없다. 눈에 보이지 않는 원자

세계로부터 거대한 천체 운동에 이르기까지, 거기에는 일정한 규칙과 질서가 지배하고 있다. 이는 질서의 근원이며 만물의 제일 생성 원인라 *Prima Causa*인 창조주가 존재함을 암시한다.

'비非과학적 창조론자'라는 별명을 가진 소크라테스는 정교한 질서를 가진 우주를 보면 그것을 만든 창조주가 존재할 수밖에 없다고 했다. 플라톤은 우주는 기하학적으로 정교하게 구성된 설계 작품이라고 했다. 그가 세운 교육기관인 아카데메이아*Academeia*의 입구에는 '수학을 모르는 자는 이 문으로 들어오지 말라'는 경고문을 써 붙였다고 한다. 그의 수제자 아리스토텔레스는 자연계를 움직이면서, 자신은 움직이지 않는 존재를 '부동의 동자'moving unmover라고 불렀다. 그들은 비록 하나님을 바르게 알지는 못했지만 어거스틴이 지적했듯이, 희미하게나마 창조주를 가깝게 이해한 예비 크리스천들이었다.

참고 사항: 설계된 생명

생물을 '종류대로' 창조하신 하나님은 그들을 '보시기에 좋았더라'고 평가하셨다. 보시기에 좋았던 이유 중 하나는 그들이 아름다운 자태와 기능을 가지고 있기 때문이다롬 1:20. 아름다움과 경이로움을 보여주는 창조의 설계 사례들을 살펴보자자연과학과 기원, pp. 257-277 등 참조.

(1) 피보나치수열과 황금비율

모든 동 · 식물의 구성은 피보나치수열과 황금비율로 되어 있다. 이탈리아의 수학자 피사Leonardo Pisa, 1200가 발견한 피보나치수열Fibonacci sequence은 1에서 시작해, 이전의 두 숫자의 합계로 다음 숫자를 만들면서 이어가는 수열數列을 말한다. 즉 1, 2, 3, 5, 8, 13, 21의 순서로 진행한다. 이 수열에서 한 숫자를 직전의 숫자로 나누면, 숫자가 커질수록 1.618에 근접하게 된다. 반면에 한 숫자를 그 직후의 숫자로 나누면, 그 숫자가 커질수록 그 비율도 1.618에 가까워진다. 피보나치수열에서 발견되는 이러한 비율을 황금비율golden ratio, devine proportion이라 한다.

황금의 직사각형golden rectangle은 짧은 선분의 길이와 긴 선분 길이의 비율이 1:1.618이다. 고대 건축가와 조각가들은 이 비율로 피라미드, 조각상, 출입문, 그림, 모자이크 등을 그리거나 만들었다. 신용 카드와 게임용 카드도 이 비율로 만든 것이다. 인체의 구조도 철저하게 황금비1:1.618나 황금각137.5° 으로 설계되어 있다.

식물의 경우, 나뭇가지나 잎새의 위치는 피보나치수열에 따라 정해진 방향으로 자란다. 꽃잎과 나뭇잎 및 씨앗이 맺히는 위치는 황금각이 지배한다. 꽃잎의 모양도 낱장이나 한 송이 전체의 모양이 모두 대칭이다. 씨앗의 배치는 왼편과 오른편이 동시 교차하면서 이중나선형을 그리며 발전한다. 이는 최소 공간에 최대의 씨앗을 배치하기 위한 설계이다. 줄기에서 잎이 배열되는 잎의 차례도 대부분 특정 위치에서 몇 바퀴씩 돌아서, 처음 출발 지점과 동일한 직렬선상에서 잎이 나온다.

동물들의 외형과 무늬도 피보나치수열을 따른다. 수학자 멀리Murley, 1981, USA는 나비의 무늬와 색이 대칭임을 확인했다. 거북이 등은 가장자리의 사각형들이 좌우 12개씩 모두 24개이며, 중앙에는 상하를 이어주는 6각형이 5개이고, 그 좌우를 따라 중앙의 6각형을 상하로 감싼 4개의 도형이 맞물려 있다. 한편 조개 · 소라 · 달팽이의 등껍데기는 황금나선 비율을 이루고 있다. 기린이나 얼룩말 및 치타 꼬리의 줄무늬도 일정한 법칙에 따라 나타난다. 영국의 수학자 앨런 튜링1912-1954은 동물들의 움직임에도 주기성 원리와 시공 대칭성 원리가 적용된다는 사실을 확인하였다.

(2) 곰팡이 인터넷을 이용하는 식물

식물은 뿌리 주변의 구균 곰팡이의 정보 회로를 이용해 주변 식물과 소통한다. 이 정보망을 이용해, 휘발성 화학 물질을 분비하고 곤충의 침입에 대응한다. 이러한 현상은 콩을 비롯해 벼·보리·밀·옥수수 등에서도 확인된다. 김성수부산의대, 2013, 6는 애기장대를 몇 그룹으로 나누어, 매일 두 차례 긍정의 말과 부정의 말을 10회씩 들려주었다. 9일 후 애기장대의 무게는 긍정적인 말을 들은 그룹이 0.42mg, 부정적인 말을 들은 그룹은 0.34mg으로 나타났다. 이처럼 식물은 빛·화학물질·접촉 외에 음향기계적 나노 진동으로도 소통한다한겨레, 13. 7. 30.

(3) 대칭對稱, Symmetry

대칭은 최소의 에너지로 최대의 아름다움을 제공하는 설계 수단이다. 예컨대 네 문자A·G·T·C로 구성된 핵산DNA은 수소결합을 매개로 이중 나선형의 대칭 구조를 이루고 있다. 기트Gitt, 1997에 의하면, DNA는 자연계에서 가장 많은 정보를 축적한 정보체계이다. DNA의 직경은 2nm, 한 번 감긴 나선의 길이는 3.4nm, 기둥의 부피는 $10.68 \times 10^{-18}nm^3$이다. 이 감겨진 부분일회전마다 10개의 글자뉴클레오티드가 들어 있으므로, 그 속에는 0.94×10^{18}글자/nm^3의 정보량이 들어 있다. 이는 DNA 1그램 속에 700억 권의 책을 저장할 수 있는 용량을 가지고 있음을 의미한다. 인간 유전체는 3×10^9의 글자뉴클레오티드를 가지고 있으므로, DNA의 총정보량은 우리의 상상을 초월한다. 이러한 DNA의 대칭 구조가 손상되면, DNA수리장치DNA repair system가 신속히 작동해 수리한다.

최소의 생명체인 바이러스크기 1㎛는 정20면체의 도형으로 이루어져 있다. 최소 공간에서 최대의 겉넓이를 가지려면 정20면체이거나 공처럼 둥글어야 하기 때문이다. 바이러스에 극소형의 모터가 있다는 사실도 최근에 밝혀지고 있다.

나뭇잎이나 무당벌레 및 나비의 날개무늬도 모두 좌우 대칭이다. 남미의 나비Morpho rhtenor 날개는 정교하고도 미세한 격자0.00022mm 간격를 가진 비늘로 구성되어 있다. 나비의 색깔은 이러한 나노 구조에 빛이 반사되어 나타나는 것이다. 이러한 광학적 격자格子의 대칭 구조는 수컷 공작과 딱따구리 등에서도 발견된다. 이와는 달리, 불가사리나 꽃잎은 방사형의 대칭을 이룬다.

(4) 프랙탈 디자인Prectal design

당근은 8개 꽃다발이 외부를 둘러싸고 있다. 그 사이사이에 같은 모양의 꽃다발이 다시 8개가 모이고, 그 안쪽에는 더 작은 8개가 둘러싼다. 작은 개체가 반복되어 큰 개체를 이루는 이러한 방식이 프랙탈 도형인데, 한 부분이 전체의 모형을 닮는다. 이처럼 당근은 부분과 전체가 같은 모양을 이루는 자기유사성自己類似性과 단순한 기본 도형이 반복되는 순환성循環性을 함께 가지고 있다. 한편 동물의 형태는 좌표 변환座標轉換, coordinate conversion에 의해 설계가 되어 있다. 가로와 세로의 비율이 일정하도록 좌표의 축을 변환시키면 정강이뼈의 굵기가 서로 다른 동물들소·양·기린 등의 정강이뼈도 디자인을 할 수 있게 된다.

(5) 인체의 구조와 비율

다빈치1452-1519가 30명의 시신을 해부한 후에 그린 '인체해부도'1513와

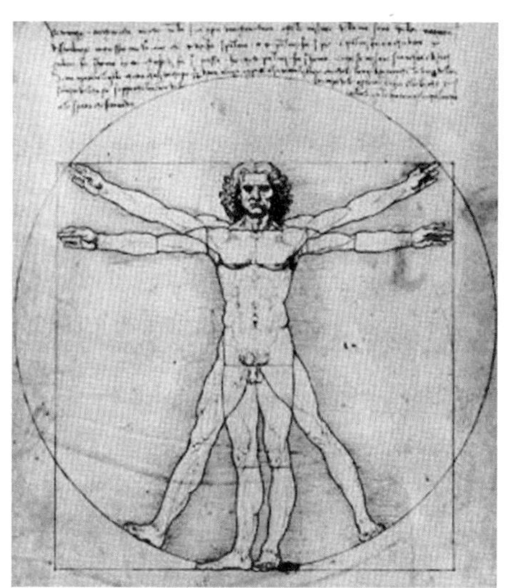

▲ 〈그림 2〉 다빈치의 인체 비례도

'인체 비례도'는 인체가 정교한 비례로 설계되어 있음을 잘 보여준다그림 2. 그는 인간을 관찰함으로써 우주의 본질을 이해하려 했던 예술가이자 과학자였다. 사람 육체의 구조뿐 아니라 장기에서 일어나는 정교한 생명 현상들은 인체가 설계 작품임을 잘 보여준다.

(6) 동·식물의 소리

가을이 되면 귀뚜리의 울음소리가 밤새도록 그치지 않는다. 그런데 귀뚜리라고 다 같은 소리를 내는 것이 아니다. 소리마다 독특하고도 일정한 운율을 가지고 있다. 20일간 살기 위해 7년을 땅 속에서 굼벵이로 지내는 매미도 우는 소리가 제각기 다르다. 맹꽁이나 청개구리의 울음도 마찬가지이다. 개미들은 위험을 당할 때 배를 문질러 나오는 소리로 자기 집단에 위험을 알리고, 페로몬과 같이 전달한다고 한다. 이러한 소리를 들은 일개미들은 동료를 구하기 위해 긴급히 출동한다ICR, 13. 2. 22.

내셔널지오그래픽 뉴스2010. 10. 28에 따르면, 열대굴뚝새tropical wrens는

▲ 〈그림 3〉 굴뚝새

가장 복잡한 합창合唱을 하는 합창 단원들이다그림 3. 이들은 구절당 15번이나 바뀌는 4개의 음율a-b-c-d을 반복한다고 한다. 그런데 신기하게도 수컷은 a와 c를, 암컷은 b와 d부분을 교대로 부른다는 것이다. 그런가 하면 몇몇 암수들은 전곡全曲을 2분 이상 한꺼번에 같이 부른다. 이들은 15종류에 이르는 이러한 4개 단위의 곡조를 바꾸어가며 부른다. 이러한 합창에는 최소한 7마리가 참여해야 가능하다고 한다고 한다. 검은 숨새들도 이들 못지않게 정교하게 합창한다. 이들은 왜 그토록 어려운 곡을 정확하게 합창하는 것일까?

최근에는 식물들도 말을 하거나 듣는다는 연구 결과가 계속 보고되고 있다. 사이언스2013. 5. 6에 의하면, 고추chillis는 나륵풀basil이 곁에 있을 때 더 잘 자라는데, 서로 소리로 소통하기 때문이라고 한다. 한 잡지〈Live Science〉, 2013. 5. 7는 나무 묘목은 격려하는 말을 들으면 더 잘 자란다고 보고했다. 국내에서도 포항축구팀이 고구마 화분 두 개를 같은 복도에 배치하고, 선수들이 오가면서 한쪽에는 칭찬을, 다른 쪽에는 부정적인 말을 했다고 한다. 3개월 후, 칭찬받은 화분은 부정적인 말을 들은 화분보다 세 배 이상 성장했다고 한다.

(7) 폭격수 딱정벌레Bombardier beetle

3만 종에 이르는 딱정벌레 중에서 폭격수딱정벌레길이 3cm는 위험에 봉착하면 후미의 두 연소관에서 뜨겁고도 가려움을 유발하는 액체를 내

뿜어 적을 격퇴한다. 그 과정은 복잡하지만 순간적으로 이루어진다. 이들은 적을 만나면 후미의 내부 기관에 들어 있는 화학 물질들하이드로퀴논·과산화수소을 반응시켜 연소관1mm으로 주입한다. 그리고 카탈라제 효소를 분비해 과산화수소를 순식간에 물과 산소로 분해한다. 이렇게 하여 생긴 산소와 퍼옥시다제라는 효소를 이용해 하이드로퀴논을 독성이 강한 퀴논으로 산화시켜, 이를 고속초속 20m, 500회으로 반복 분사해 적을 퇴치한다Creation, 2005. 6.

(8) 성경에 나타난 설계 사례

성경에도 피보나치수열과 황금비율을 적용한 사례가 많다출 24:15-18. 성막은 길이가 100규빗20기둥, 폭은 50규빗10기둥인데, 건축의 순서는 기둥이 아닌 받침을 기준으로 했다출 40:18. 1:2의 밑바탕 길이에 맞추어 받침을 놓을 때, 직사각형을 대각선으로 나누면 1:2:√5의 세 변을 가진 두 삼각형이 생긴다. 따라서 직각을 맞추어 받침을 놓을 수 있다. 노아의 방주길이 300규빗, 너비 50규빗, 높이 30규빗는 조선과학에서 만드는 선박 밑판의 가로와 세로의 비율과 같다. 즉 배의 길이가 너비의 6배이다. 제2차 세계대전에 취역한 USS뉴멕시코 호는 방주와 동일한 치수로 건조되었다. 하나님은 성전과 기구의 치수에 대해 모세에게 알려주셨다왕상 4:29. 예컨대 둥근 바다물통는 원형의 지름이 10규빗에서 양쪽 두께를 뺀 값으로왕상 7:26, 내부 원주는 13.68m, 안쪽 지름은 4.37m이다. 따라서 원주율π은 13.68/4.37≒3.13으로, π값과 유사하다.

제2장

인류의 기원

제2장에서는 창세기에 근거한 인간의 창조에 대해 창조과학의 눈으로 살펴본다. 인간의 탄생과 창조 목적, 그들이 살았던 에덴동산에 대해서도 알아본다. 끝으로, 인간의 창조론에 대립하는 진화론적인 유인원 기원설과 그 허구를 소개한다.

제5강

사람의 창조 인류의 기원

인간 문제는 철학의 중심 과제이다

인간은 모든 면에서 우주의 중심에 서 있다. 크기는 미생물보다 크지만, 고래나 코끼리보다는 작다. 지능은 동물보다 높지만, 천사들에 비하면 낮다. 그럼에도 불구하고 시간적으로는 우주의 창조 시점부터 역사의 종말에 이르기까지, 공간적으로는 지구의 내부로부터 우주의 지평선 너머까지 상상의 날개를 펼친다. 인간은 다른 동물들과 달리 감사할 줄 알며, 선악의 분별력과 자유의지가 있고, 신께 예배하는 유일한 존재이다.

인간에 대한 정의는 학자마다 다르다. 소크라테스는 '그 자신을 탐구하는 자'라고 했고, 플라톤은 이성을 가진 존재로, 아리스토텔레스는 사회적 동물로, 프로타고라스는 만물의 척도로, 로마의 의학자 갈레노스는 목적을 가진 존재로 각각 정의했다. 교부 어거스틴은 '하나님을 갈망하는 존재요 하나님 안에 거하기까지는 불안에 떠는 존재'라고 했고, 종교 개혁자들은 '인간은 하나님의 형상으로 창조되었으나 죄로 타락했고, 지금은 하나님의 은총을 필요로 하는 존재'라고 했다. 마르크스Marx는 도구를 만드는 존재로, 유물론자인 라메트리는 '자동 기계'로 인식했다. 유물론적 자연주의를 추구한 심슨하버드대은 '비목적적이며 어떤 의도가 조금도 개입되지 않은 자연의 산물'이라 했다. 여러분은 어느 학자의 정의에 공감하는가?

인간 기원에 관한 학설들

(1) 창조론

하나님이 사람을 만들었다는 주장으로, 창세기에 근거한다창 1:26-28, 2:7. 이에 따르면 인간은 '하나님의 형상대로'라 *Imago Dei* 창조되었으므로 만물의 영장이라 부른다. 인간 존엄성human dignity은 여기에 기인한다. 그리고 사람은 각자 고유한 사명을 가지고 태어난 존재이므로 인간 문제는 창조주 앞에 비추어보지 않고는 자신을 바르게 이해할 수 없다고 말한다. 어거스틴400은 이러한 인류 역사를 6,000년지금으로부터 7,600여 년으로 추정했다《하나님의 도성》, 12:10-13.

> 그런 문서들은 역사의 연대를 여러 천년이라고 하지만, 성경대로 계산하면 아직 6,000년도 지나가지 않았다. 그들 문서에는 여러 천년 동안에 대한 이야기들이 있으나 근거가 없으며, 믿을 만한 권위가 없다전게서, 12:11.

(2) 유인원 진화론

무기물이 유기물로, 유기물이 단세포로, 단세포가 다세포 생물로, 그리고 유인원짧은 꼬리를 가진 원숭이·침팬지 등이 700만 년 전부터 사람으로 진화했다는 주장이다. 다윈과 토머스 헉슬리는 침팬지가, 헤켈은 원숭이가 사람으로 진화했다고 했다. 그러나 화석 기록에는 그러한 주장을 뒷받침하는 중간종中間種이 전혀 발견되지 않는다. 이처럼 잃어버린 연결고리들missing links이 모습을 드러내지 않는 것은 그들이 상상의 산물이기 때문이다. 스티븐 굴드2002, 하버드대는 영장류가 중간 공통 조상들로 진화하다가 어느 시점에 각기 다른 방향으로 분산 진화分散進化했다고 했다. 이처럼 진화론자들은 진화론의 허구가 드러날 때마다 과거의 잘못에 대한 사과나 변명은 전혀 없이 계속 진화의 시나리오를 각색하곤 한다.

(3) 유신진화론

하나님이 진화의 방법으로 사람을 만들었다는, 창조론과 진화론을 혼합한 이론이다. 로마 교황 요한 바오로 2세1966, 1999는 '인간육체은 선재하는 존재유인원에서 진화했지만, 영혼은 창조된 것' 이므로 영혼의 가치를 더욱 강조해야 한다고 역설했다. 이는 성경과 대치되는 '다른 복음' 이 아닐 수 없다갈 1:7-12.

(4) 우주배아설Panspermia, 汎菌說

먼 행성에서 생명의 배아胚芽, sperm가 지구로 날아와서 생명이 탄생했다는 주장이다. 스웨덴의 화학자 이레니우스1859-1927가 처음 제안했고, 영국의 분자생물학자 크릭1916-2004이 진화론의 대안으로 재점화했다. 그는 유인원이 사람으로 진화한 것이 잘못된 이론임을 깨닫고, 대안으로 이 주장을 한 것이다. 그러나 이 가설은 최초의 생명체가 어떻게 탄생했느냐 하는 근본 문제로 되돌아가게 한다.

성경이 말하는 인간 창조의 원리창 1-2장

(1) 하나님 형상대로라 *Imago Dei* 창조하셨다.

창 1:26-28 하나님이 이르시되 우리의 형상을 따라 우리의 모양대로 우리가 사람을 만들고 그들로 바다의 물고기와 하늘의 새와 가축과 온 땅과 땅에 기는 모든 것을 다스리게 하자 하시고 하나님이 자기 형상 곧 하나님의 형상대로 사람을 창조하시되 남자와 여자를 창조하시고 하나님이 그들에게 복을 주시며 이르시되 생육하고 번성하여 땅에 충만하라, 땅을 정복하라, 바다의 물고기와 하늘의 새와 땅에 움직이는 모든 생물을 다스리라 하시니라.

우리의 형상을 따라: '우리'라는 단어가 반복해 나오는 것은 인간의 창조가 삼위 하나님의 공동 사역임을 암시한다. 하나님은 천사가 아닌 스스로에게 말씀하셨다. 왜냐하면 사람을 천사들의 형상대로 만드시려는 것이 아니기 때문이다. 여기에서 형상image, 히 *schelem*, 헬 *eikon*은 신체뿐 아니라 이성·감정·양심·영적 자질·하나님의 대리성 및 하나님과 관계를 맺을 수 있는 자격 등을 의미한다웬함, pp. 123-127. 어거스틴은 이 구절을 '이성과 총명을 갖춘 영혼'으로 해석했다《하나님의 도성》, 12:24. 이에 반해 모양likeness, 히 *demuth*, 헬 *homoioma*은 외형을 말한다. 아담이 타락함으로써 잃은 것은 외형이 아닌 하나님의 형상이었다. 하나님의 형상은 곧 예수 그리스도이다요 14:9; 계 1:14. 교과서진화론개정

추진회교진추의 설립자인 김기환2009은 인간만이 가진 13개 손가락 염기서열Science, 2008과 18개 뇌 염기서열이 하나님 형상을 나타내는 사례라고 했다〈그림 1〉.

(2) 천지만물을 다스리도록 만드셨다.

모든 것을 다스리게 하자 하시고…… 모든 생물을 다스리라 하시니라: 인간의 창조 목적은 만물동물·식물·땅을 다스리도록 하기 위함이었다. 이러한 '문화 명령'文化命令, cultural commendment은 1장 28절에서도 반복된다.

(3) 남자와 여자로, 한 쌍을 만드셨다창 2:18-24.

남자와 여자를 창조하시고: 하나님은 사람을 남자와 여자로 만드셨다. 이는 남녀가 결혼에 의해 다시 한 몸으로 결합해야 완전한 존재가 될 수 있음을 암시한다.

▲ 〈그림 1〉 아담의 창조(미켈란젤로, 1511)

여호와 하나님이 이르시되 사람이 혼자 사는 것이 좋지 아니하니 내가 그를 위하여 돕는 배필을 지으리라 하시니라(창 2:18).

하나님은 모든 동식물과는 달리 사람은 한 쌍만 만드셨다. 이는 모든 사람을 한 족속으로 만들고행 17:26, 경건한 자손을 얻기 위한 하나님의 섭리이다말 2:15. 따라서 한 남자는 한 여자와 만나 가정을 이루어야 한다창 2:2-25. 요즈음 인권 보호라는 이름으로 동성同性 간의 결혼이 합법화되는 현실은 창조 원리를 정면으로 부정하는 범죄 행위이다. 동성애는 유황불로 멸망을 당한 소돔과 가나안 족속들 사이에서 행하던 악습이었다. 하나님은 우리 영혼을 창세 전에 이미 만드셨고, 어머니 배 속에서 수정란에 의해 배아가 형성될 때 영과 육체를 결합하신 것으로 보인다. 하나님은 남자를 먼저 만들고, 돕는 배필로 여자를 만드셨다창 2:18, 22-23.

▲ 〈그림 2〉 이브의 탄생(작자 미상, 1530)

> 여호와 하나님이 아담을 깊이 잠들게 하시니 잠들매 그가 그 갈빗대 하나를 취하고 살로 대신 채우시고 여호와 하나님이 아담에게서 취하신 그 갈빗대로 여자를 만드시고 그를 아담에게로 이끌어 오시니(창 2:21-22).

남자는 흙으로, 여자는 남자의 갈비뼈로 만드셨다그림 2. 남성에게서 여성이 나온 증거가 성性 염색체에 흔적으로 남아 있다. 남성 염색체xy에서는 남성xy과 여성xx이 모두 나오지만, 여성 염색체xx에서는 남성xy이 나올 수 없다. y인자가 없기 때문이다. 어거스틴도 하나님이 한 사람아담만 창조했고, 그로부터 하와를 만듦으로써 온 인류가 한 혈통이 되게 했다고 말한다《하나님의 도성》, 12:22.

(4) 축복의 대상으로 만드셨다창 1:28.

그들에게 복을 주시며 하나님이 그들에게 이르시되: 이처럼 사람은 복을 받도록 창조된 존재이다. 사람이 복을 받지 못하는 이유는 스스로의 꾀에 빠져 화를 자초하기 때문이다.

생육하고 번성하여 땅에 충만하라, 땅을 정복하라: 하나님은 아담과 하와를 만드신 후 중요한 명령과 임무를 부여하셨다. 첫째는 생육하고 번성하여 땅에 충만하라는 것이다. 사람은 많은 자녀를 낳아야 하며, 인구 문제는 하나님의 몫으로 남겨두어야 한다. 하나님은 인구를 적정수준으로 조절하실 계획을 항상 가지고 계시기 때문이다Genesis Record, p. 76. '충만하라' replenish, KJV는 것은 '다시 채우다' replenish가 아닌 '채우다' fill라는 뜻이다. 둘째는 땅을 정복하고 모든 생물을 다스리라 subdue & dominion는 것이다. 인간은 청지기steward의 소임을 다해야 한다. 일생 동안 자신에게 맡겨진 하나님의 재물을 성실하게 관리해야 한다.

(5) 육체와 영혼을 만드셨다창 2:7.

> 여호와 하나님이 땅의 흙으로 사람을 지으시고 생기를 그 코에 불어넣으시니 사람이 생령이 되니라(창 2:7).

하나님은 흙dust, 히 *adamah, apar*으로 육체body, 헬 *soma*를 만드시고form, 히 *yatsar*, 코에 생기breathe, 헬 *pneuma*, 히 *neshamah chay*를 불어넣어 생령히 *nepesh chay*이 되게 하셨다. 흙은 육체의 재료이며, 언젠가 육체가 되돌아갈 고향이기도 하다. 하나님은 사람의 육체를 가장 고운 진흙먼지히 *aphar*로 만드셨다. 진흙은 붉은 색을 띠므로 아담이라는 말은 '붉다' 는 뜻도 내포한다.

(6) 인간 창조는 만세 전에 하나님이 예정하신 것이다.

육체가 형성되기도 전에 우리를 선택하셨다는 말은 우리 영혼참나을 미리 만드셨다는 의미로 해석된다시 139:15-16.

(7) 가정을 이루게 하셨다창 2:22-25.

> 이러므로 남자가 부모를 떠나 그의 아내와 합하여 둘이 한 몸을 이룰지로다 아담과 그의 아내 두 사람이 벌거벗었으나 부끄러워하지 아니하니라(창 2:24-25).

이 구절에서 말하는 결혼의 원리는, 첫째는 분리의 원리이다. 남자가 장성하면 부모 곁영향권을 떠나라는 것이다. 부모는 더 이상 자녀에게 부담을 지우거나 간섭해서는 안 되며, 축복을 해주어야 한다. 둘째는 결합의 원리이다. 부부는 육체뿐 아니라 정신과 영적으로도 결합해야 한다. 결합은 서로의 관계가 원만해야 가능한 일이다. 셋째는 벗음의 원리이다. 벗음은 모든 것을 드러내는 행위이다. 그들은 벌거벗고서도 부끄러워하지 않았다.

사람의 창조 목적

이 주제와 관련해 염세철학자인 쇼펜하우어의 일화가 있다. 그는 매일 공원에서 산책을 즐겼다고 한다. 하루는 벤치에 앉아 인생 문제로 고민하다가 날이 저물었다. 공원 문을 닫을 시간이 지났음에도 벤치에 앉아 있는 그에게 관리인이 다가와 "당신은 무얼 하는 사람이오? 왜 여기에 앉아 있고, 어디로 가려는 것이오?" 하고 물었다. 그는 큰 소리로 "참 좋은 질문이오. 내가 누구며, 어디서 와서, 어디로 가는 존재인지 알았더라면, 내가 왜 여기에 앉아 있겠소?" 하고 외쳤다고 한다.

성경은 그러한 질문에 명쾌하게 대답한다. 사람은 다음과 같은 분명한 목적을 가지고 태어났으며, 하나님 나라를 향해 가고 있는 나그네와 같은 존재라고.

(1) 만물의 영장권창 1:26, 2:15

그들로 바다의 물고기와 하늘의 새와 가축과 온 땅과 땅에 기는 모든 것을 다스리게 하자 하시고(창 1:26b).

(2) 에덴사회의 통치권창 2:15

> 여호와 하나님이 그 사람을 이끌어 에덴동산에 두어 그것을 경작하며 지키게 하시고(창 2:15).

(3) 하나님 찬양사 43:21

> 이 백성은 내가 나를 위하여 지었나니 나를 찬송하게 하려 함이니라(사 43:21).

(4) 하나님께 영광사 43:7

> 내 이름으로 불려지는 모든 자 곧 내가 내 영광을 위하여 창조한 자를 오게 하라(사 43:7a).

《웨스터민스터 소요리문답》 제1조는 '인간의 제일 되는 목적은 하나님께 영광을 돌리며*Soli Deo Gloria*, 영원히 그를 즐거워하는 것' 이라고 선언한다.

창 1:29-31 하나님이 이르시되 내가 온 지면의 씨 맺는 모든 채소와 씨 가진 열매 맺는 모든 나무를 너희에게 주노니 너희의 먹을 거리가 되리라 또 땅의 모든 짐승과 하늘의 모든 새와 생명이 있어 땅에 기는 모든 것에게는 내가 모든 푸른 풀을 먹을 거리로 주노라 하시니 그대로 되니라 하나님이 지으신 그 모든 것을 보시니 보시기에 심히 좋았더라 저녁이 되고 아침이 되니 이는 여섯째 날이니라.

씨 맺는 모든 채소와 씨 가진 열매 맺는 모든 나무를…… 먹을 거리가 되리라: 사람의 음식은 씨를 가진 채소나 나무로, 초식성草食性이었다. 어떤 종류의 식물이든지 여기서 강조하는 것은 씨앗seed이다. 동물들의 먹이도 창조 초기에는 푸른 풀이었다. 사람에게 육식이 허용된 것은 대홍수 이후였다창 9:2–3. 이때부터 육식 동물이 초식 동물에 대해 사냥을 개시한 것으로 보인다.

창 2:1–3 천지와 만물이 다 이루어지니라 하나님이 그가 하시던 일을 일곱째 날에 마치시니 그가 하시던 모든 일을 그치고 일곱째 날에 안식하시니라 하나님이 그 일곱째 날을 복되게 하사 거룩하게 하셨으니 이는 하나님이 그 창조하시며 만드시던 모든 일을 마치시고 그날에 안식하셨음이니라.

천지와 만물이 다 이루어지니라: 여기에서 말하는 '천지'는 '그 하늘들과 그리고 그 땅'the heavens and the earth, KJV을, '만물'은 천체사 34:4; 렘 33:22; 단 8:10와 천사의 무리수 5:14–15; 왕상 2:19를 지칭한다성경원어대전, p.169, Genesis Record, p. 81. 이 모든 것이 6일 동안에 이루어진 것이다. '이루다'는 말은 준공하다대하 8:16, 성취하다룻 3:18, 마치다룻 2:23, 완성하다시 33:6의 뜻이다. 이는 천지가 하나님의 말씀으로 완벽한 질서를 갖춘 상태로 창조되었음을 의미한다. 이처럼 창조 초기에 우주의 질서도는 가장 높았으나 아담이 타락하면서 질서가 붕괴하는 방향으로 향하게 되었다열역학 제2법칙.

그 창조하시며 만드시던 모든 일을 마치시고: '창조'create, 히 *bara*는 무에서 유의 창조를, '만드시던'make, 히 *asah*은 기존 재료로 천지 만물을 조성했음을 의미한다. 하나님은 이러한 모든 창조사역을 6일 동안 다 이루셨다. 6일창조 이전에는 아무것도 없었다. 일부 신학자는 6일 창조 이전에 이미 천체天體가 존재했던 것처럼 주장하는데, 이는 억측에 지나지 않는다. 천지는 6일 동안에 창조되었으며, 일만 년 내외의 젊은 역사를 가지고 있을 뿐이다출 20:11, 31:17.

안식하셨음이니라: 하나님은 천지창조를 한 후 일곱째 날에 안식했으며, 아담과 그 후손들에게 안식일을 지키라고 명령하셨다. 일부 신학자는 제7일은 종료되지 않았고 지금까지 계속되고 있다고 주장한다. 그러나 성경은 하나님이 제7일에 '안식하셨다' 고 과거형으로 표현한다출 30:11, 31:17. 하나님은 창조 사역에 뒤이은 구속 계획도 세우셨으며요 4:34, 5:17, 이 사역은 예수가 십자가에서 '다 이루었다' 고 선언함으로써 마무리되었다요 17:4. 그리고 성자 예수는 아리마대 사람 요셉의 무덤에서 안식일까지 쉬셨다Genesis Record, p. 81.

아담과 하와가 첫 밤을 보내고 맞이한 것은 안식일히 *sabbath*이었다. 이는 사람이 사는 목적이 안식쉼을 얻기 위한 것임을 암시한다. 하나님이 안식을 얼마나 중시했는지 성경은 잘 보여준다. 하루 일을 마치고 맞이하는 밤의 안식, 6일의 노동 후에 맞는 안식일창 2:3; 사 14:3, 6년의 노동 후에 맞는 안식년레 25:1-7; 출 23:12, 해방과 토지의 원상 회복을 선언하는 희년50년, 레 25:9-10, 13, 일생을 마감하고 맞이하는 죽음의 안식시 116:15; 히 9:27, 역사의 종말 후에 천국에서 누릴 영원한 안식 등이 그것이다.

그런데 히브리서는 우리의 영·혼·육이 함께 쉼을 얻는 '큰 안식' 천국에 들어가기를 힘쓰라고 권면한다히 4:10-11. 이처럼 안식은 삶의 목표이며, 하나님께 나아갈 때에만 누릴 수 있는 특권이다. 하나님 앞을 떠난 가인은 안식을 얻지 못해 일생을 유리하며 방황했다창 4:14. 가인처럼 방황했던 어거스틴은 '하나님의 품에 안기기까지 내게는 평안이 없었나이다' 라고 고백했다《고백록》, pp. 397-401.

인간의 구조

신학계는 인간의 구조에 대해 두 학설로 나뉘어 있다.

(1) 이분설Dichotomy

인간은 육체와 영혼으로 구성되어 있다는 주장으로 영과 혼을 하나의 실체영혼로 해석한다. 그리고 사람이 죽으면 육체는 흙으로 돌아가고, 영혼은 심판을 받는다고 주장한다. 이는 성경 여러 곳의 영과 혼을 동일시한 구절들에 근거하며, 많은 신학자가 이에 동조한다. 소크라테스, 플라톤, 아리스토텔레스도 이분설을 주장했다.

(2) 삼분설Trichotomy

인간은 육체·영·혼의 세 요소로 구성되어 있다는 주장으로, 육체는 혼, 혼은 영의 제재를 받는다고 말한다. 바울서신을 비롯한 많은 성경 구절이 이를 뒷받침한다욥 32:8; 잠 20:27; 사 57:16; 슥 12:1; 고전 14:14-15; 살전 5:23; 히 4:12. 삼분설에 따른 영·혼·육에 관한 내용을 좀 더 살펴보자.

① 육체flesh, 헬 *soma*, 히 *bassar*: 육체는 생명을 담는 그릇으로, 그 수명이 유한하다. 그리스인은 육체를 두 가지로 구분했다. 소마*Soma*는 '살과 뼈와 피' 를, 살크스*salx*는 '죄가 스민 육체' 를 지칭했다. 삼분법

에서 말하는 육신은 소마이다. 불교에서는 모든 육체가 쉼 없이 변하므로 육체는 허상이라고 말한다. 그러나 성경은 육체를 '장막'이라고 부른다고후 5:1; 벧후 1:13. 인간의 몸은 흙으로 만들어졌으므로 죽으면 흙으로 돌아간다창 3:19; 전 12:7. 흙 속에는 인체를 구성하는 30여 종의 원소가 모두 들어 있다. 흙 속의 육체는 주님의 재림 시에 천사장이 나팔을 불면 시공을 초월한 영화로운 몸*soma pneumaticos*으로 다시 태어날 것이다.

② 혼soul, 헬 *psyche*, 히 *nepesh*, 라 *anima*: 우리말로는 혼백魂魄, 얼, 정신, 기氣, 생각 등으로 표현한다. 욥기12:10는 모든 생물이 혼을 가지고 있다고 했다. 성경에서는 혼soul을 목숨life, 왕하 2:6; 욥12:10; 살전 2:8, 생명계 2:10, 마음mind, heart 등으로 표현한다. 마음속의 생각이 말로 표현되므로 사람의 마음은 인격personality을 나타낸다. 아담이 타락한 이후 사람의 마음은 부패해졌다고 예레미야는 개탄했고, 잠언 기자는 우리에게 마음을 잘 지키라고 권면한다.

③ 영spirit, 헬 *pneuma*, 히 *reach*: 영靈은 창조주가 사람에게만 부여한 참나, 즉 생명의 실체이다창 2:7; 말 2:15. 오직 사람만이 영적 존재이며사 57:16; 살전 5:23, 모든 영의 아버지는 하나님이시다히 12:9. 영이 있기에 인간은 하나님과 교제할 수 있다롬 8:16; 고전 2:11. 영은 시공을 초월하며, 영원히 죽지 않고, 육체의 죽음과 동시에 심판을 받는다전 3:21; 마 18:8-9; 막 12:25; 눅 20:36; 고전 15:53-54; 벧전 3:19; 벧후 2:9; 계 20:13. 성도들의 영은 천국으로, 불신자의 영은 음부하데스로 떨어져 고통을 받게 된다. 그리고 최후 심판 때 모든 육체가 불멸의 몸으로 부활해 성도는 천국에서 영생을눅 23:43, 불신자는 지옥불못, 게헨나에서 영벌을 받게 된다눅 23:43.

살리는 영

사람의 얼굴에는 하나님의 형상이 아로새겨져 있다. 따라서 하나님 앞에 인간을 비추어보지 않고서는 인간의 참 모습을 알 수가 없다. 하나님의 거울 앞에 나 자신을 비추어 볼 때 나의 참 모습을 발견하게 된다. 인간은 눈에 보이는 육체뿐 아니라 눈에 보이지 않는 영혼을 가진 존재이다. 사람이 죽으면 육체는 흙으로 돌아가지만, 영혼은 하나님 앞에서 심판을 받는다히 9:27. 첫 번째 아담은 '산 영'이었지만 타락하면서 그 영이 죽었고, 두 번째 아담인 예수는 '살리는 영'으로, 우리 영혼을 살리셨다. 우리도 죽음이 넘실거리는 이 세상에서 성령의 도우심을 받아, 죽음으로 향하는 영혼들을 영생의 천국으로 인도하는 '살리는 영'이 되어야 한다.

참고 사항 (1): 인류의 아담 이전 선재설

아담과 하와로부터 온 인류가 유래했다. 그런데 기독교계 내에 이를 부인하는 주장이 꾸준히 제기되고 있다. 휴 로스나 데이비드 영은 아담 이전에 또 다른 인류가 있었다고 말한다. 이단 종파들하나님의 교회·통일교·신천지, 성락교회 등도 이러한 주장에 동조한다. 이 경우 '아담의 범죄로 세상에 죄와 사망이 들어왔으며, 예수의 십자가 공로로 생명에 이르게 되었다'는 전통 구원론롬 5:12-19이 흔들리게 된다. 양승훈물리학, 기독교세계관대학은《창조와 격변》2006에서 아담 이전의 인간 존재의 가능성과 먹이사슬의 원리에 따라 아담 이전에 수많은 죽음벌레 등이 있었을 것으로 추측한다. 재미 신학자 한창완2011은 한 걸음 더 나아가, 창세기 1장의 사람과 2장의 아담이 별개의 존재라고 다음처럼 주장한다.

> 창세기 1장 27절의 6욤yom 때 무에서 유로 창조된 남성히, 쟈카르과 여성히, 느게바은 같은 날에 하나님의 모양과 형상을 따라 창조되었다. 그러나 창세기 2장 7절과 22절에서 만들어진 아담과 하와는 같은 날이 아닌 각각 다른 날창 2:18에, 창조가 아닌 흙이라는 재료를 사용하여 아담을 만들고formed, 히 *yatchar*, 아담의 갈비뼈라는 재료를 사용하여 하와를 만들었다made, 히 *iben*. 창세기 2장에서 아담과 하와가 무에서 창조가 아닌 흙과 갈비뼈라는 재료로 만들어졌다는 사실은, 창세기 1장의 남성과 여성의 창조와 창세기 2장의 아담과 하와는 다른 내용임을 성경은 본문에서 분명히 밝히고 있다한창완, pp. 257-258, 268-269.

교부 오리겐은 창세기 1장의 인간은 무에서 남자와 여자의 영적 존재를 창조한 것이며히 *bara*, 창세기 2장의 아담과 하와는 흙으로 만든히 *yatchar* 육체를 가진 아담과 이브라고 해석했다. 무에서 창조한 영적 존재의 일부가 타락해, 하나님이 이들의 임시 거처로 육체를 가진 인간을 흙과 갈비뼈로 만드셨다는 것이다. 이때 가장 밑바닥에 떨어진 것이 악령들이 되었다는 것이다. 이는 플라톤주의의 영향에 의한 주장으로, 전통 교리에 어긋난다.

참고 사항 (2): 영혼의 유래

성경은 사람이 죽는 것을 잔다고 했고마 9:24; 막 5:39; 벧전 3:19, 재림 시에는 성도들의 육체는 불멸의 몸으로 부활해살전 4:16 하늘에서 육체와 영혼이 재결합한다고 했다. 이러한 영혼은 언제부터 존재하며, 언제 태아와 결합하는 것일까?

① 윤회설Metempsychosis: 사람이 죽으면 육체는 흙으로, 영혼은 다른 생물의 육체사람·동물로 들어가 환생을 한다는 주장이다. 메소포타미아에서 기원한 윤회설은 힌두와 불교의 핵심 교리가 되었다. 영지주의자들이 동조했으며, 헤롯은 엘리아의 영혼이 세례 요한의 몸에 환생했다고 믿었다마 11:4, 17:10–12. 그러나 성경은 이러한 주장을 명백히 부인한다요 9:23; 히 9:27.

② 창조설Creationism: 출생과 동시에 하나님이 영을 만들어 육체에 부여한다는 주장이다. 토머스 아퀴나스와 종교 개혁자 칼빈이 지지했고, 로마 가톨릭은 공식 교리로 채택했다. 이 주장은 영혼과 하나님의 관계는 강화하지만, 육체와 영혼의 통일성은 약화한다.

③ 유전설Transducianism: 인류의 첫 조상 아담의 영이 후손들에게 대대로 유전된다는 설이다. 초대 교부인 닛사의 그레고리우스, 터툴리언 및 루터가 동조했다. 그러나 로마 교황 아타나시우스 2세498는 이를 단죄했다. 이 주장은 육체와 영혼의 불가분성, 원죄의 유전설 등과 조화를 이루나, 개인의 영혼과 하나님의 관계성을 약화시킬 우려가 있다. 영혼이 최후의 심판을 받는 것은 개인의 영혼이지 유전된 영혼이 아니다.

④ 선재설Preexistence: 미리 존재한 영혼이 잉태나 출산 시에 육체와 결합한다는 설이다. 성경의 몇 구절은 영혼이 미리 창조되었고, 육체가 형성될 때 결합함을 암시한다. 그리스의 플라톤과 필론, 교부 오리게네스와 어거스틴이 이에 동조했고, 이단 종파인 모르몬교도 이

를 지지한다.

그에게는 영이 충만하였으나 오직 하나를 만들지 아니하셨느냐 어찌하여 하나만 만드셨느냐 이는 경건한 자손을 얻고자 하심이라 그러므로 네 심령을 삼가 지켜 어려서 맞이한 아내에게 거짓을 행하지 말지니라(말 2:15).
여호와께서 태에서부터 나를 부르셨고 내 어머니의 복중에서부터 내 이름을 기억하셨으며(사 49:1b).
곧 창세 전에 그리스도 안에서 우리를 택하사 우리로 사랑 안에서 그 앞에 거룩하고 흠이 없게 하시려고 그 기쁘신 뜻대로 우리를 예정하사 예수 그리스도로 말미암아 자기의 아들들이 되게 하셨으니(엡 1:4-5).

하나님께서는 흙으로 사람을 만드시고창 2:7, 그 육체에 영혼을 넣으셨다. 미리 만드신 영혼을 그의 안에 불어넣으셨거나, 숨을 불어넣으심으로써 영혼을 창조하신 것이다하나님의 도성, 12:24.

⑤ 멸절설Annihilation: 로마의 아르노비우스3-4C가 처음 주장했다. 영혼은 불멸의 존재로 창조되었으나 죄에 오염되면서 하나님이 영혼을 멸절 또는 무의식 상태로 만드셨다는 것이다. 그러나 선행자들의 영혼은 계속 생존하도록 했다는 영혼의 조건적 불멸설이다. 이단 종파인 여호와 증인과 제7일안식교에서 이를 지지한다.

⑥ 가면설Soul Sleep: 육체가 죽었다가 부활하는 사이에 영혼은 잠자는 상태에 들어간다는 주장이다. 일부 성경 구절마 9:24; 요 11:11; 고전 15:5은 죽음을 자는 것으로 표현하지만 부자와 나사로 비유눅 16:19, 24, 강도에 대한 낙원 약속눅 23:43, 바울이 말한 '몸을 떠나 주와 함께 거하는 것'고후 5:8; 빌 1:23 등의 내용과 상충한다. 재세례파에서 이를

수용했지만 칼빈은 거부했다.

⑦ 불멸설Immortality: 육체가 죽더라도 영혼은 죽지 않고 영원히 생존한다는 주장이다. 성경은 영혼의 불멸성에 대해 누누이 강조한다눅 16:22; 요 5:25-29; 계 20:12-15. 영은 영원히 죽지 않는다전 12:7; 마 22:30; 눅 20:36, 23:43; 벧전 3:19; 계 21:4. 이 주장은 성경적이지만 영혼의 기원에 대해서는 설명해 주지 않는다.

제6강

에덴동산은 어떤 곳인가?

아담과 하와가 살았던 곳은 에덴Eden, 기쁨동산이었다. 창조주가 사람을 위해 만든, 울타리로 둘러싸인 꿈같은 이상향이었다창 2:8-17.

① 생명과와 선악과가 공존하는 곳이었다.

② 배필과 함께 풍족하게 먹고 즐기는 곳이었다창 2:9, 18, 21-24.

③ 하나님이 계신 곳이었다.

④ 자유와 기쁨이 있으나 죄가 없는 곳이었다.

⑤ 네 강의 근원이었다창 2:10-14.

⑥ 동물들이 함께 어울린 곳이었다.

창 2:4-7 이것이 천지가 창조될 때에 하늘과 땅의 내력이니 여호와 하나님이 땅과 하늘을 만드시던 날에 여호와 하나님이 땅에 비를 내리지 아니하셨고 땅을 갈 사람도 없었으므로 들에는 초목이 아직 없었고 밭에는 채소가 나지 아니하였으며 안개만 땅에서 올라와 온 지면을 적셨더라 여호와 하나님이 땅의 흙으로 사람을 지으시고 생기를 그 코에 불어넣으시니 사람이 생령이 되니라.

이것이…… 내력이니: 헨리 모리스는 창세기 2장 4절에서 5장 1절의 구절을 아담이 직접 기술한 것으로 해석한다Genesis Record, p. 83. '내력'은 계보toledoth를 말한다.

여호와 하나님이: 창세기 제1장에 나오던 하나님에 대한 호칭이 전능하신 엘로힘*Elohim*에서 여호와 하나님*Jehova Elohim*으로 바뀌어 나온다. 여호와는 하나님이 스스로 알려주신 성호로출 3:13-15, 구원의 계획을 세우고 이루시는 언약의 하나님임을 강조한 명칭이다. 이를 두고 독일의 자유주의 신학자들은 문서가설文書假說을 주장했다.

칸트의 영향을 받은 근대 신학의 아버지 슐라이어마허1768-1834는 이성보다는 감성을 중시했다. 그는 '이성은 과학을, 양심은 도덕을, 감정은 종교를 낳는다'고 했다. 그의 영향으로 그라프1866와 벨하우젠1844-1918 등에 의한 성경비평이 촉발되었다. 하등비평下等批評은 성경 사본들의 저작 연대와 정확성 등에 대해, 고등비평高等批評은 성경의 저자와 기록 내용의 의미를 주요 연구 대상으로 했다. 그 결과 예수의 기적은 전설이며, 부활은 예수에 대한 제자들의 사랑의 표현이고, 모세오경은 복수의 저자들이 네 문서JDPE를 편집한 것이라는 문서가설documentary hypothesis을 제기했다.

여호와 하나님이 땅에 비를 내리지 아니하셨고…… 안개만 땅에서 올라와 온 지면을 적셨더라: 당시의 물의 순환계는 대홍수 이후에 형성된 오늘의 순환계와는 완전히 다른 차원의 것이었음을 보여준다사 55:10-11; 욥 28:24-26; 36:26-29; 시 135:6-7. 당시에는 비가 내리지 않았고, 안개가 지면을 적시며 흘렀다히 *shaka*, 윤택하다, 물을 대다. 안개의 응축과 증발로 초목이 수분을 공급받았다. 땅은 사람이 경작해야 하고 다스리는 히 *abad* 대상임을 강조한다. '들'과 '밭'의 히브리어 사데히 *sade*, 토지, 전지로 아레츠히 Eretz, 땅, 창 1:11-12와 구분되므로, 이는 땅에 식물이 없었다는 뜻이 아니라 사람이 아직 창조되지 않은 상태라서 경작이 시작되지 않았다는 뜻이다원어성경대전, p. 183.

흙으로 사람을 지으시고 생기를 그 코에 불어넣으시니: 이 구절은 창조의 정점인 사람 창조에 관한 기술이라기보다는 육체의 조성과 활성화에 대한 기술이다Genesis Record, p. 84. 하나님은 육체를 땅히 *adamah*, 흙, 붉다의 먼지히 *apar*, 가루, 진토로 만듦으로써 흙 사람히 *adam*, 고전 15:47이 되게 하셨다. 그리고 코에 생기breath of life, wind, spirit, 히 *neshama, reach*를 넣으심으로써 생령living soul, 히 *nepesh haya*이 되게 하셨다. 아담이 첫 사람고전 15:45이므로 그 이전에는 어떠한 인간도 존재하지 않았다Genesis Record, p. 86.

창 2:8-9 여호와 하나님이 동방의 에덴에 동산을 창설하시고 그 지으신 사람을 거기 두시니라 여호와 하나님이 그 땅에서 보기에 아름답고 먹기에 좋은 나무가 나게 하시니 동산 가운데에는 생명나무와 선악을 알게 하는 나무도 있더라.

동방의 에덴에 동산을 창설하시고 그 지으신 사람을 거기 두시니라: 하나님은 에덴동산의 서쪽에서 아담을 지으신 후, 동쪽의 에덴동산 안으로 이끌어 들이셨다. 에덴히 *Eden*은 '기쁨'을, 동산히 *kan*은 '울타리로 둘러싸인 영역'을 말한다. 하나님이 원하시는 삶은 우리가 항상 기뻐하는 것이다살전 5:16-18. 한자漢子의 서쪽 서西 자는 첫一 사람人을 만들어 울타리口: 에덴동산 안으로 이끌어 들인 내용을 담고 있다.

에덴은 울타리로 둘러싸인 중동의 어느 한정된 지역이었다. 그 위치에 대해서는 페르시아만설Dilmun=바레인설, 아르메니아설, 팔레스티나설, 지중해설, 이집트설 등이 있다. 그러나 대홍수로 지형이 크게 변형된 사실을 감안해야 한다벧전 3:6. 수메르인들은 〈엔키와 닌후루삭〉에서 '사자가 동물을 죽이지 않고 늑대가 양을 잡아먹지 않고 들을 잡아먹는 들개가 없고, 눈이 아픈 자가 눈이 아프다고 말하지 않고, 두통이 있는 자가 머리가 아프다고 하지 않은 곳' 으로 표현하고 있다크래머, p. 19.

동산 가운데에는 생명나무와 선악을 알게 하는 나무도 있더라: 에덴동산은 모든 것이 갖추어진 축복의 땅이었다. 거기에는 보기에 아름답고 먹기에 좋은 나무들이 있었다. 그런데 에덴동산의 중앙에는 생명나무tree of life 生命果와 선악을 알게 하는 지식의 나무善惡果도 있었다. 그런데 생명과를 따먹으면 영생을 하지만계 22:2, 선악과를 따먹으면 죽게 되어 있었다. 혹자는 선악과에 유전자를 변형시키는 독소毒素가 들어 있었을 것으로 추측하기도 한다. 이 두 나무가 에덴의 중앙에 있었다는 것은 생명生命과 선악善惡의 문제가 삶의 가장 중요한 주제임을 보여준다.

지금도 우리 앞에 서 있는 두 나무는 서로 자기 과일을 먼저 따먹으라고 유혹한다. 선악과는 매사에 대해 잘잘못부터 따지라고 하지만, 생명과는 생명을 먼저 살리라고 말한다. 아담과 하와는 미완성의 생명체로서 영생과 영멸을 가름하는 선택의 기로에 서 있었던 존재였다. 어느 길을 선택할 것인지는 그들의 자유의지에 달린 문제였다.

창 2:10-14 강이 에덴에서 흘러 나와 동산을 적시고 거기서부터 갈라져 네 근원이 되었으니 첫째의 이름은 비손이라 금이 있는 하윌라 온 땅을 둘렀으며 그 땅의 금은 순금이요 그곳에는 베델리엄과 호마노도 있으며 둘째 강의 이름은 기혼이라 구스 온 땅을 둘렀고 셋째 강의 이름은 힛데겔이라 앗수르 동쪽으로 흘렀으며 넷째 강은 유브라데더라.

강이…… 갈라져 네 근원이 되었으니: 에덴에서 시작한 강이 동산을 적시고, 네 갈래로 갈라졌다. 밭 전田: + + ㅁ자에는 이러한 창세기의 흔적이 남아 있다. 이 강물의 근원은 에덴동산 외부의 지하수가 암반의 중력이나 지열地熱에 의한 강한 수압水壓으로 분출해 생긴 자분천自噴泉일 것으로 추정된다Genesis Record, pp. 88-89.

첫째의 이름은 비손이라…… 유브라데더라: 에덴동산에 있었던 네 강의 이름은 에덴의 환경을 상징적으로 보여준다. 즉 비손Pison, 은혜, 퍼지다, 군중, 갠지스 강 · 기혼Gihon, 동방에서 발원한 것, 넘쳐흐르다, 능력, 나일강 힛데겔Hiddegel, 화살, 결실, 좁고 빠름, 티그리스강 · 유브라데Euphrates, 비옥한, 풍부, 분산, 유프라테스강의 이름이 의미하듯이 에덴은 모든 것이 풍부하고 은혜가 넘치며, 능력이 있고 결실을 맺는 곳이었다. 언젠가 낙원이 회복되면 신천지에서는 수정같이 맑은 생명수의 강이 하나님과 어린 양의 보좌로부터 흘러나와 만국을 치료할 것이다계 22:1-2. 이 네 강의 정확한 위치는 알 수 없다.

창 2:15-17 여호와 하나님이 그 사람을 이끌어 에덴동산에 두어 그것을 경작하며 지키게 하시고 여호와 하나님이 그 사람에게 명하여 이르시되 동산 각종 나무의 열매는 네가 임의로 먹되 선악을 알게 하는 나무의 열매는 먹지 말라 네가 먹는 날에는 반드시 죽으리라 하시니라.

위 구절을 '선악과 언약'이라고 한다. 하나님은 에덴동산에서 아담과 하와에게 의무·허용·금지의 지침을 주셨다. 이는 우리에게도 그대로 적용되는 삶의 원리이다.

(1) 의무 사항

그 사람을 이끌어 에덴동산에 두어: 하나님은 에덴의 서쪽에서 아담을 만드신 후 동쪽의 에덴동산으로 이끄셨다. 그래서 고대 한자에서 서쪽西은 항상 남자를 상징한다.

경작하며 지키게 하시고: 여기서 말하는 에덴은 가정과 교회, 사회와 국가를 뜻한다. 이러한 조직을 잘 지키고 다스리라는 것이다. '지키라'는 것은 누군가가 공격을 해올 것임을 암시하며, '다스리라'는 것은 창조주의 뜻에 맞게 관리하라는 의미이다. 이처럼 우리가 사는 목적은 우리 조직을 악의 세력으로부터 지키고 관리하는 것이다. 아담이 이러한 명령에 자발적으로 순종했을 때, 그것은 기쁨과 보람을 주는 희동喜動이었다. 그러나 그가 타락하면서 희동은 생계를 유지하기 위한 의무적인 노동勞動으로 바뀌었다. 노동 속에는 고통과 괴로움, 그리고 눈물이 녹아 있다.

(2) 허용 사항

동산 각종 나무의 열매는 네가 마음대로 먹되: 하나님은 아담에게 99%의 자유를 허용하셨다. 자신이 가진 이러한 99%의 자유를 느끼고 즐기면서, 나에게 없는 1%의 의미를 깊이 음미하는 것이 참 지혜가 아닐까! 우리에게 부족한 1% 때문에 99%의 자유를 누리지 못한다면 그의 삶은 불행의 낭떠러지로 떨어지게 될 것이다.

(3) 금지 사항

선악을 알게 하는 나무의 열매는 먹지 말라. 네가 먹는 날에는 반드시 죽으리라: 동산 중앙에 생명나무와 선악을 알게 하는 나무선악과, 지식의 나무가 있다는 사실은 인생의 최대 명제가 '생명'과 '선악'의 문제임을 보여준다그림 1. 하나님은 생명과에 대해서는 아무런 제약을 하지 않았으나 선악과는 먹지 말라고 금했다. 여기에서 우리는 세 가지의 메시지를 발견하게 된다. 첫째는 하나님이 인간에게 생명과를 따먹고 영생하도록 '생명의 축복'을 하셨다. 둘째는 1%의 금지 사항을 설정함으로써 인간의 피조성불완전성을 깨닫게 하셨다. 셋째로 선악과를 따먹으면 반드시 죽는다는 선고는 선악 문제가 생사와 직결되어 있음을 암시한다. 선을 행하면 살고영생, 악을 행하면 죽는다영벌는 공의의 선언이다.

참고로 선악과에 대한 신학자들의 견해는 다음과 같다웬함, pp. 177-178.

① 하나님 명령에 대한 순종 여부에 대한 묘사Kidner Gispen

② 선악의 차이에 대한 분별력Budde

③ 성적性的 지식Weinfelt

④ 전지성全知性 Wallence

⑤ 지혜Cassuto Westermann Vawter

⑥ 악惡을 억제하는 절제력필자

창 2:18-28 여호와 하나님이 이르시되 사람이 혼자 사는 것이 좋지 아니하니 내가 그를 위하여 돕는 배필을 지으리라 하시니라 여호와 하나님이 흙으

▲ 〈그림1〉 원죄(에덴동산에서 추방되는 아담과 이브–구스타브 도레의 상상도)

로 각종 들짐승과 공중의 각종 새를 지으시고 아담이 무엇이라고 부르나 보시려고 그것들을 그에게로 이끌어 가시니 아담이 각 생물을 부르는 것이 곧 그 이름이 되었더라 아담이 모든 가축과 공중의 새와 들의 모든 짐승에게 이름을 주니라 아담이 돕는 배필이 없으므로 여호와 하나님이 아담을 깊이 잠들게 하시니 잠들매 그가 그 갈빗대 하나를 취하고 살로 대신 채우시고 여호와 하나님이 아담에게서 취하신 그 갈빗대로 여자를 만드시고 그를 아담에게로 이끌어 오시니 아담이 이르되 이는 내 뼈 중의 뼈요 살 중의 살이라 이것을 남자에게서 취하였은즉 여자라 부르리라 하니라 이러므로 남자가 부모를 떠나 그의 아내와 합하여 한 몸을 이룰지로다 아담과 그의 아내 두 사람이 벌거벗었으나 부끄러워하지 아니하니라.

사람이 혼자 사는 것이 좋지 아니하니…… 돕는 배필을 지으리라: 하나님은 창조 제6일에 아담을 창조하신 후 그를 동편의 에덴으로 이끌어 들이셨다창 2:8. 그런데 그가 혼자 지내는 것이 보시기에 좋지 않아 돕는 배필을 주겠다고 하셨다. 하나님은 왜 배필을 지으시기 전에 짐승들이 쌍쌍행진을 하도록 연출하시고, 아담에게 그들의 이름을 짓도록 하셨을까?창 2:19

아담이 각 생물을 부르는 것이 곧 그 이름이 되었더라: 아담은 햇볕이 따스한 언덕에 앉아 자기 앞을 지나가는 동물들가축·들짐승·새들과 상견례相見禮를 거행했다. 하나님이 연출했을 황홀하고도 장엄했을 그 열병식閱兵式을 상상해 보라. 어디선가 천사들이 연주했을 우렁찬 행진곡이 귓가에 들리지 않는가! 아담은 너무 기뻐하며 자기 앞을 지나는 사랑스러운 동물 쌍들에게 적합한 이름을 지어줌으로써 만물의 영장권을 행사했다. 닭이 지나가고, 소와 돼지가 지나가고, 사자와 코끼리 부부가 지나가고, 공룡이 지나가고, 독수리와 뻐꾸기가 날아가고…… 이름은 그 존재의 특성을 잘 보여주므로 매우 중요한 것이다.

그런데 여기에서 아담의 이름도 처음으로 등장한다. 아담의 이름에 대해서는 몇 가지 견해가 있다. 첫째는 아다마히 *adamah*, 흙에서 유래했다는 설이다. 둘째는 앗수르어 아다무*adamu*, 짓다, 만들다에서 유래했다는 설이다. 셋째는 히브리 알파벳의 첫 자알렙와 세계의 끝을 상징하는 멤*mem*, 바다의 두 글자의 가운데에 있는 달렛히 *dalet*을 합성해 인간이 피조물의 중간적 존재임을 나타내려 했다는 것이다. 넷째는 인간이 엘로힘의 알렙과 뻬헤마히 *behema*, 짐승의 중간 존재임을 나타내기 위해 아담으로 명명했다는 것이다. 다섯째는 '빛나다' 라는 아랍어에서 유래했다는 설이다.

아담이 돕는 배필이 없으므로: 여기에서 성경은 동물들의 황홀한 쌍쌍파티가 끝난 후 아담이 홀로 있다는 사실에 초점을 맞춘다. 들판 무대에 동물들이 더 이상 나타나지 않게 되자, 아담은 홀로 있는 자신을 발견하고 깊은 고독감에 휩싸여 자기에게도 짝을 만들어주시기를 하나님께 기도한 것으로 보인다. 아니, 하나님이 그러한 생각이 들도록 유도하신 것으로 보인다.

여호와 하나님이 아담을 깊이 잠들게 하시니: 하나님은 아담을 깊이 잠들게 하셨다. 역사상 최초로 마취痲醉를 하신 것이다. 그리고 아담의 소원에 응답하시어, 아담의 갈비뼈 하나를 취해 하와를 만드셨다창 2:21-22. 갈비뼈히 *tsela*는 구약성경에서 35회나 나오는데, 옆구리를 의미한다. 오직 이곳에서만 갈비뼈rib로 표현되어 있다. 갈비뼈에서는 인체를 만드는 만능 줄기세포幹細胞, stem cell가 가장 왕성하게 만들어진다. 이러한 줄기세포로 하와의 육체를 만드신 것으로 보인다. 하와가 아담의 옆구리에서 나왔다는 기술은 남녀의 평등을 보여주기 위한 의도로 보인다창 2:22-25. 이처럼 아담은 에덴 밖에서, 하와는 에덴동산에서 공주처럼 귀하게 창조되었다.

이는 내 뼈 중의 뼈요 살 중의 살이라 이것을 남자에게서 취하였은즉 여자라 부르리라 하니라: 아담은 흙으로 만드셨으나 하와는 뼈로 만드셨다. 아담은 만물을 다스리도록 하셨으나 하와는 돕는 배필로 만드셨다. 이처럼 남자와 여자히 *issa*는 꼭 같은 사람이지만, 서로 다르게 창조하셨다. 하와히 *Eve*, 모든 산 자의 어미는 육체와 생명을 아담에게 물려받았으나, 영혼은 하나님께 받았다. 우리의 생명육체도 부모로부터 받았지만, 영혼참 나은 하나님께 받았다Genesis Record, p. 101. 남녀가 서로를 그리워하는 것은 그들이 원래 한 몸이었기 때문이다.

그를 아담에게로 이끌어 오시니: 긴 잠에서 깨어난 아담은 아직도 황홀한 행진곡의 여운으로, 동물들이 나타났던 그 들녘을 바라본 듯하다. 하나님은 마지막 등장 인물인 하와를 그의 앞으로 지나가도록 연출하셨다. 텅 빈 들녘을 바라보던 아담의 눈에 어떤 동물 한 마리가 뒤늦게 들어오는 것이 보였다. 그는 호기심에 이끌리어 그쪽을 자세히 바라보았을 것이다. 그런데 그것은 동물이 아닌 자기 뼈 중의 뼈요 살 중의 살임을 죄가 없던 아담은 직감으로 알았을 것이다. 그래서 지체하지 않고 그녀를 남자에 대비되는 여자히 *isha*라 칭했다. 왜냐하면 남자히 *ish*에서 나왔기 때문이다. 아담이 작명한 하와*Hawwah*, 모든 산 자의 어미라는 명칭은 성경에 모두 네 번 나온다창 3:20, 4:1; 고후 11:3. 이것을 70인역은 에우아*Eua*, 벌게이트는 헤바*Heva*, 영어 성경은 이브Eve, 한글성경은 이와딤전 2:13 등으로 번역했다.

이러므로 남자가 부모를 떠나 그의 아내와 합하여 둘이 한 몸을 이룰지로다: 하나님의 중매로 이 두 사람은 부부가 되었다. 이처럼 결혼은 하나님이 정하신막 10:6-9 신비한 예식이다엡 5:32.

제7강

진화론적 인류 기원설

인간의 기원에 대해 다윈과 토머스 헉슬리는 침팬지에서, 헤켈과 라마르크는 원숭이에서 진화했다고 주장했다. 그러나 그러한 진화 현상은 화석 기록에서 전혀 발견되지 않으며, 하등생물이 고등생물로 진화한 사례도 전혀 보이지 않는다. 이러한 현실을 모면하려고 미국의 진화학자 굴드는 공통조상설共通祖上說, 2001을 제시했다. 원숭이나 침팬지가 사람으로 진화한 것이 아니라, 이들이 공통 경로로 진화하다가 일정한 시점에 각기 다른 방향으로 분산진화分散進化를 했다는 것이다. 이 얼마나 교묘한 언어의 유희인가? 그러나 이러한 주장도 자가당착에 빠지게 되었다. 생물계통수生物系統樹에 있는 무수한 중간 공통 조상들의 화석이 한 건도 발견되지 않기 때문이다. 그 이유는 그들이 존재한 적이 없는 상상의 산물이기 때문이다.

다지역설多地域說과 단일지역설單一地域說

현대인의 기원에 대해서도 진화론 내부에서는 두 가설이 첨예하게 대립한다. 전통 진화론자들은 인류가 여러 지역에서 유인원類人猿, apeman으로부터 독자적으로 진화했다는 다지역설을 주장한다. 유인원이란 꼬리가 짧은 원숭이침팬지·오랑우탄·원숭이를 말한다. 그러나 최근에는 현대인이 아프리카에 처음 출현한 후, 전 세계로 흩어졌다는 단일지역설이 더 많은 지지를 받는다. 인종人種의 기원에 대해서 다지역론자들은 여러 지역에서 유인원들이 흑인과 황인을 거쳐 백인으로 진화했다고 말하고, 단일지역론자들은 아프리카에서 출현한 현대인의 후손이 세계로 흩어져 여러 인종으로 분화되었다고 주장한다.

소위 진화의 증거

진화학자들은 유인원이 사람으로 진화했다는 전제 하에, 호미니드 hominid, 중간종의 흔적유골·유물을 찾으려고 세계 각처에서 땅을 파헤치고 다닌다. 자연과학에서 선입관先入觀은 금기라는 사실임을 알면서도 그들이 찾으려는 것은 유인원과 사람을 연결시켜주는 '잃어버린 고리' missing links이다. 그런데 문제는 그러한 고리가 전혀 발견되지 않는다는 점이다. 그래서 그들은 동물과 사람의 유골을 조합하거나, 유골의 일부 조각을 근거로 기상천외한 반인반수半人半獸의 상상도를 실물처럼 그려 중간종이라 주장한다. 이렇게 하여 탄생한 그림이 세계의 박물관, 백과사전, 교과서 및 매스컴을 장식하고 있다. 이처럼 거짓이 사실처럼 행세하는 것이 오늘의 현실이지만 지식인은 침묵으로 일관하고

▲ 〈그림 1〉 인류의 진화 모형도

있다. 그들이 중간 고리의 근거로 제시하는 항목은 다음과 같다.

(1) 허리 경사각Waist angle inclination

영장류 동물은 네 다리로 걷는다. 따라서 허리의 경사각이 직각에 가깝다. 그러나 사람은 직립보행을 하므로 수직적이다. 만일 유인원이 존재했다면 그들의 허리 경사각은 직각에서 수직 방향으로 진화하는 중간 형태였을 것으로 추리하고, 그러한 유골을 찾는다그림 1.

(2) 두개골 용적Skull capacity

진화론자들은 진화와 더불어 두개골의 용적이 점점 커졌을 것으로 추리하고, 영장류 동물의 두개골 용적이 350-400cc, 호미노이드hominoid가 400-900cc, 호미니드hominid는 1,200cc, 현대인은 1,450-1,600cc라고 주장한다. 여기서 호미노이드hominoid, 猿人란 원숭이 쪽에 가까운 라마피테쿠스·사할란트로푸스·오스트랄로피테쿠스·호모 하빌리스·호모 에렉투스를, 호미니드hominid, 原人는 사람 쪽에 가까운 구인네안데르탈인·신인크로마뇽인·山頂洞人 및 고古인류솔로인·로데지아인·하이데르베르크인를 말한다. 최근에는 두 단어를 혼용하기도 한다.

지금까지 완전한 형태로 발견된 호미노이드의 두개골은 전혀 없다. 그 이유는 그들이 존재한 적이 없기 때문이다. 따라서 그들은 일부의 두개골 조각을 근거로 화가들이 상상력을 발휘해 두개골의 원형을 복원하곤 한다. 이에 반해 호미니드의 두개골은 완전한 형태로 많이 발견된다. 그런데 문제는 그들신·구인의 뇌 용적평균 1,650cc이 사람평균 1,500cc보다 오히려 크다는 것이다. 그래서 최근에는 사람의 두뇌가 작아지는 방향으로 역진화를 했다는 기상천외한 연구 결과들이 발표되고 있다. 영국의 그랜트Seth Grant, Sanger Institute는 동물이 지능이 높은 것은 두뇌의 크기 때문이 아니라 신경세포의 접합부시냅스의 기능이 발달했기 때문이라고 주장했다매경, 2008. 6. 9. 호주의 ABC뉴스2006. 8. 2는 퀸즈랜드의학연구소QMIR가 두개골의 크기와 지능 사이에는 아무런 관계가 없음을 확인했다고 보도했다. 현대인도 개인에 따라 두개골의 크기가 다르다. 러시아의 문호 투르게네프는 2,000cc였지만, 프랑스의 천재 작가 아나톨 프랑스는 1,017cc에 불과했다. 만일 진화론자들이 그의 두개골을 발굴했더라면 유인원의 것이라고 주장하지 않았을까?

(3) 이마 경사각Facial profile

이마의 경사각도 진화의 척도로 제시되는 대표적인 지표이다. 원숭이나 고릴라는 이마의 경사각이 완만하지만, 점점 사람처럼 직각의 방향으로70-80° 진화했다는 것이다. 인도네시아 파송 선교사인 전광호 박사분자생물학, NIH, KACR에 의하면, 메단 바탁족Batak, Sumatra의 이마는 유인원과 비슷한 40°의 경사각을 가지고 있다사진 1. 더구나 미국의 전

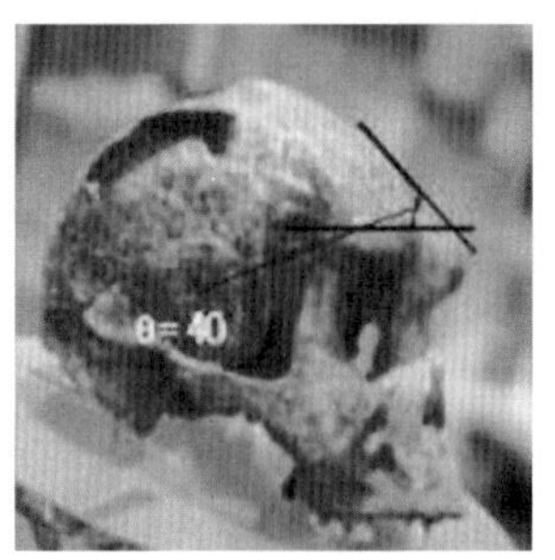

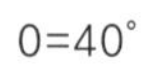

▲ 〈사진 1〉 자바인의 두개골(左) 및 바탁족(右)

쟁 영웅 라파이엣의 이마는 유인원보다 더 완만하다. 최근에 브로매지 T. Bromage, 뉴욕대, 2007 교수가 컴퓨터로 재구성한 연구에 의하면 사진 2, 리처드 리키가 발견했다는 호모 하빌리스 190만 년 전의 안면 경사각은 원숭이와 유사한 것으로 확인되었다. 그는 '리처드 리키가 이러한 안면 경사각을 조작함으로써 존재하지도 않은 생명체를 복원 조작했다'고 비판했다.

(4) 치아의 배열 Teeth arrangement

영장류의 치아는 주둥이가 길기 때문에 말발굽형인 반면, 사람의 치아는 상대적으로 더 넓게 퍼진 형태를 가지고 있다. 아래턱 jawbone,

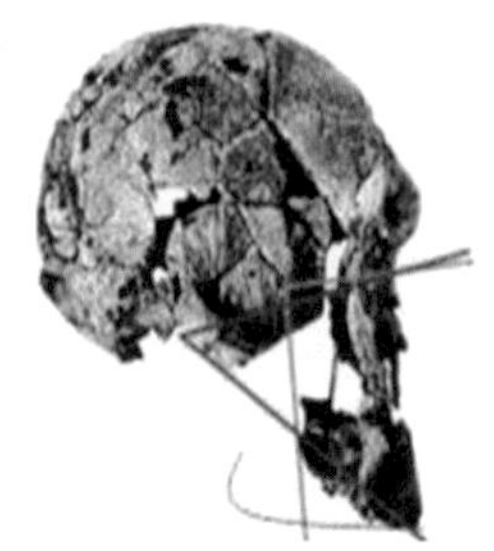
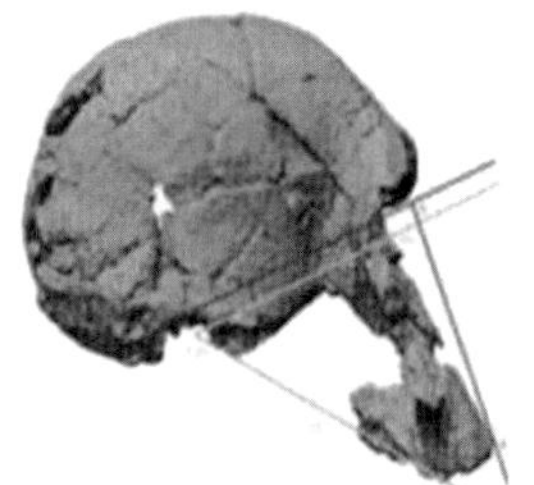

▲ 〈사진 2〉 호모 하빌리스의 두개골(조작 전(左), 조작 후(右))

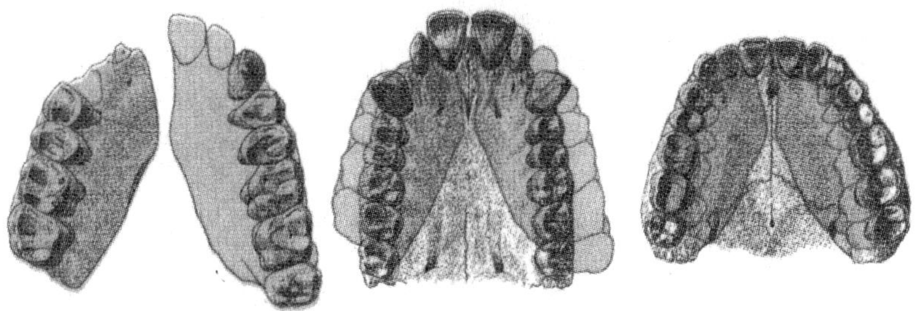

▲ 〈사진 3〉 치아 배열: 라마피테쿠스(左), 오랑우탄(中), 사람(右)

mandible의 구조도 진화의 증거로 이용한다사진 3.

다지역설多地域說

미국의 소온과 월포프A. G. Thorne, M. H. Wolpoff, 1992는 단일지역설에 화석이나 문화 유적의 근거 자료가 없다고 비판하면서, 다지역설을 옹호한다. 중국 학자들도 아프리카 기원설에 반대한다. 이들은 450만 년 전부터 유인원이 오스트랄로피테쿠스–호모 하빌리스–호모 에렉투스베이징인·자바인의 순서로 진화했다고 말한다. 그리고 28만 년 전에 구인舊人, 네안데르탈인, 4–5만 년 전에는 신인新人, 크로마뇽인을 거쳐, 8천 년 전부터 현대인으로 진화했다고 말한다. 그러나 해부학적·형태학적·분자생물학적 증거들은 영장류 동물과 사람 사이에 어떠한 전이 형태도 찾아볼 수 없으며, 다만 서로 독립적 존재임을 보여줄 뿐이다.

단일지역설單一地域說

미국의 윌슨과 캔A. C. Wilson; R. J. Cann, 1987은 각 대륙의 미토콘드리

아 유전자mDNA를 비교 분석한 결과, 현대인의 조상이 20만 년 전에 '운이 좋은' 한 여성Mitochondrial Eve에서 출발한 것으로 추리했다. 미토콘드리아유전자mtDNA는 핵核 유전자DNA와는 달리 여성의 것만 후세로 전달된다. 이와는 별도로, 해머1995는 아프리카에서 18만 8천 년 전에, 굿펠로우1995는 4만 9천 년 전에 출현한 남성이 현대인의 조상아담설이라고 주장한다. 그러나 이들은 왜, 그리고 언제부터, 전 세계의 호모 에렉투스들이 나침반도 없던 시절에 그토록 멀고도 낯선 아프리카로 이동할 수 있었는지는 설명하지 못한다. 이처럼 두 이론의 주창자들이 상대방의 지적에 명확하게 답변하지 못하는 이유는 두 주장이 모두 허구이기 때문이다.

최근 동향

지금도 아프리카를 중심으로 유골 발굴은 계속되고 있다. 진화학자들은 21세기에 발견된 대표적인 인류화석으로 6백만 년 전의 투마이원인2002을 비롯해, 15만 4천 년 전의 이달투2003, 3만 5천년 전까지 살았다는 이베리아반도의 네안데르탈인, 인도네시아의 플로레스인과 솔로인, 440만 년 전 에티오피아의 아르디2009와 170-190만 년 전의 세바디2010 등을 내세운다. 이러한 주장에 학계의 반론이 거센 데도 불구하고 교과서에서는 여전히 이들을 인류의 조상이라고 단정적으로 기술하고 있다.

호미니드Hominid의 종류

진화론자들이 '잃어버린 고리'라고 주장하는 호미니드의 유골은 조립과 조작 및 사기극으로 점철되어 우리를 놀라게 한다. 그들이 이러한 학문적 범죄를 저지르는 이유는 연구비의 확보와 명예심, 그리고 진화론적 선입관에의 잘못된 열심에 기인한다. 이러한 유골을 발견한 사람들이 대부분 '20세기 최대의 과학 사기극'으로 판명된 필트다운인Filtdown Man, 1912 사건에 연루되었던 자들스미스·우즈워드·샤르댕의 제자이거나 배아발생도胚芽發生圖 조작으로 물의를 일으켰던 헤켈E. Haeckel의 제자뒤부아라는 사실에 그저 놀랄 뿐이다.

(1) 라마피테쿠스*Lamapithecus*, 큰 원숭이

예일대학의 대학원생인 루이스1934는 슈펙텐1932과 함께 인도 서북부의 시왈릭 언덕에서 이빨40개과 턱뼈15개를 포함한 많은 유골을 발굴했다. 이들을 조사한 결과 앞니와 송곳니가 원숭이보다 작고 치열이 포물선을 이루었으며, 턱뼈의 경사각이 사람과 가깝다 하여 인류의 첫 조상으로 추정했다. 하버드대학의 저명한 인류학자인 필빔D. Pilbeam과 예일대학의 시몬스E. Simmons는 이 유골의 연대를 1,400만 년 전으로 추정하고, 라마피테쿠스*Lamapithecus*라는 학명을 부여했다.

후일 필빔1982을 포함한 많은 학자들이 같은 지역에서 유사한 유골들을 다시 발굴해 루이스의 유골과 비교했다. 그 결과 그것들은 모두 오랑우탄의 뼈로 확인되었다. 이렇게 하여 수십 년간 인류의 첫 조상으로 세계의 박물관들에 전시되고, 백과사전에 수록되었으며, 교과서에서 가르쳤던 라마피테쿠스가 인류 조상의 자리에서 사라지게 되었다. 이 얼마나 황당한 해프닝인가? 그동안 이 유골을 인류의 조상으로 주장했던 사람들은 지금은 왜 아무런 변명이 없는가?

(2) 투마이 원인Tumai man

프랑스의 인류학자 부루네M. Brunet, 포아티에 대학, 2002가 이끈 연구팀은 아프리카에서 두개골350cc 추정과 턱뼈 및 짧은 송곳니 한 개를 발견하고서, 이들의 주인공이 직립보행을 한 700만-800만 년 전의 호미노이드猿人라고 발표했다Nature, 418, pp. 145-151, 2002. 7. 그런데 유골에 대한 연대는 화석이 아닌 화석 지층과 주변 동식물의 유골을 근거로 유추해석한 것이었으며, 발견자도 직립보행의 주장이 잘못임을 인정했다. 후일 송곳니는 원숭이의 것으로 확인되었다.

프랑스 박물관의 B. 세넷은 이 유골의 주인공을 암컷 고릴라BBC로, M. 픽포드는 원숭이BBC로, 조지 워싱턴대학의 B. 우드는 침팬지 암컷으로 판정했다. 이러한 지적에도 불구하고 진화학자들은 이미 이 화석을 인류 조상의 하나로 가르치고 있다.

(3) 오스트랄로피테쿠스 *Australlopithecus*, 남쪽 원숭이

진화학자들은 원숭이가 라마피테쿠스보다는 사람 쪽으로 더 많이 진화한 원인猿人을 피테쿠스라 지칭한다. 그러나 아직 완전한 형태의 두개골이 발견된 적이 없으므로, 뇌의 용적은 원숭이와 유사한 350-600cc로 추정하곤 한다. 미국의 심슨Simpson, 1961을 비롯한 진화 고생물학자들은 이 부류에 여섯 종류가 있다고 하였다. 그 중 몇 가지를 소개한다.

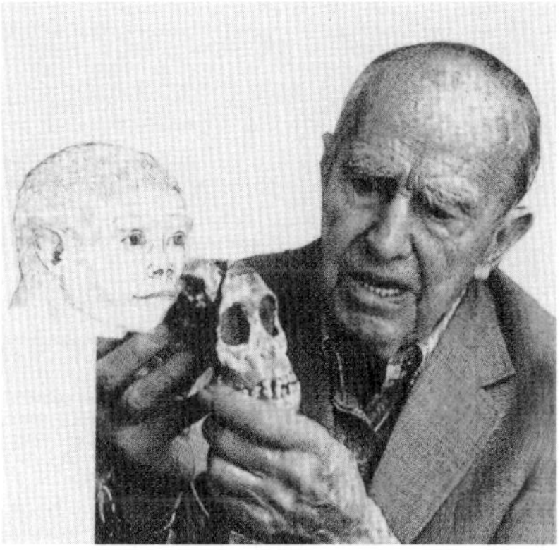

▲ 〈사진 4〉 타웅 어린이(左)와 발견자 다트(右)

① 오스트랄로피테쿠스 아프리카누스*Australopithecus africanus*

'오스트랄로피테쿠스'라는 명칭을 처음 사용한 사람은 영국의 다트Richard A. Dart, 1924였다. 필트다운인 사기 사건에 관여했던 스미스Grafton Smith에게 교육을 받은 그는 유인원을 찾아 영국 식민지인 남아프리카로 갔다. 그곳에서 한 현지인이 다이아몬드를 캐는 타웅 광산에서 발굴한 어린이7-8세의 턱뼈를 그에게 기증했다사진 4. 그는 이 유골을 140-400만 년 전의 유인원의 것으로 추정하고, 〈네이처〉지에 오스트랄로피테쿠스 아프리카누스아프리카의 남쪽 원숭이라는 학명으로 발표했다. '타웅 어린이'Taung's Child라는 별칭도 붙여졌다.

② 진잔트로푸스 보이세이*Zinjanthropus boisei*

중동부 아프리카의 올두바이 계곡에서 리키 부부Lewis & Mary Leakey, 1959가 토비아스와 함께 발견한 진잔트로푸스도 오스트랄로피테쿠스의 유형에 속한다. 진화론자들은 이 유골의 주인공이 홍적세 초기100만-60만 년 전에 출현한 것으로 추정하였다. 나무열매와 원숭이의 두개골을 먹었다 하며, 카프 문화기의 역석기礫石器를 제작했다고 주장한다. 그들은 발굴 비용을 지원한 미국인Charles Boise의 이름을 붙여 유골을 '보이세이' 라고 불렀다. 그러나 후일 루이스 리키는 이 유골이 오스트랄로피테쿠스의 일종이며, 오스트랄로피테쿠스 아프리카누스와 같은 종A. robutus 개칭임을 인정했다. 진화학자인 영국의 키스Arthur Keith도 이 유골의 주인공을 원숭이로 판정했다.

③ 오스랄로피테쿠스 아파렌시스*Australopithecus afarensis*

아팔 지역에티오피아에서는 미국의 인류학자 요한슨D. Johnson, 1974이 5년의 발굴 작업 끝에 오스트랄로피테쿠스 아파렌시스를 발굴했는데, 아팔 원인Afahl apeman이라고도 부른다사진 5. 두개골 파편을 근거로, 그들은 두개골 용적을 450cc로 추정했다. 그리고 이 유골의 연대는 여러 번의 회합을 거쳐 360만 년 전의 것으로 확정했다. 이들은 발굴 당시에 트랜지스터에서 들려오는 비틀즈의 노래 제목Lucy in the sky에 따라 이 유골의 주인공을 루시Lucy: Lucifer라고 불렀다. 지금도 모든 교육 기관에서는 이 유골을 인류의 첫 조상으로 가르친다. 이들은 그

▲ 〈사진 5〉 요한슨(左)과 화이트(右)

후 무릎관절70m하부 지층과 유골들3km지점을 발굴하고서, 이들이 직립보행을 했다고 주장했다그림 2.

한편 팀 화이트Tim White는 같은 지역에서 수집한 유골들을 조립해, 루시의 남편인 럭키Lucky를 발굴했다고 보고했다National Geographic, 1996. 3. 그러나 리치몬드2000와 스톡스태드2000 등은 이들이 원숭이처럼 너클 보행자knuckle walker임을 확인했다. 많은 학자들도 오스트랄로피테쿠스의 유골을 동물의 뼈로 단정했다. 저명한 진화인류학자인 몽타구A. Montague, 1957를 비롯해, 15년간 오스트랄로피테쿠스를 연구한 영국의 인류학자 주커만1973, 호모 하빌리스를 발견한 리키M. Leaky, 1973, 시카고대학의 진화인류학자 옥스나드1975, 미국 창조연구소ICR의 기쉬D. Gish 등은 이 뼈들의 주인공이 원숭이나 오랑우탄 또는 침팬지라고 단정했다. 〈타임〉지1994. 3. 14도 특집호에서 '현재로서는 원숭이가 사람이 되었다는 주장은 사실 자료에 입각한 과학적 주장이 아닌, 상상에

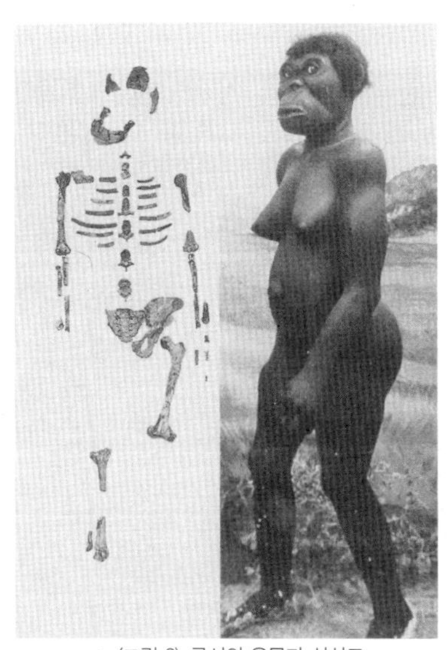

▲ 〈그림 2〉 루시의 유물과 상상도

불과하다' 는 결론을 내렸다.

(4) 호모 하빌리스*Homo habilis*, 도구를 사용한 사람

아프리카 선교사의 아들인 루이스 리키는 아프리카에서 유인원을 발굴하는 데 온 가족을 동원했다사진 6. 부인 메리1961와 함께 탄자니아의 올두바이 계곡Olduvai에서 세계 최초로 석기Oldowan stone를 만들어 사용했다는 호모 하빌리스의 유골을 발굴했다. 그들에 의하면, 이 유골의 주인공은 140cm의 키에 두개골은 600-750cc이며, 인간과 포유류를 연결하는 150만-200만 년 전의 연결고리올두바이 형 호모 하빌리스라고 선언했다. 그러나 그의 아들인 리처드를 포함한 많은 학자들은 이 유골이 오스트랄로피테쿠스와 동일하다고 했다. 리더스1981는 '손뼈는 원숭이의 것이고 나머지는 포유류의 것' 이라고 했고, 키스A. Keith도 원숭이의 것으로 판정했다.

▲ 〈사진 6〉 리키 가족의 유골 발굴

그 후 리처드 리키도 호모 하빌리스의 유골KNM-ER-1470, 1972을 발굴했다그림 3. 이 유골의 명칭은 케냐국립박물관의 분류번호에 따라 붙인 것이다. 루돌프 호수의 쿠비포라에서 발견되었기 때문에 쿠비포라 형 Koobi Fora으로 불린다. 그러나 이 유골은 호모 에르가스터*Homo ergaster*를 거쳐 호모 루도르펜시스*Homo rudorfensis*, 1990로 개칭되었고, 유골의 연대도 260만 년 전에서 140만-220만 년 전의 것으로 수정되었다.

더 나아가 호모 하빌리스의 유골은 오스트랄로피테쿠스와 유사한 동물의 뼈로 밝혀졌다. 특히 KNM-ER-1470280만 년 전은 후대에 나타난 베이징 원인보다 더 진화한 모습을 가지고 있었다. 더구나 이 유골이 발견된 같은 지층에서 호모에렉투스의 유골이 더 오래된 하부 지층에서는 현대인의 석조물들이 발굴되어 진화론적 연대의 산출에 큰 혼란을 주고 있다. 이 유골의 연대는 연구소에 따라 29만-2억 2천만 년의 큰 편차를 나타냈으나, 그들은 여러 번 수정한 끝에 180만 년 전의 것으로 확정했다. 많은 진화학자들도 이 유골이 '수수께끼와 같은 존재'라고 말한다. 더구나 리처드 리키가 이 두개골의 안면 경사각을 사

▲ 〈그림 3〉 호모 하빌리스 (쿠비포라 형) 상상도

람에게 가깝도록 직각의 방향으로 조작한 사실도 〈브로매이〉지2007 등에 의해 밝혀진 바 있다. 호모 하빌리스는 그 후에 나타났다는 호모 에렉투스와 50만 년을 동거한 사실도 밝혀졌다Meave Leaky, 2007; BBC, 2007.8.8; 조선일보, 2007.8.9; 한겨레 뉴스, 2007.8.9.

(5) 호모 에렉투스*Homo erectus*, 직립보행을 하는 사람

진화인류학자들은 호모 에렉투스의 두뇌 용적이 750-1,250cc이며, 직립보행을 했다고 주장한다. 그 실상을 알아보자.

① 자바 원인*Pithecantropus erectus*, 직립 原人

네덜란드의 내과의사인 뒤부아E. Duboise, 1858-1940는 독일 예나대학의 진화학자 헤켈Ernst Haeckel에게 7년간 사사했다. 헤켈은 여러 동물과 사람의 초기 배embryo의 모습이 유사한 것처럼 보이게 하려고, 배아 그림을 칼과 연필로 정교히 조작한 사람이었다. 뒤부아는 1889년부터 네덜란드의 식민지였던 자바 섬 중부의 솔로Solo 강변에서 100여 명의 인부를 동원해 3년간 유골을 발굴했다. 그러나 1891년까지 3년간 파낸 1만여 톤의 흙 속에서 겨우 어금니1개를, 다음 해에는 두개골 조각1개과 15m지점에서 대퇴골1개을 추가로 발굴했을 뿐이다그림 4. 그는 두개골의 파편을 근거로 뇌 용적을 900-1,000cc로 추정했고, 완만한 이마 경사각과 두툼한 눈두덩을 근거로 50만-100만 년 전의 유인원의 것으로 추리했다. 그리고 스승 헤켈에게 잃어버린 고리를 찾았다고 보고했다1895. 1898년에는 인근에서 추가로 앞어금니1개를 발견했다.

그 후 독일의 진화학자인 케닉스발트1935-39도 같은 지역에서 유사한 유골들을 발굴해 자바 원인과 비교했다. 그리고 '뒤부아의 어금니는 오랑우탄, 앞어금니와 대퇴골은 사람, 치아는 원숭이의 것'이라고 판정했다. 뒤부아 자신도 임종하기 전, 자신이 발견한 유골은 긴팔원숭이의 것이라 고백했다. 뿐만 아니라 같은 지층에서 발굴한 현대인의 두개골Wadjack scull, 2개을 30년간 숨긴 사실도 밝혀지게 되었다.

독일의 저명한 해부학자 피르호Rudorf Virchow는 뒤부아가 발견한 두개골과 대퇴골이 서로 다른 동물들원숭이의 것이라 지적했다. 진화론자인 바이덴라이히와 키스A. Keith도 대퇴골의 주인공은 현대인이라 했고, 프랑스의 인류학자인 불과 발루아는 두개골이 침팬지나 원숭이의 것과 유사하다고 했다. 일본-인도네시아 합동 조사팀1980은 자바인을 멸종한 네안데르탈인이거나 현대인의 한 부류라고 판정했다.

창조과학 선교사인 전광호 박사생화학, 2004에 의하면, 자바인의 특징인 완만한 안면 경사각과 두툼한 눈두덩은 지금도 수마트라의 토바 호반에 사는 바탁족의 특징이기도 하다. 그러나 진화론자들은 서둘러 이 유골의 주인공과 베이징 원인을 하나로 묶어 호모 에렉투스*Homo erectus*, 직립원인로 개칭하였다.

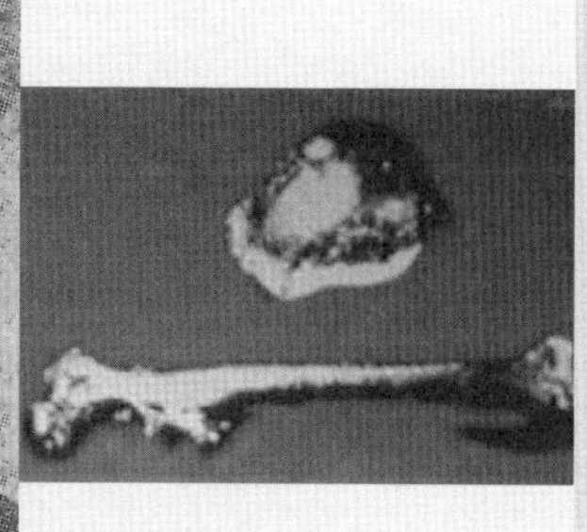

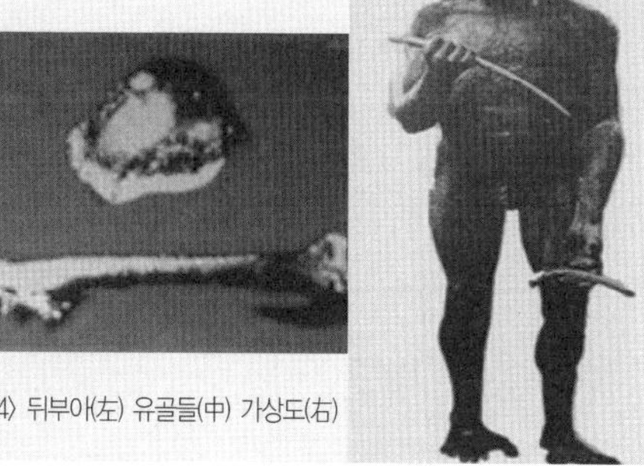

▲ 〈그림 4〉 뒤부아(左) 유골들(中) 가상도(右)

② 베이징 원인*Sinanthropus pekingesis*, 베이징의 중국원숭이

필트다운인 사기극에 관여한 그래프턴 스미스에게 사사한 캐나다의 내과의사 블랙David Black은 유니온의과대학北京에 재직하면서 1920년부터 저우커우뎬周口店, 龍骨山의 석회 채굴장 일대를 발굴했다. 이 작업에는 샤르댕Chardin, 1923과 비문중裴文中, 1926을 비롯한 중국 학자들도 합류했다. 이들은 장장 7년 만에 발굴한 치아 한 개를 50-100만 년 전의 유인원의 것으로 추정하고, 그 주인공을 시난트로푸스라 명명했다1927. 다음 해 두개골 한 조각을 발굴하고1929, 뇌 용적을 1,043cc로 추정했다. 이들과 별도로 스웨덴의 안데르센John Andersen, 1921도 치아 3개를 발굴했다.

그래프턴 스미스와 쾨닉스발트 등은 이 유골을 자바인과 함께 묶어 호모 에렉투스로 개칭했고, 지금은 호모 에렉투스 페키네시스*H. erectus pekinesis*라 부른다. 그 후 샤르댕 등은 여러 번1937·2차 대전 후·1966에 걸쳐서 알 수 없는 이유로 모든 유골들을 분실했다고 발표했으며, 지금은 의문의 치아 주형물cast, 1개과 어금니 두 개만 남아 있을 뿐이다. 그 많던 유골들은 도대체 왜, 어디로 증발한 것일까? 최근2012에는 분실된 1937 유골의 일부가 일본황실박물관에 숨겨져 있다는 보도가 있었다.

블랙이 죽은 후1934 등장한 독일의 진화학자 바이덴라이히는 샤르댕과 더불어 베이징인에 대한 엄청난 조작극을 연출했다. 베이징 원인의 두개골을 1,000cc로 재조정했고, 석회 채굴업자들이 남긴 7m의 잿더미를 제거했으며, 그 대신 불을 사용하는 베이징인의 걸개그림을 런던대영박물관의 입구에 내걸었다그림 5. 아울러 프랑스의 인류학자 브루일Bruil이 같은 지역에서 발굴해 전시했던 모든 자료들도 제거했다. 후일, 불과 샤르댕은 이 유골의 주인공이 큰 원숭이라고 고백했다F.

▲ 〈그림 5〉 불을 피우는 베이징인 상상도

Weidenreich, Nature, 1938. 2. 26.

③ 하이델베르크인*Homo heidelbergensis*, Mauer Man

독일의 한 교사가 하이델베르크 인근 마우어 지방의 모래 구덩이에서 커다란 아래턱뼈를 발견했다사진 7. 진화론자들은 턱뼈의 주인공이 60만-25만 년 전에 유럽과 아프리카에 살았던 큰 신장180-213cm, 100kg, 두개골 1,250cc의 구인舊人으로 판정했다. 그 이유는 큰 턱에 있는 치아의 크기가 구인의 것과 비슷했기 때문이다. 그러나 지금은 구인과 호모 사피엔스의 직접 조상인 호모 에렉투스로 개칭했다. 진화론자들은 네안데르탈인이 30만 년 전에 이들로부터 갈라져 나온 것으로 추측한다. 이렇게 하여 유럽 최초의 원인原人이 탄생하게 되었다. 이들은 호모 에렉투스가 아슐리언 석기를 사용했을 것으로 추측했다그림 6.

그러나 인류학자 허들리카A. Herdlica는 마우어인의 치아가 현대인과 동일하며, 이들은 의심할 여지가 없는 현대인이라고 판정했다. 많은 학자들도 턱뼈는 뉴칼레도니아인, 두개골은 흑인이나 에스키모인과 유사하다고 했다. 그런가 하면 일각에서는 흑인의 조상으로 추정한다.

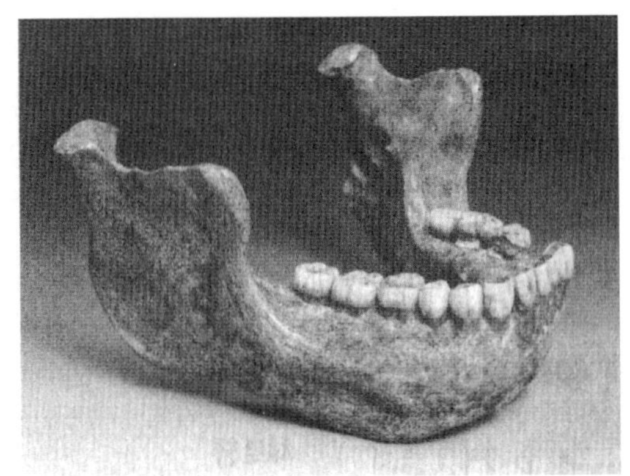
▲ 〈사진 7〉 마우어인 턱뼈

최근에 독일의 튀빙겐대학 고고학팀은 이들이 창을 만들어 사냥한 사실을 밝혔다Science Daily, 2012. 9. 12, 연합뉴스 2012. 9. 18. 철기는 2300여 년 전에 인류가 개발한 산물이므로, 이들은 현대인의 한 아종亞種으로 보인다.

④ 호모 에르가스터*Homo ergaster*

그로브스 등Groves & Mazak, 1975이 아프리카에서 발굴한 유골ER-3733

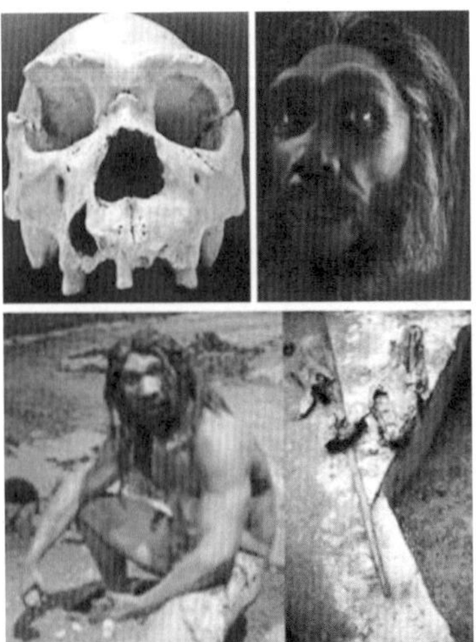
▲ 〈그림 6〉 마우어인 상상도 및 창(右下)

로, 큰 키189cm에 두개골의 용적은 700-1,100cc로 추정되며, 아슐리언 토기를 사용했다고 한다. 이와는 별도로 리처드 리키1984가 아프리카의 투르카나 호수 서편에서 발견했다는 유골WT-15,000의 주인공은 160cm의 키에 두개골 용적은 880cc로 추정된다고 했다그림 7. 이들은 모두 신·구인 및 하이델베르크인의 공통 조상이라는 것이다. 그러나 학자들 사이에는 이 유골에 대해 지금도 많은 논란이 일고 있다.

⑤ 플로렌스인*Homo florensiensis*

호주-인도네시아 연구팀2003은 95,000-13,000년 전까지 생존했다는 소인신장1m의 유골을 동부 플로렌스에서 발굴했다. 키가 작아 호비트Hobbits라는 별칭이 붙었지만, 뇌의 용적은 현대인과 동일하다고 폴크Florida Univ는 주장했다그림 8. 한편, 이들과는 별도로 호주 뉴잉글랜드 대학의 모우드Michael Moude는 총 9구의 유골을 발굴했는데, 이들의 주인공은 호모 사피엔스가 아니라 호모 플로렌시스라고 주장하면서 식량 부족에 적응하려고 키가 작아졌다는 소위 '섬의 법칙' island

▲ 〈그림 7〉 호모 에르가스터

▲ 〈그림 8〉 호비트 상상도

rule을 주장했다P. Brown, 2004. 그러나 최근 보도에 의하면 플로렌스인은 피그미족의 조상으로 추정된다고 한다Penn State Univ, 2004. 10. 27. 미국-호주-인도네시아 연구팀도 같은 주장을 했다중앙, 2006. 6. 29. 그러나 로버트 마틴시카고자연사박물관, 2006은 이들을 유전 질환인 소두증小頭症에 걸린 현대인으로 추정했다.

(6) 호모 사피엔스*Homo sapiens*, 지혜로운 사람

① 호모 사피엔스 이달투*Homo sapiens idaltu*

버클리대학의 팀 화이트2003는 아워시 강변에티오피아에서 발굴한 두개골어른 2개, 아이 1개의 용적이 1,450cc로 추정되며, 같이 발굴한 300여 개 유골의 주인공이 16만 년 전에 살았던 인류의 조상으로 추정된다고 했다. 그리고 현지어로 조상이달투, *idaltu*을 의미하는 '호모 사피엔스 이달투'로 명명했다. 발굴자들은 이 유골의 주인공이 가장 오래

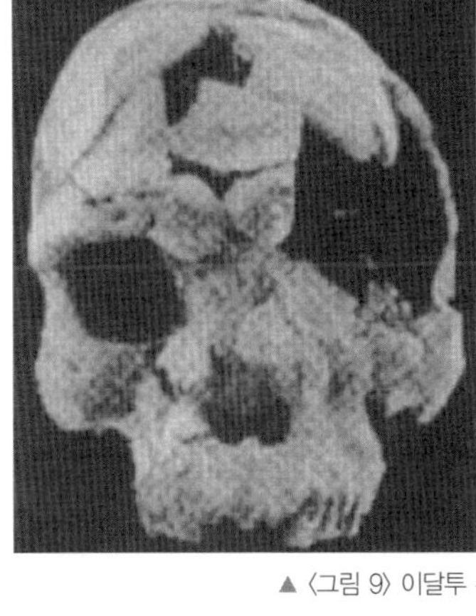

▲ 〈그림 9〉 이달투 유골(左) 및 상상도(右)

된 현대인의 유골이며, 네안데르탈인과 현대인의 연결고리라고 주장했다그림 9.

② 솔로인*Homo sapiens soloensis*

독일의 인류학자 케닉스발트1931는 솔로 강변Ngandong, Java에서 얼굴이 없는 두개골11개과 정강이뼈2개를 발굴하고, 솔로인*Javanthropus soloensis*이라 명명했다. 뇌 용적은 1,150cc이며, 골격 구조가 네안데르탈인과 유사하지만 키가 훨씬 작다고 했다. 생존 시기는 홍적세 후기5만 년 전로 추정되며, 호주 원주민애보리진의 조상으로 보인다고 했다. 이에 대해 바인덴라이히는 원인原人과 구인의 중간 종으로, 또 다른 많은 학자들은 최후의 호모 에렉투스라고 추정했다. 지금은 많은 학자들이 멸종한 현대인의 아종亞種으로 추정한다.

③ 네안데르탈인*Homo sapiens neanderthalensis*

독일의 과학교사 풀롯J. K. Fuhlrott, 1856은 독일의 네안데르탈 계곡의 한 동굴에서 두개골을 발굴했다. 이를 검토한 샤프하우젠Bohn대학과 킹Island대학은 두개골의 용적이 사람보다 큰 1,600cc이며, 170cm 이상의 큰 신

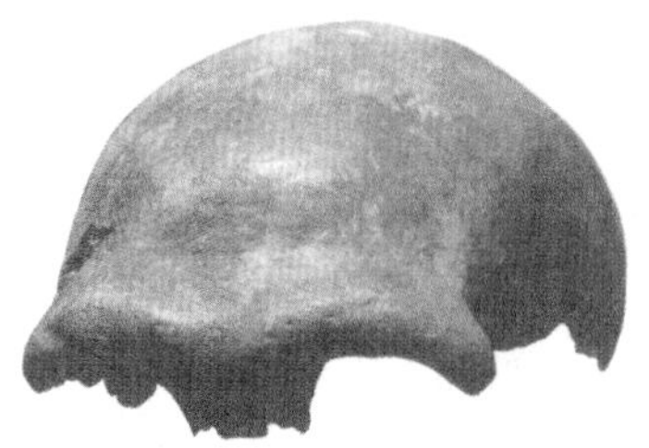

▲ 〈그림 10〉 네안데르탈인 두개골(左) 및 상상도(右)

장을 가진 구인으로 판단하고, 이들을 네안데르탈인*Homo neanderthalensis*, 1864이라 명명했다그림 10. 미국-영국합동조사단1957과 영국팀은 이들이 직립보행을 했음을 확인했다Time, 1994. 3. 14. 지금까지 유라시아와 아프리카에서 총 345개의 유골이 발굴되었다.

스트링거1997는 미토콘드리아 DNA로 분석한 결과, 이들이 현대인과 5만-7만 년 전에 갈라졌다고 하였다. 이들은 악기와 창을 사용했고, 종교 의식을 거행했다고 한다. 이렇게 하여 큰 골격에 털이 많은 상상의 동굴인洞窟人이 탄생했다. 프랑스의 인류학자 불1861-1942은 이들이 '잃어버린 고리'라고 선언했다. 최근에 처칠듀크대학, 2009은 현대인의 창에 찔려 죽은 네안데르탈인의 시신을 발견했다고 한다매일경제, 2009. 7. 22. 창鐵器은 2,000-3,000년 전에 개발된 것임을 상기할 필요가 있다.

오늘날 대부분의 인류학자들은 네안데르탈인을 현대인의 아종으로 판단한다. 진화인류학자인 월포프와 캔1980 및 타임지1994 등은 네안데르탈인을 유럽인의 조상으로 추정하고, 스트라우스1950 등은 이들이 현생 인류의 조상이라고 했다. 마이어F. Meyer와 피르호1875 등은 네안데르탈인이 공통적으로 관절염을 가진 사실을 근거로, 그 당시가 빙하기였기 때문에 태양이 구름에 가리어 비타민 D가 형성되지 않아 뼈의

▲ 〈사진 8〉 문다 여인

발육이 부실했다고 주장했다. 미국의 진화론자인 도브잔스키1965는 현대인보다 더 진화한 인종이라 했고, 테일러I. Taylor는 인도의 문다족Munda과 유사하다고 했다사진 8. 렌스버거1981는 치아의 마모도로 판단할 때 이들의 수명이 150-220세었으며, 모두 곱추병 환자들이었다고 진단했다. 결론적으로 네안데르탈인은 비타민 D의 부족으로 관절염을 앓았던 현대인으로 보인다.

최근에는 독일의 연대 측정 전문가인 자이텐Reiner Protch von Zeiten, 프랑크푸르트대학이 30년 동안 C-14측정치를 조작한 혐의로 해임되어 큰 충격을 주었다. 이 사건을 계기로 네안데르탈인의 연대에 많은 의문이 쏟아지고 있다World Net Daily, 2005. 2. 19; UK News Telegraph, 2004. 8.. 그가 발표한 36,000년 전의 뼈들은 7,500년 전의 것으로, 21,300년의 것은 3,300년 전의 것으로, 27,400년 전의 것은 1,750년의 것으로 각각 판명되었다고 한다. 프랑크푸르트대학 총장은 이러한 조작에 공개 사과를 했다. 진화학자들은 무슨 이유로 이처럼 조작과 거짓을 반복하는 것일까?

④ 크로마뇽인*Homo sapiens sapiens*, 지혜롭고 지혜로운 사람

프랑스의 고인류학자 루이스 라르테Larte, 1868는 프랑스 남부의 크로마뇽 동굴에서 두개골1개을 발견했다. 용량은 1,550-1,750cc로 현대인보다 훨씬 컸다. 돌출된 이마와 턱, 긴 다리로 미루어 신장은 180cm 이상으로 추정했다. 이들은 4만-1만 년 전까지 생존한, 현대

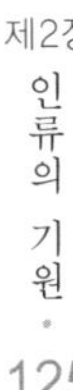

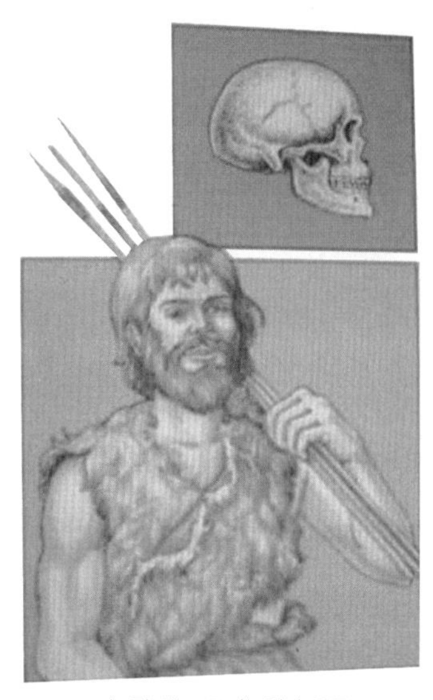

▲ 〈그림 11〉 크로마뇽인과 유물

인류에 가장 근접한 동굴인洞窟人이라고 했다.

이들은 높은 문화를 가지고 있었다. 사우투올로M. Sautuolo, 1879가 알타미라 동굴스페인에서 발견한 들소 그림은 완전한 현대인의 작품과 같다. 모비우스하버드 대학, 1940 등이 발견한 프랑스 남부 라스코Lascau의 동굴벽화채색화 600점, 선각화 1,500점 역시 감탄을 자아내게 한다. 그런데 동굴의 한 벽화에는 사람이 매머드와 공존했음을 보여준다. 스페인의 한 동굴에 그려진 그림Mineteda 모녀도은 모녀가 직조된 옷과 동물 피혁을 입고 있으며, 땋은 머리는 남부 유럽인을 연상시킨다그림 11, Science Daily, 20087. 16.

수많은 조작과 조립 사례들

(1) 필트다운인Piltdown Man, 첫 사람

영국의 내과의사 도손Dawson, 1908-1912은 런던 근교의 필트다운에서 두개골 한 개1,200cc 추정, 턱뼈, 치아 및 유물을 발굴했다사진 9. 그리고 런던자연사박물관의 지질학 책임자인 친구 우드워드Arthur S. Woodword와 함께 이 유골의 주인공을 30만-40만 년 전의 인류 조상이라고 발표했다. 그리고 도소니*Eoanthropus dawsoni*, 도손이 발견한 첫 사람라 명명했다.

▲ 〈사진 9〉 도손의 유골 발굴 장면

런던지질협회는 이를 '초기 인류 화석'1912. 12. 18의 발견이라고 신속히 보도했고, 필트다운인의 복원도를 협회 입구에 내걸었다. 도손과 예수회 신부인 샤르댕은 1913년 8월 29일, 같은 장소에서 다시 원숭이의 송곳니2개와 코끼리의 일종인 스테고돈stegodon의 이빨도 함께 발견했다. 그리고 이를 근거로 반인반원半人半猿의 석고상들을 제작해 세계 여러 박물관으로 보냈다. 권위를 자랑하는 영국의 브리태니커 사전은 이를 '인류의 중간 종'으로, 미국의 〈사이언스〉는 표지 기사1938. 12로, 각국 교과서들은 '인류의 조상'으로 각각 기재했다. 대영백과사전vol. 14, p. 763, 1946은 '영국의 권위 있는 학자들은 이 두개골과 턱뼈가 동일 개체의 것이라는 데 동의했다'고 소개했다.

그러나 그레고리W.K. Gregory, 1914와 밀러G.S. Miller, 1915는 아래턱 우편의 송곳니가 위턱 좌편의 치아라 지적했고, 하드리카Alex Hadricka, 1913는 턱뼈와 송곳니가 침팬지의 것이라고 지적했다. 한 치의학자1916는 치아들이 줄톱으로 긁혀 있다고 지적했으나, 키스와 우드워드는 이를 무시했다. 랑케스터Ray Lankester, 1921는 두개골과 턱관절이 같은 생물의 것이 아니라고 했으나, 언론에서는 일절 다루지 않았다. 이는 언론의 편견이 얼마나 무서운 것인지 잘 보여준다. 이처럼 많은 의문이 계속 제기되자 1차 진상조사위원회1916가 조사에 착수했는데, 그들은 유골과 유물을 모두 진품으로 판정했다. 1920년대에 이르러, 유골의 발견에 관여하였던 여러 학자들A. Keith, G. Smith, A. Woodword은 영국의 과학 수준을 세계에 과시한 공로로 영국 왕실로부터 기사 작위를 받았다. 이들은 호미니드를 발굴하도록 후계자들을 양성하였다.

40여 년이 흐른 후, 새로운 연대측정법유골 내 불소함량 측정법이 개발되었다. 이는 토양의 유리 인이 유골과 접촉하면 매년 일정한 비율로 뼈 속에 침투하므로, 뼈 속의 인 함량을 측정하면 뼈의 매장 연대를 추정할 수 있다는 원리를 이용한 것이다. 새로 구성된 제2차 진상조사위원회1953가 이 방법으로 유골과 유품들의 나이를 다시 측정했다. 그 결과, 공동조사위원장인 오클리와 웨이너K. Oakley, J. Weiner는 이 유골들이 모두 조작되었다고 충격적인 발표를 했다. 두개골은 사람700년 전의 것으로, 턱뼈는 오랑우탄의 것으로 판명되었다. 송곳니는 침팬지의 것으로 샤르댕1881–1955이, 도자기를 비롯한 유물은 진화론의 추종자인 코난 도일1859–1930이 각각 투입한 것으로 밝혀졌다M. Bouden, 1977 사진 10. 튀니지Tunisie에서 들여온 스테고돈의 치아는 런던동물원의 동물 책임자인 힌턴M. Hinton이 투입한 것이었다Time, Jun. 3, 1996. 이들은 유골을 오래된 것처럼 보이게 하려고 치아를 줄톱으로 갈았고, 두개골은 화학약품중크롬산칼리으로 처리한 사실도 확인했다. 이러한 사기극에는 제1차 진상조사위원의 일부도 포함되었다. 그들은 이 유골과 유품을 여러 장소에 나누어 파묻은 후, 우연히 발견한 것처럼 사기극을 연출했던 것이다. 이 사건의 조사 책임자 웨이너1955는 '필트다운인은 처음부터 끝까지

▲ 〈사진 10〉 도일(左)과 샤르댕(右)

사기였다'고 회고했다Alden P. Armagnac, 1956.

진상이 이처럼 드러나자 런던지질협회는 필트다운인이 '과학 사기극' 이었다고 선언했고1954. 7. 10, 교과서들은 필트다운인을 40여 년 만에 인류의 조상 자리에서 제거했다. 최근에는 런던자연사박물관이 '과학 사기극 폭로전'2003. 11. 25을 열었고, BBC방송은 '필트다운인의 실상'Unmasking Piltdown Man, 2003. 11. 21이라는 특집에서 '20세기의 가장 위대한 과학 사기극'이라고 선언했다. 이 얼마나 황당한 해프닝인가?

(1) 네브래스카인*Hesperopithecus harlodcooki*, Nebraska Man

미국의 진화학자 쿡Herold Cook, 1917-1922은 네브래스카에서 어금니 두 개를 발굴1922했다. 미국시민자유연맹ACLU의 회원이면서 진화론의 추종자인 오스본H. F. Osborn, 뉴욕자연사박물관은 이 치아의 주인공이 40만 년 전의 원인原人의 것으로 판단하고, 헤스페로피테쿠스 헤롤드쿠키라는 학명을 부여했다1922. 마르크스주의자였던 그는 ACLUAmerican Citizen's Liverties Union가 연출한 '원숭이 재판'Monkey Trial, 데이턴, 1925에서, 기독교에 대항하기 위해 이 자료를 만들어 이용할 계획을 미리 세웠던 것으로 알려져 있다. 영국의 필트다운인 조작에 관여했던 그래프턴 스미스는 존 쿡에게 네브래스카인의 상상도를 그리도록 지시했고, 이 그림은 가장 권위를 자랑하던 런던뉴스 화보llistrated London News, 1922-1924에 게재되었다그림 12.

3년 후1925. 7 데이턴Daytone, 테네시에서 열린 원숭이 재판에서, ACLU의 회원이면서 진화론 측 변호인이었던 대로우Clearance Darrow는 이 사진을 진화의 증거로 제시했다. 이를 근거로 재판장은 진화론 교육을 금지한 테네시 주법을 위반하고 '사람이 원숭이로부터 진화했다' 고 가르친 스콥스John T. Scoupes에게 100달러의 벌금형을 부과했을 뿐이다다음 해 무죄 선언. 이 재판에서 진화론 측의 야비한 발언으로 상처를 입은 창조론 측 변호사 브라이언W. J. Bryan은 재판 6일 후에 애석하게도 사망했다. 그 후 네브래스카인의 어금니는 그곳에 살다가 파라과이로 이주한 멧돼지Prosthennops의 것으로 판명되었다Science, 66:579, 1927; 189:379, 1975. 이에 따라 브리태니커사전은 제14판14:767, 1929에서 네브래스카인의 치아에 대한 기술이 잘못되었다고 인정했다. 각국 교과서와 박물관에서도 네브래스카인에 관한 내용이 모두 삭제되었다W. K. Gregory, 1927; R. M. Wetzel, 1975; T. White, 1983.

▲ 〈그림 12〉 네브래스카인 상상도

(3) 로데지아인*Cyphanthropus*의 화보 개작改作

로데지아인은 진화론자들이 사이판트로푸스로 명명한 브로켄 힐잠비아, 1921에서 발굴한 두개골1,280-1,325cc의 주인공이다사진 11. 이 유골은 네안데르탈인의 진화형으로 인식되면서, 호모 로데지언시스Homo rhodesiansis, 1928로 개칭되었다. 필트다운인 조작 사건의 주모자이면서 런던자연사박물관 관장이던 우드워드A. S. Woodword, 1928는 진화론 화가畫家에게 다른 동물의 엉덩이뼈로 로데지아인의 모형을 조립하도록 지시했다. 이와는 별도로 샤르댕은 〈인류의 출현〉1965이라는 화보를 출간하면서, 로데지아인의 두개골에 있는 총구멍(?)을 메우고 인쇄했다Meyer, 1972. 그는 필트다운인과 베이징인의 사기 사건에도 연루되었던 사람이었다. 왜 예수회 신부인 그가 사실을 왜곡하면서 이러한 거짓 행각을 계속 연출한 것일까?

진화론적 인류 기원설의 문제점

(1) 진화인류학자들이 제시한 유골과 유품들은 조작과 조립된 것이 많다. 오스트랄로피테쿠스와 호모 에렉투스의 발굴은 사기극으로

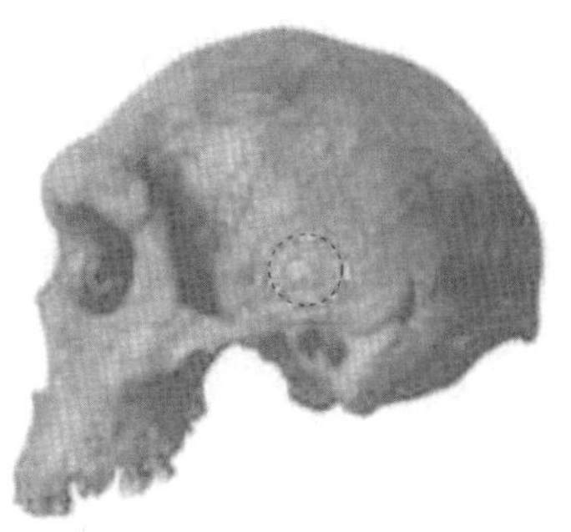

▲ 〈사진 11〉 로데지아인 두개골

판명된 필트다운인 조작 사건의 주모자들에게 교육받은 학자들이 주도했다.

(2) 유인원이 사람으로 진화했으리라는 선입견을 근거로 증거물을 찾는 행위는 일종의 순환논리循環論理로, 자연과학계가 경계하는 잘못된 접근법이다.

(3) 만일 현대 인류가 20만 년 전에 출현했다면 인류가 만든 문물은 왜 4,000-5,000여 년 전부터 갑자기 나타나는 것일까?

(4) 50만-150만 년 전에 호모 사피엔스가 출현했다면 왜 지금의 인구가 70억 명에 불과할까? 인류의 화석은 왜 드물게 나타나는 것일까?

(5) 영장류 동물들이 지금은 왜 사람으로 진화하지 않는가? 인류의 진화계통수에 있어야 하는 무수한 중간 공통 조상의 화석들은 왜 한 건도 발견되지 않는 것일까?

(6) 인간을 비롯한 대부분의 생물이 왜 고등생물로 더 진화하는 사례가 한 건도 발견되지 않는가?

(7) 물질에서 생명이, 육체에서 정신과 영혼이 발생했다는 유물주의적 주장에 대한 과학적 근거는 무엇인가? 이것은 일종의 신앙이며 사상이 아닌가?

(8) 호모 하빌리스와 호모 에렉투스가 어떻게 50만 년을 공존했을까? 이는 호모 하빌리스, 호모 에렉투스, 호모 사피엔스, 호모 사피엔스 사피엔스의 순서로 진화했다는 진화론의 등식이 잘못되었음을 보여주는 증거가 아니겠는가? 진화인류학자인 리키Meave Leaky, 2000는 투르카나 호수에서 발견했다는 두 종류의 유골을 비교하고서, 호모 하빌리스가 호모 에렉투스보다 오히

려 더 최근까지 살았다고 네이처에 발표했다한겨레, 2007. 8. 9. 이는 인류 진화의 계통수가 잘못되었음을 보여주는 단적 증거가 아닌가?

거짓으로 점철된 유인원 진화설

지금까지 발견된 유인원의 유골들은 대부분 조립, 조작 및 사기로 판명된 것이 많아 충격을 준다. 그러나 진화론자들은 진솔한 사과나 반성이 없으며, 발표해 놓고 아니면 그만이라는 식이다. 대부분의 식자층이 이러한 사실에 침묵으로 일관하는 자세도 문제이다. 인류의 기원 문제는 우리에게 너무나 중요한 주제이다.

만일 유인원의 진화설을 받아들인다면 인간은 한낱 동물의 일종으로 전락하므로 우리에게 무신론적이며 유물론적인 세계관을 갖게 할 것이다. 그리고 인류 역사가 수백만 년에 걸쳐 구석기·신석기·청동기·철기·현대의 순서로 발전해 왔다고 믿어야 한다. 그러나 인간이 하나님의 형상대로 지음을 받은 고귀한 존재라는 창세기의 기록을 받아들인다면 인류는 일만여 년의 짧은 역사를 가지며, 동물과는 본질적으로 다른 존엄한 존재로 인식될 것이다.

참고 사항: 배아 발생도 조작

다윈의 신봉자인 헤켈E. Haeckel은 사람이 원숭이에서 진화한 증거로 배아 발생도를 만들어 베를린에서 열심히 진화론을 홍보했다. 물고기·거북이·도롱뇽·토끼·사람 등의 초기 배胚, embryo의 크기와 모양이 유사하다는 것은 이들이 공통 조상에서 유래한 증거라고 선전했다. 사람의 배 발생과정은 물고기에서 사람으로의 계통 발생을 반복한다고도 했다. 토머스 헉슬리 역시 개와 사람의 배아가 유사함을 보여주려고 배아의 비교 그림을 과장되게, 그러나 정교하게 그렸다Nature, 1863. 다윈은《종의 기원》1859에서 12쪽에 걸쳐, 여러 동물의 배 발생의 공통성은 이들이 공통 선조에서 유래했음을 보여준다고 강조했다. 리처드 리키1979는 그의 저서에 헤켈의 배아 발생도를 사실처럼 인용했다. 엘드리지2000도 최근의 저서에서 계통반복설을 주장해 세인들을 놀라게 했다.

그러나 배아 발생도는 헤켈이 날카로운 칼과 연필로 조작한 사실이 드러났으며, 80% 이상이 조작된 것으로 밝혀졌다. 비교발생학자인 히스Wilhelm His, 라이프치히대학, 1874는 헤켈이 비쇼프에게서 구입한 배아의 머리에, 에커에게서 구입한 사람의 배아 윗부분을 잘라 붙였음을 확인했다. 이러한 날조 사실은 가빈 드비어1958, 제러미 리프킨, 몽타구, 월터 복컬럼비아대학 및 브리태니커1974 등에 의해 확인되었다. 영국의 발생학자인 마이클 리처드슨1997은 '헤켈의 배아 발생도가 생물학에서 가장 유명한 위조 사건 중 하나로 보인다' 고 선언했다.

제3장

타락과 도시 문명

이 장에서는 인류의 타락과 그에 대한 형벌로 고통과 죽음이 오게 된 사실을 소개한다. 그리고 우리의 선조 아담과 하와가 에덴동산에서 추방을 당한 서글픈 역사를 되돌아본다.

제8강

생명과와 선악과 타락과 죽음의 도래

창세기 3장은 인류 최초의 타락fall, depravity과 죄의 유입, 그리고 죄로 인해 고통과 죽음이 왔음을 보여준다롬 5:12; 고전 15:22. 또한 고통과 죽음의 문제를 해결하려면 죄의 문제를 먼저 해결해야 함을 보여준다.

창 3:1-5 그런데 뱀은 하나님이 만드신 들짐승 중에 가장 간교하니라 뱀이 여자에게 물어 이르되 하나님이 참으로 너희에게 동산 모든 나무의 열매를 먹지 말라 하시더냐 여자가 뱀에게 말하되 동산 나무의 열매를 우리가 먹을 수 있으나 동산 중앙에 있는 나무의 열매는 하나님의 말씀에 너희는 먹지도 말고 만지지도 말라 너희가 죽을까 하노라 하셨느니라 뱀이 여자에게 이르되 너희가 결코 죽지 아니하리라 너희가 그것을 먹는 날에는 너희 눈이 밝아져 하나님과 같이 되어 선악을 알 줄 하나님이 아심이니라.

뱀은 하나님이 만드신 들짐승 중에 가장 간교하니라: 간교하다*arum*

는 말은 '지혜롭다' 는 뜻이다. 잘못된 지혜지식는 이처럼 유혹의 도구로 이용될 수 있다는 것이 문제이다. 사탄은 간교한 뱀 속에 들어가, 하나님이 동산 모든 나무의 열매를 먹지 말라고 하시더냐고 우회적으로 하와의 마음 상태를 타진했다. 이러한 질문은 하나님이 세운 창조 질서에 정면으로 도전하는 행위였다. 뱀은 이성理性이 없는 존재이므로 선악에 대해 말할 자격이 없고, 인간만이 선악을 선택할 이성자유의지을 가진 존재이기 때문이다.

아담을 괴롭혔던 두 나무는 지금도 우리 앞에 있다. 선악과善惡果는 옳고 그름부터 따지라고 한다. 그러나 생명과生命果는 어서 따 먹고 영생永生하라고 한다. 우리는 생명을 살리고 치유하는 생명과를 먼저 따 먹어야 한다. 남의 행위에 대해 옳고 그름을 따지는 선악과는 상대에게 상처를 줄 뿐 아니라, 궁극적으로는 나를 해롭게 한다는 사실을 알아야 한다.

여자가 뱀에게 말하되: 간교한 뱀의 질문에 여자하와는 사실과 약간 다르게 대답했다.

① 동산 나무의 열매는 우리가 먹을 수 있다↔ 임의로 먹어라.

② 동산 중앙에 있는 나무 열매는 먹지도 말고 만지지도 말라↔먹지 말라.

③ 너희가 죽을까 하노라↔ 먹는 날에는 반드시 죽으리라.

뱀이 여자에게 이르되: 이러한 하와의 답변은 하나님의 말씀을 왜곡한 것이었다. 하와의 마음이 흔들리고 있음을 감지한 사탄은 과감하게 본색을 드러냈다. 기회를 잡았다고 판단한 뱀사탄은 네 가지의 직설적인 말로 하와를 다그쳤다.

① 너희는 결코 죽지 않는다不死. ② 너희 눈이 밝아진다開眼.

③ 네가 하나님과 같이 된다爲神. ④ 너도 선악을 알게 된다知善惡.

그러나 이 네 가지넉 사四, 그물 망罒는 사실이 아니었다非. 이러한 증거가 죄罪라는 것이 고대 한자 속에 흔적으로 남아 있다. 이처럼 사탄은 유혹하는 자이며눅 22:3, 처음부터 거짓말한 자요, 속이고 살인한 자요요 8:14, 고소하는 자계 12:10이다. 요세푸스는 선악과에는 선악을 아는 지식이 들어 있는데, 그것을 먹으면 하나님처럼 행복한 삶을 살 수 있다고 뱀이 하와를 유혹한 것으로 해석했다고대유대사, p. 48.

창 3:6-8 여자가 그 나무를 본즉 먹음직도 하고 보암직도 하고 지혜롭게 할 만큼 탐스럽기도 한 나무인지라 여자가 그 열매를 따먹고 자기와 함께 있는 남편에게도 주매 그도 먹은지라 이에 그들의 눈이 밝아져 자기들이 벗은 줄을 알고 무화과나무 잎을 엮어 치마로 삼았더라 그들이 그날 바람이 불 때 동산에 거니시는 여호와 하나님의 소리를 듣고 아담과 그의 아내가 여호와 하나님의 낯을 피하여 동산 나무 사이에 숨은지라.

여자가 그 나무를 본즉: 하와가 다시 선악과를 쳐다보았을 때 그 열매는 새로운 모습으로 그녀에게 다가왔다요일 2:16.

① 먹음직도 하고육신의 정욕, 食慾: 욕심에 대한 절제력이 사라졌음을 의미한다.

② 보암직도 하고안목의 정욕, 審美感: 대부분의 범죄는 눈으로부터 온다.

③ 지혜롭게 할 만큼 탐스럽기도 한 나무인지라이생의 자랑, 지적 통찰력: 잘못된 지혜나 지식은 범죄로 이어지기 쉽다.

여자가 그 열매를 따먹고: 결국 하와는 선악과를 따먹었고, 남편에게도 주었다. 이것을 타락墮落, fall이라 한다. 이들이 과일을 따먹은 것이 문제가 된 것은 하나님의 명령을 어겼기 때문이다. 선악과는 아담과 하와의 순종 여부를 알기 위한 지표였을 뿐이다. 그들은 자유의지로 하나님의 명령을 어겼고죄의 본질, 그에 대해 응분의 대가를 받아야 했다. 사람이 어떤 선택을 하든 그에 대해 심판하시는 것이 하나님의 공의公義이다. 하나님은 우리를 사랑하면서도 우리의 행위에 대해서는 엄격히 심판하시는 분이다. 이러한 사랑은혜과 공의진리 사이에서 우리는 긴상하며 살아야 한다. 그러나 사랑의 법이 공의의 법보다 크며, 긍휼사랑이 심판공의을 이기고 승리한다는 사실을 잊어서는 안 된다약 2:13.

자기들이 벗은 줄을 알고 무화과나무 잎을 엮어 치마로 삼았더라: 그들이 범죄를 했을 때 가장 먼저 느낀 것은 부끄러움과 두려움이었다. 벗은 줄을 알고 무화과나무 잎으로 치마를 만들어 치부를 가렸으며, 하나님이 무서워 나무 사이에 숨었다. 그들이 새삼스럽게 부끄러워한 것은 상대의 치부를 보며 불결한 정욕을 느꼈기 때문이며, 두려워한 것은 관계의 줄들이 모두 끊어졌기 때문이다. 하나님과의 관계가 단절되자 사랑의 하나님이 공의의 하나님으로 느껴지게 되었다. 이처럼 관계의 줄이 끊어지면서 아담은 고독한 존재로 전락하게 되었고, 외로움과 두려움에 사로잡히게 되었다.

여호와 하나님의 낯을 피하여 동산 나무 사이에 숨은지라: 사랑의 하나님이 무서운 분으로 바뀌었음을 보여준다. 바뀐 주체는 하나님이 아니라 그들의 마음이었다. 사람의 영혼은 하나님과 직통直通하므로 이들이 하나님을 무서워했다는 것은 그들이 죄인의 상태에 머물러 있다는 증거였다계 21:8. 여러분이 만일 두려움에 싸여 있다면, 이는 하나님과의 관계가 끊어졌기 때문임을 알아야 한다. 따라서 대신對神 관계를 회복해야 한다. 대신 관계가 회복되면 대인 관계도 회복된다. 하나님과의 관계를 회복하는 방법은 십자가에 달리신 예수를 바라보는 것이다. 우리 대신 죽으신 예수를 바라보면 벤허Ben Hur처럼 감격하게 되고, 질병이 고침을 받고 사죄의 은총을 받게 될 것이다.

창 3:9-11a 여호와 하나님이 아담을 부르시며 그에게 이르시되 네가 어디 있느냐 이르되 내가 동산에서 하나님의 소리를 듣고 내가 벗었으므로 두려워하여 숨었나이다 이르시되 누가 너의 벗었음을 네게 알렸느냐.

네가 어디 있느냐: 타락한 그들에게 찾아오신 하나님은 아담에게 '네가 어디 있느냐'고 물으셨다. 아담에게 자신의 잘못을 돌아보고 회개하도록 기회를 주신 것이다. 그러나 아담은 회개하기보다는 변명으로 일관했다.

내가 벗었으므로 두려워하여 숨었나이다: 하나님의 존재론적 질문에 아담은 현상적 답변을 했다. 우리도 어려움을 당할 때 아담처럼 현상적인 해석이나 답변을 하고 있지는 않은지 되돌아보아야 한다. 어려움을 가져다 준 그 사건에 대한 본질적인 원인을 찾고 바른 대책을 세워야 한다. 현상적 대응은 문제를 근본적으로 해결해 주지 않는다.

창 3:11b-13 내가 네게 먹지 말라 명한 그 나무 열매를 먹었느냐 아담이 이르되 하나님이 주셔서 나와 함께 있게 하신 여자 그가 그 나무 열매를 내게 주므로 내가 먹었나이다 여호와 하나님이 여자에게 이르시되 네가 어찌하여 이렇게 하였느냐 여자가 이르되 뱀이 나를 꾀므로 내가 먹었나이다.

그 나무 열매를 먹었느냐: 심판의 주재이신 하나님은 아담과 하와를 심문하셨다. 먼저 만물의 대표인 아담에게 본질적인 질문을 던지셨다.

① 네가 어디 있느냐?

② 내가 먹지 말라고 한 그 나무열매를 먹었느냐?

아담이 이르되: 이에 대해 아담은 현상적이며 변명하는 답변을 했다.

① 내가 벗었으므로 두려워하여 숨었나이다.

② 하나님이 내게 주신 그 여자가 나무열매를 주어서 먹었나이다.

이처럼 아담은 선악과 사건의 책임을 하와와 하나님께 돌렸다. '내 뼈 중의 뼈요 살 중의 살' 이라 했던 그 배필을 '그 여자' 라고 제3인칭으로 표현했다.

여자에게 이르시되: 하와도 '뱀이 나를 꾀므로 먹었나이다' 라고 뱀에게 책임을 전가했다. 이처럼 하나님 앞에 섰을 때, 그들은 죄에 대한 두려움으로 자신들의 잘못을 남에게 전가하기에 급급했다. 이는 궁극적으로 하나님께 모든 책임을 돌리는 행위였다. 그들은 너무나 두려워 그렇게 한 것이다. 죄인이 하나님 앞에 선다는 것은 이처럼 두려운 일이다. 이들에게 전후 사정을 다 들으신 하나님은 다음과 같이 선고하셨다.

창 3:14-15 여호와 하나님이 뱀에게 이르시되 네가 이렇게 하였으니 네가 모든 가축과 들의 모든 짐승보다 더욱 저주를 받아 배로 다니고 살아 있는 동안 흙을 먹을지니라 내가 너로 여자와 원수가 되게 하고 네 후손도 여자의 후손과 원수가 되게 하리니 여자의 후손은 네 머리를 상하게 할 것이요 너는 그의 발꿈치를 상하게 할 것이니라 하시고.

뱀에게 이르시되: 하나님은 뱀에게는 변명의 기회도 주지 않고, 저

주咀呪, curse를 내리셨다. 뱀은 사탄의 매개체였기 때문이다. 사탄은 이미 영계靈界에서 반란을 일으켜 지옥으로 들어가기로 작정된, 저주받은 존재이다. 이처럼 사탄을 포함한 악령들은 지금도 짐승이나 사람의 몸속으로 들어가 자신의 종으로 부리며 사람들을 유혹한다.

네가 모든 가축과 들의 모든 짐승보다 더욱 저주를 받아: 이 표현으로 보건대, 이때에 다른 동물들도 사람과 함께 저주를 받은 것으로 보인다. 더 나아가 땅도 저주를 받았다3:17. 이는 만물의 영장인 인간의 잘못에 따른 단체적 형벌이 가해졌음을 의미한다. 뱀에게 내린 저주는 다섯 가지였다. 그러나 요세푸스는 뱀에 대한 저주가 언어의 박탈, 혀 밑의 독에 의한 인간 상해, 인간에게 받을 머리의 상해, 발의 제거라고 했다유대고대사, Ⅰ-1-4.

① 모든 가축과 들짐승들보다 더욱 저주를 받아라.

② 지금부터는 배로 기어다녀라.

③ 이제부터 흙을 먹어라.

④ 너로 여인 및 그 후손과 원수가 되게 하리라.

⑤ 여인의 후손이 네 머리를 상하게 하리라.

선악과 사건을 보여주는 삼성퇴 유물三星堆, Sanxingdui, 중국, 4,700-2,700

선악과 사건을 암시하는 신화와 유물들이 세계 도처에 남아 있다. 중국인이 인류의 조상으로 떠받드는 여와女媧의 모습은 나무 위를 기어오르는 뱀의 꼬리를 가진 모습을 하고 있다그림 1. 1986년 중국 화시대학花溪大學 고고학팀이 광한廣漢, 사천성에서 촉나라의 삼성퇴 유물 1,000여 점

▲ 〈그림 1〉 나무를 오르는 뱀 꼬리의 여와

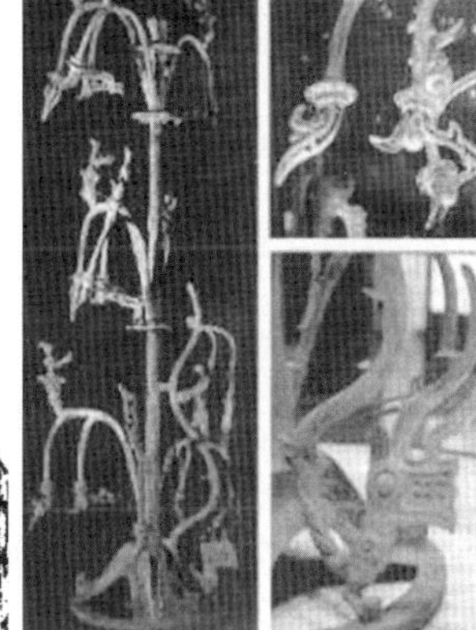

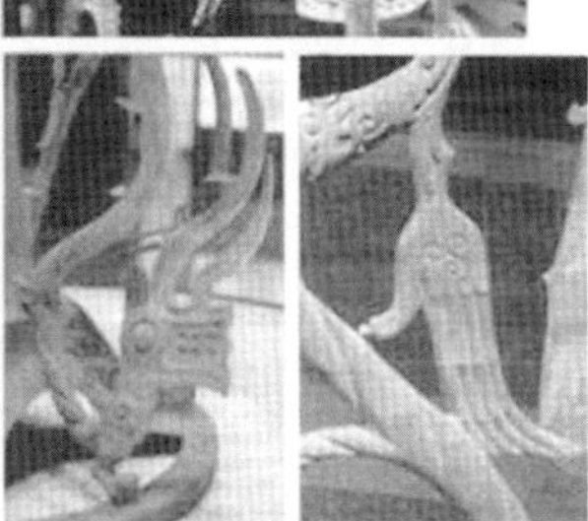

▲ 〈그림 2〉 삼성퇴 신목(神木, 左) 열매와 칼(右), 뱀(下左), 손(下右)

청동기 800점을 발굴했다. 그 중에서 가장 주목을 끈 것이 청동제 신목神木, 높이 3.9m, 둘레 3.65m이었다그림 2. 이 나무의 가지 끝에는 열매와 칼들이 새겨져 있고, 나무 위에는 새들9마리이 앉아 있다. 한 줄기에는 사각 얼굴에 큰 눈과 두 뿔 및 짧은 다리를 가진 뱀이 있는데, 한 여인의 손이 그 뱀의 몸을 만지고 있다. 이에 대한 해석이 구구하지만, 크리스천이라면 누구나 이 조각품이 선악과 사건에 대한 묘사임을 바로 알 수 있을 것이다.

용의 문화와 새鳥의 문화

뱀용에 대한 이야기는 각국의 신화와 전설 속에 남아 있다. 아시아의 신화는 크게 남방의 용뱀의 신화와 북방의 새鳥의 신화로 구분할 수 있다. 새 신화는 노아에게 홍수가 끝났음을 알려준 새들까마귀·비둘기과 출애굽 시기에 법궤法櫃를 덮었던 천사의 날개에서 영향을 받은 것으로 보인다. 이러한 신화는 인류가 이동하는 과정에서 성황당의 깃털장식

몽골, 마을을 지키던 소도삼한, 진자神社, 일본의 토리이鳥居 등으로 변모했다. 이에 반해 가나안에서 만연한 용뱀에 대한 신앙은 비단길을 타고, 동남아인도 포함의 뱀과 중국의 용의 신화로 나타났다. 인도인의 조상이라는 마누Manu가 탄 배를 홍수에서 구출한 것은 큰 초록색의 뱀 바수키Basuki였으며, 동남아 건축물의 처마 끝이 뾰족하게 하늘로 치솟은 것은 뱀의 꼬리를 상징화한 것이다.

거대한 뱀을 조각한 앙코르와트Ankor Wat, Siem Reap와 보로부두르Borobudur, Java는 우주의 중심이라는 메루Mt. Meru와 수미산須彌山을 형상화한 건축물들이다. 중국의 자금성紫禁城, 北京에는 용의 석상石像 수백 개가 조각되어 있다. 우리나라에는 용에 대한 신앙이 고려 중기에 유입되어, 이때부터 전래의 봉황 신앙과 혼합된 것으로 보인다.

여자의 후손은 네 머리를 상하게 할 것이요: 여인의 후손이란 성령으로 마리아에게서 태어나실 예수에 대한 예표이다마 1:18–23; 눅 2:5–7. 이는 십자가의 대속적인 죽음을 통해 사탄의 시도가 산산이 깨어질 것임을 예언한 것이다. 그래서 이 구절3:15을 원복음原福音, proto evangelion이라 한다.

창 3:16 또 여자에게 이르시되 내가 네게 임신을 하는 고통을 크게 더하리니 네가 수고하고 자식을 낳을 것이며 너는 남편을 원하고 남편은 너를 다스릴 것이니라 하시고.

또 여자에게 이르시되: 하나님은 범죄를 주도한 여인에게 세 가지의 벌을 내리셨다.

① 임신의 고통을 크게 더하겠다.

② 수고하고 자식을 낳을 것이다.

③ 남편을 원하고, 남편이 너를 다스릴 것이다.

지금도 도처에서 들리는 산모들의 신음 소리는 하와의 범죄가 얼마나 무서운 것이었는지 되돌아보게 한다. 여성은 원래 남성을 돕는 배필로 창조되었으므로 남편을 사모하며 내조하는 것이 바른 창조의 원리이다. 남편이 부족해도 격려하며 용기를 북돋워주는 부인은 현숙한 현대판 하와가 아닐 수 없다. 또한 남편은 아내를 자기 몸처럼 사랑해야 한다는 사실을 결코 잊어서는 안 될 것이다. 오식 못난 남편만이 자기 부인을 함부로 대하고 무시한다. 제 얼굴에 침을 뱉는 행위인 줄도 모르고…….

창 3:17-19 아담에게 이르시되 네가 네 아내의 말을 듣고 내가 네게 먹지 말라고 한 나무의 열매를 먹었은즉 땅은 너로 말미암아 저주를 받고 너는 네 평생에 수고하여야 그 소산을 먹으리라 땅이 네게 가시덤불과 엉겅퀴를 낼 것이라 네가 먹을 것은 밭의 채소인즉 네가 흙으로 돌아갈 때까지 얼굴에 땀을 흘려야 먹을 것을 먹으리니 네가 그것에서 취함을 입었음이라 너는 흙이니 흙으로 돌아갈 것이니라 하시니라.

아담에게 이르시되: 하나님은 만물의 영장인 아담에게는 전 지구적인 형벌을 내리셨다. 무엇보다도 고통과 죽음의 형벌을 내리셨다.

① 너 때문에 땅이 저주를 받았다독초 등.

② 네가 평생 수고하고 땀을 흘려야 그 소산을 먹게 될 것이다노동.

③ 땅이 가시덤불과 엉겅퀴를 낼 것이다고난.

④ 결국은 흙으로 돌아갈 것이다죽음.

땅은 너로 말미암아 저주를 받고: 이는 지력이 쇠퇴하고, 엉겅퀴와

가시덤불로 표현된 독초고통가 나타날 것임을 의미한다. 필자는 어릴 때 산길을 걸으며, 왜 사람에게 해로운 독초들이 생긴 것인지 궁금히 여겼던 기억이 새롭다. 김만복바이러스학은 이때부터 일부 미생물이 병원균과 독성 바이러스로 바뀐 것으로 해석한다.

평생에 수고하여야: 즐거웠던 일喜動이 사람이 타락한 후에는 힘든 일勞動로 바뀌게 되었다. 사람들은 땀을 흘려야 먹을 것을 얻게 되었다. 이는 생존을 위한 노동의 신성神聖함을 보여준다. 루터는 노동이 신성하다고 했다.

땅이 네게 가시덤불과 엉겅퀴를 낼 것이라: 아담이 타락하면서 우주계의 모든 반응은 질서가 사라지는 쪽으로 향하게 되었다열역학 제2법칙. 그 종착점오메가포인트은 역사의 종말을 의미하며, 예수의 재림으로 마무리가 될 것이다. 그러나 진화론에서는 자연계의 질서가 세월과 더불어 점점 높아지는 방향으로 진행한다고 말한다그림 3. 열역학 제2법칙은 실험적으로 확인된 것이지만, 진화론은 하나의 가설임을 잊어서는 안 된다.

흙으로 돌아갈 때까지: 아담에게 내려진 최종 형벌은 죽음이었다창 3:19. 산 영living soul, 창 2:7으로 창조된 아담에게 죽음이 오게 된 것이다. 죽음은 일종의 분리 현상이다. 하나의 존재가 구성성분으로 분리가 되면 그 본질을 잃게 된다. 생명이 육체와 영혼으로 분리되면 죽음으로 바뀌게 된다. 죽음은 다음과 같은 내용을 내포한다.

첫째는 하나님으로부터의 분리이다. 생명이신 하나님과의 분리는 그 자체가 죽음을 의미한다. 하나님은 인간을 창조하신 후 생육하고 번성하라고 축복했다. 이러한 하나님으로부터 분리가 되자 그들은 나무 뒤에 숨었고, 치마를 만들어 입었다.

둘째는 육체와 영혼의 분리이다. 하나님은 육체를 흙으로 지으셨

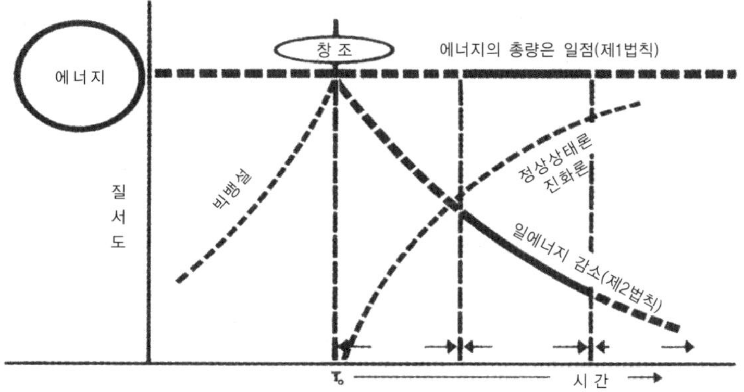

▲ 〈그림 3〉 진화론과 상충하는 열역학 제2법칙

고, 코에 생기를 불어넣으셨다창 2:7. 생기는 영혼참 ㄴ인데, 영원히 죽지 않는 존재이다. 이러한 영혼이 육체에서 떠난다는 이야기는 육체가 죽는다는 이야기이다. 육체는 흙으로 되돌아가지만 영혼은 심판을 받게 된다히 9:27. 지옥으로 가는 영혼은 영원한 형벌을 받게 되는데, 이것이 두 번째의 죽음이다계 20:14-15.

셋째는 사람 및 자연과의 분리이다. 아담은 선악과를 따먹은 후 '하나님이 만들어주신 그 여자가 먹으라고 하여서'라고 변명했다. 자기 잘못을 여자와 하나님의 책임으로 전가한 것이다. 하와도 '뱀이 꾀어서' 그랬노라고 대답했다. 이는 인간이 자연계와 분리되었음을 상징적으로 보여준다. 이때부터 인간들은 서로 불신하며 살게 되었다.

이처럼 죄 때문에 관계의 줄들이 모두 끊어지면서 인간은 불안과 고독에 떠는 존재로 전락했다. 군중 속에서도 외로움을 느끼는 존재가 되었다. 철학자들은 이러한 인간을 '던져진 존재'geworden sein로 표현했다. 어거스틴은 《하나님의 도성》13:6에서 죽음은 악이며, 첫째사망을 당한 성도는 둘째사망에서 해방된다고 했다13:8.

창 3:20-24 아담이 그의 아내의 이름을 하와라 불렀으니 그는 모든 산 자의 어머니가 됨이더라 여호와 하나님이 아담과 그의 아내를 위하여 가죽옷을 지어 입히시니라 여호와 하나님이 이르시되 보라 이 사람이 선악을 아는 일에 우리 중 하나같이 되었으니 그가 그의 손을 들어 생명나무 열매도 따먹고 영생할까 하노라 하시고 여호와 하나님이 에덴동산에서 그를 내보내어 그의 근원이 된 땅을 갈게 하시니라 이같이 하나님이 그 사람을 쫓아내시고 에덴동산 동쪽에 그룹들과 두루 도는 불칼을 두어 생명나무의 길을 지키게 하시니라.

하와라 불렀으니: 하와는 '모든 산 자의 어미'라는 뜻이다. 아담이 아내의 이름을 그렇게 지은 것은 죽음의 선고를 받은 후 역설적으로 생명을 갈구했음을 보여준다.

가죽옷을 지어 입히시니라: 아담과 하와의 이야기를 다 들으신 하나님은 그들의 초라한 무화과나무 잎으로 만든 옷을 걷어내시고 반영구적인 가죽옷으로 갈아 입히셨다. 이는 타락한 인간을 구하기 위해 무죄한 동물이 희생되었음을 보여준다. 이때 사랑스러운 짐승, '보시기에 좋았다'고 하신 짐승을 잡아 죽이는 창조주의 심정은 어떠했을까? 인간을 위해 죽임을 당한 그 짐승羊은 후일, 인류를 구원하기 위해 십자가에서 죽임을 당하실 하나님의 아들인 예수 그리스도를 상징한다.

에덴동산에서 그를 내보내어失樂園: 하나님은 그들을 낙원에서 추방했다그림 4. 이후로 아담·하와의 후손이 걸어온 길이 곧 인류의 역사가 되었다. 영국의 청교도 시인 밀턴1608-1674은 이를 주제로 불후의 명작인 〈실낙원〉Paradise Lost, 1667-1672을 저술했고, 〈복낙원〉Paradise

Regained, 1665에서는 인류의 희망을 기원했다.

생명나무의 길을 지키게 하시니라: 하나님은 그들이 생명과를 따먹지 못하도록 다음과 같이 이중, 삼중의 엄중한 조치를 취하셨다.

① 아담과 하와를 생명과가 있는 에덴동산에서 추방하셨다실낙원.

② 그룹들Cherubim에게 생명나무를 지키게 하셨다.

③ 두루 도는 불 칼화염검, flaming sword로 생명나무를 지키게 하셨다 .

하나님은 왜 그토록 삼엄하게 생명나무에 이르는 길을 지키게 하셨을까? 2,000년 전에 이집트에서 쓰여진 〈아담과 이브의 서〉에 의하면, 아담이 930세에 병들었을 때, 셋이 에덴동산에 가까운 문으로 가서 동산을 지키는 천사에게 생명과를 달라고 간청하였다고 한다. 아담 역시 하와와 셋을 데리고 다시 그곳으로 가서 '생명의 기름'을 한 방울만 달라고 했지만, 미가엘은 '아담의 수명이 다했다'고 하면서 그들의 청을 거절했다고 한다.

▲ 〈그림 4〉 낙원에서의 추방(카발리에르 다르피노)

죽음은 하나님의 형벌이면서 은혜이다.

아담이 타락한 후 그에게는 고통이 찾아왔고, 결국 죽게 되었다. 우리가 사는 동안에도 고난이 파도처럼 밀려와 쉼없이 우리를 괴롭히곤 한다. 그래서 하나님은 죽음을 주시어 고통을 면하게 하신 것이다. 우리가 천국에 들어가게 된다면 그곳에서는 고통은 사라지고 기쁨만 넘칠 것이다. 그런데 만일 선악과를 따먹은 아담이 생명과마저 따 먹고 죽지 않게 된다면 아담은 영원한 고통에 처하게 되었을 것이다. 그래서 하나님은 아담이 생명과를 따먹지 못하도록 그토록 엄중히 생명나무를 지키게 하신 것이다.

고통은 짧게, 기쁨은 영원히! 이것이 아담인간을 향하신 하나님의 참 뜻이었다. 이처럼 죽음은 인간의 범죄에 대한 하나님의 형벌인 동시에 잃어버린 생명을 우리에게 되돌려주시려는 하나님의 은혜임을 잊어서는 안 된다.

제9강

가인과 아벨 최초의 살인

이 강좌에서는 한 어머니에게서 태어난 형제가 어떻게 축복과 저주의 길을 가게 되었는지 소개한다. 이러한 불행한 현상이 오늘의 우리 가정에서 일어나지 않도록 반면교사로 삼아야 할 것이다.

창 4:1–7 아담이 그의 아내 하와와 동침하매 하와가 임신하여 가인을 낳고 이르되 내가 여호와로 말미암아 득남하였다 하니라 그가 또 가인의 아우 아벨을 낳았는데 아벨은 양치는 자였고 가인은 농사하는 자였더라 세월이 지난 후에 가인은 땅의 소산으로 제물을 삼아 여호와께 드렸고 아벨은 자기도 양의 첫 새끼와 그 기름으로 드렸더니 여호와께서 아벨과 그의 제물은 받으셨으나 가인과 그의 제물은 받지 아니하신지라 가인이 몹시 분하여 안색이 변하니 여호와께서 가인에게 이르시되 네가 분하여 함은 어찌 됨이며 안색이 변함은 어찌 됨이냐 네가 선을 행하면 어찌 낯을 들지 못하겠느냐 선을 행하지 아니하면 죄가 문에 엎드려 있느니라 죄가 너를 원하나 너는 죄를 다스릴지니라.

가인을 낳고…… 아벨을 낳았는데: 낙원에서 추방당한 아담과 하와는 가인Cain, 얻음과 아벨Abel, 공허·허무을 낳았다. 성경에서는 이름을 매우 중시한다. 그 이유는 당시 상황이나 사건에 대한 하나님의 뜻이 이름 속에 내포되어 있기 때문이다. 아벨은 가인이 태어나고 오랜 세월이 흐른 후에 태어난 것으로 보인다Genesis Record, p. 135. 아담은 가인을 낳았을 때 그를 '여인의 씨'창 3:15로 생각한 듯하다. 그러나 그가 자라면서 너무 포악해요일 3:12 '뱀의 씨' 임을 확인하고, 상심했던 것으로 보인다Genesis Record, p. 135. 하와는 가인을 낳은 후 하나님이 그들에게 내리신 저주의 현장들을 목격하면서, 악이 성행하는 삶에 절망을 느꼈을 것이다. 그리고 아벨이 언젠가는 포악한 가인에게 살해될지도 모른다는 불길한 예감이 들어 경고의 의미로 둘째의 이름을 아벨공허이라 부른 듯하다.

땅의 소산으로 제물을 삼아 여호와께 드렸고: 가인은 농사짓는 자였고농업, 아벨은 양을 치던목축업 경건한 자였다히 11:4; 마 23:36; 눅 11:50-51. 이들은 장성하자 하나님께 제사를 지냈다. 이들이 제사를 드리는 방법은 부모로부터 배운 듯하다. 그런데 하나님은 아벨의 제사는 받으셨지만, 가인의 제사는 받지 않으셨다. 성경은 그 이유를 이렇게 설명한다.

① 가인은 평소에 선을 행하지 않았다창 4:7.

② 가인은 믿음으로 제사를 드리지 않았다히 11:4.

③ 가인은 행위가 악한 자였다요일 3:12.

④ 가인은 제사 때 '땅의 소산'의 일부를 드렸다창 4:3-4.

아벨은 자기도 양의 첫 새끼와 그 기름으로 드렸더니: 가인은 믿음이 없이 형식적인 제사를 드린 반면, 아벨은 자기 부모에게 가죽옷을 제공하기 위해 죽임을 당했던 짐승羊을 생각하며 믿음으로 첫 새끼를 잡아 피를 뿌리며 희생제를 드린 듯하다. 그는 평시에 양을 치며 양털로 옷감을 짜고, 고기는 가인을 포함한 다른 친척들에게 제사용으로 팔았을 것으로 보인다. 성경이 말하는 아벨은 믿음의 첫 조상이었고히 11:4, 의로운 선지자였다마 23:35; 눅 11:50-51.

아벨과 그의 제물은 받으셨으나…… 가인과 그의 제물은 받지 아니하신지라: 이에 대해 신학자들의 여러 설명이 제시되었다웬함, p. 238.

① 하나님이 농부보다 목자를 사랑했다Gunkel.

② 동물희생제가 식물보다 더 열납이 되었다Skinner, Jacob.

③ 아벨에 대한 하나님의 편애는 신의 선택의 신비이다Golka, Vawter, Rad.

④ 아벨은 믿음의 제사를 드렸다히 11:4, Calvin, Dilmann, Driver.

⑤ 가인은 '땅의 소산'의 일부를, 아벨은 '양의 첫 새끼와 그 기름'으로 드렸다.

네가 분하여 함은 어찌 됨이며…… 너는 죄를 다스릴지니라: 하나님은 가인에게 회개의 기회를 주려고 이렇게 물으셨다. 벤 야사르1963는 '네가 장자로서 잘한 일이라면 왜 낯을 들지 못하느냐'로 해석한다. 장자는 예배에 대해서는 특별한 책임이 있다는 것이다. 가인이 잘못한 것이라면 죄야수처럼 도사린 악마가 문 앞에 도사리므로, 하나님은 가인이 죄를 다스리도록 회개의 기회를 주신 것이다.

창 4:8-12 가인이 그의 아우 아벨에게고대 역본: 우리가 들로 나가자고, 사마리아 오경: 물로 가자 말하고 그들이 들에 있을 때에 가인이 그의 아우 아벨을 쳐죽이니라 여호와께서 가인에게 이르시되 네 아우 아벨이 어디 있느냐 그가 이르되 내가 알지 못하나이다 내가 내 아우를 지키는 자니이까 이르시되 네가 무엇을 하였느냐 네 아우의 핏소리가 땅에서부터 내게 호소하느니라 땅이 그 입을 벌려

네 손에서부터 네 아우의 피를 받았은즉 네가 땅에서 저주를 받으리니 네가 밭을 갈아도 땅이 다시는 그 효력을 네게 주지 아니할 것이요 너는 땅에서 피하며 유리하는 자가 되리라.

가인이 그의 아우 아벨에게 말하고: 고대 역본에는 '우리가 들로 나가자'로, 사마리아 오경에는 '물로 가자'로 표기하였다웬함, p. 241.

가인이 그의 아우 아벨을 쳐죽이니라: 아벨이 성년이 되자 그는 형을 따라 들녘에서 '양의 첫 새끼와 기름'으로 제사를 드렸다. 그 이전에는 가인이 홀로 '땅의 소산'으로 제사를 드린 것으로 보인다. 그런데 하나님은 아벨의 제사는 받으시고 가인의 제사는 이번에도 받으시지 않았다. 그러자 제사에 실패한 가인은 불타오르는 질투심 때문에 동생을 죽였다그림 1. 이처럼 사람은 분을 품으면 살인을 저지르게 된다. 그래서 하나님은 가인에게 '죄가 너를 원하나 너는 죄를 다스릴지니라'고 사전에 경고를 하셨던 것이다. 이처럼 잘못된 제사는 은혜를 받지 못하는 데 그치지 않고, 부작용을 일으킨다. 여러분은 주일마다 성공적인 예배를 드리는가? 우리 사회가 알 수 없는 분노로 가득 찬 것은 사탄이 우리 마음을 격동시키기 때문이다갈 5:19-21; 골 3:7-8; 엡 4:31. 결국 가인에게 죽임을 당한 아벨의 피는 땅을 적셨고, 그의 피는 하나님께 호소했다. 피 속에는 생명이 들어 있기 때문에 피는 생명과 같다창 9:4; 히 9:22. 생명의 근원은 하나님이므로, 피는 하나님께 직접 호소한다.

네 아우 아벨이 어디 있느냐…… 네가 땅에서 저주를 받으리니: 창세기 4장 9-14절은 하나님과 가인의 대화이다. 가인은 자신이 동생을 지키는 자가 아닌데 왜 아벨의 행방을 자신에게 묻느냐고 능청스럽게 항변한다. 하나님은 가인에게 세 가지의 벌은 내리셨다. 이 형벌은 지금도

▲ 〈그림 1〉 아벨을 살해하는 가인(더치아노 베첼리오, 1542-1544)

가인처럼 하나님을 떠난 자들에게 내리고 있다는 사실을 알아야 한다.

① 네가 땅에서 저주를 받게 된다개간된 지역에서 미개간지로 추방.

② 밭이 네게 효력을 주지 않을 것이다.

③ 너는 땅에서 피하며 유리하는 자가 될 것이다시 109:10; 애 4:14-15; 잠 26:2.

창 4:13-15 가인이 여호와께 아뢰되 내 죄벌이 지기가 너무 무거우니이다 주께서 오늘 이 지면에서 나를 쫓아내시온즉 내가 주의 낯을 뵈옵지 못하리니 내가 땅에서 피하며 유리하는 자가 될지라 무릇 나를 만나는 자마다 나를 죽이겠나이다 여호와께서 그에게 이르시되 그렇지 아니하다 가인을 죽이는 자는 벌을 칠 배나 받으리라 하시고 가인에게 표를 주사 그를 만나는 모든 사람에게서 죽임을 면하게 하시니라.

내 죄벌이 지기에 너무 무거우니이다: 가인은 자기 위주로만 생각하는 이기주의자였다. 이기주의자Egoist는 자신의 이익만 추구하고 상대방을 배려하지 않는다. 가인의 이기성은 '나'라는 말을 강조하는 데서도 엿볼 수 있다. 창세기 4장 13-14절에는 '나'라는 말이 모두 여섯 번이나 나온다. 그러한 이기주의는 가인으로부터 출발해 라멕을 거쳐 니므롯에 이르러 꽃을 피우게 된다. 이기심은 원래 사탄의 고유한 품성으로, 이기심 때문에 지금도 얼마나 많은 사람이 고통을 받는지 모른다.

땅에서 피하며 유리하는 자가 될지라: 그는 자신의 죄 짐이 너무 무거워 하나님의 얼굴로부터 자신을 감추어야 했다. 그는 결국 에덴으로 상징되는 하나님의 존전 앞에서 떠나야 했고, 땅에서 피하여 방황하는 자vagabond가 되었다. 참으로 무서운 일이 벌어진 것이다. 하나님 앞을 떠나면 이처럼 끝없이 방황하는 저주받은 삶을 살 수밖에 없다.

무릇 나를 만나는 자마다 나를 죽이겠나이다: 하나님께 외면을 받는다는 사실은 가인에게는 큰 두려움의 원인이 되었을 것이다. 그는 사람들의 보복을 두려워했다. 고대 유대전승에 따르면 아담은 56명아들 33, 딸 23의 자녀를 두었다고 한다요세푸스, 1-2-3, p. 52. 일부 학자들은 가인과 아벨의 나이를 1년 차이로 추정하며웬함, p. 236, 아담이 130세에 셋을 낳은 시점은 가인과 아벨을 낳은 후 최소한 100여 년이 흐른 것으로 추정한다. '생육하고 번성하라'는 축복 속에 태어난 그들의 자녀는 그 기간에 많은 자녀들을 낳았을 것이다. 가인이 아벨을 죽인 시기는 셋이 태어나기 이전의 어느 시점이므로120년 이후로 추정, 살인 사건 당시에는 아벨의 후손들도 많이 번성했을 것이다. 만일 당시의 '사람들'이 가인이나 아벨과 아무런 관계가 없는 자들이었다면, 가인이 그토록 '사람들'이 자기를 죽일까 염려할 필요가 없었을 것이다. 따라서 여기서 말하는 '사람들'이란 가인의 혈족일 수밖에 없다.

가인에게 표를 주사: 가인은 동생을 죽인 죄와 분노를 다스리라는, 하나님의 명령을 거역한 죄에 대해 회개하지 않고 오히려 자신을 지켜 주시도록 간청했을 뿐이다. 그런데 이토록 후안무치한 그의 요청을 하나님은 받아주셨다. 그 증거로 가인의 이마에 '죽임을 면하게 하는 표'標를 주셨다. 하나님이 주신 이 표sign, mark는 히브리어 오스*oth*에서 유래했다. 헨리 모리스는 이것을 표지mark가 아닌, '자신을 보호할 수 있는 자신감'으로Genesis Record, p. 142, 다른 학자들은 문신, 개犬, 가인Cain→qayin: 병을 받으리라이라는 이름이라고 했다웬함, p. 246. 세상의 종말에도 성도들이 이마에 '하나님의 인'印, seal, 스프라기다, 계 7:2, 9, 9:4을, 불신자들은 오른 손이나 이마에 '짐승의 표'카라그마, 666 계 13:16-18를 받을 것이라 예고했다. 카라그마헬 *karagma*의 원래 의미는 '파다, 찌르다, 넣다'라는 뜻이다. 따라서 짐승의 표는 살갗 속으로 찔러 넣는 베리칩verychip RFID으로 추정된다RFID: Radio-Frequency Identification: 전파로 먼 거리 정보를 인식하는 기술, 바코드 대체품으로 주목됨.

불공정하게 보이는 이러한 하나님의 관용은 나 자신이 가인과 같은 악인이라는 처절한 자각이 없다면 이해하기 어려운 행위가 아닐 수 없다. 하나님이 가인을 보호하신 것은 살인자에게도 회개의 기회를 주시는 하나님의 사랑에 기인한다. 사람들은 타인의 잘못에는 엄격하면서도 정작 자신의 잘못에 대해서는 관대하다. 타인은 쉽게 악인으로 규정하면서도 정작 자신이 악인인 줄은 모른다. 가인이 하나님의 보호를 받았듯이 악한 나에게도 회개의 기회를 주시는 하나님의 은혜에 깊이 감사해야 할 것이다.

창 4:16-18 가인이 여호와 앞을 떠나서 에덴 동쪽 놋 땅에 거주하더니 아내와 동침하매 그가 임신하여 에녹을 낳은지라 가인이 성을 쌓고 그의 아들의 이름으로 성을 이름하여 에녹이라 하니라 에녹은 이랏을 낳고 이랏은 므후야엘을 낳고 므후야엘은 므드사엘을 낳고 므드사엘은 라멕을 낳았더라.

놋 땅: 하나님 앞을 떠난 가인은 놋히 *Nod*, 떠돌다, 도망하다 땅으로 이주했다. 놋은 방랑자vagabond라는 뜻이다. 이는 인간이 하나님 앞을 떠나면 방황하는 존재로 전락함을 의미한다. 서남아시아 고대사의 권위자이며 언어학자인 장국원 박사2006는 가인이 하나님 앞을 떠났기 때문에 견딜 수 없는 공허감을 달래려고 하나님 '아버지'에 대립되는 여신女神을 만들어 숭배하기 시작했다고 했다.

에녹을 낳은지라: 에녹Enoch은 '봉헌하다, 사용하기 시작하다'히 *hanoch* 또는 '가르치다'히 *hanach*는 의미이다. 이에 대해 가인이 자기 아들을 하나님이 주신 선물로 알고 '하나님께 봉헌하려 했다'는 견해와, 반대로 하나님 앞을 떠난 '불신 계열의 시작'을 알리려는 의도라는 두 견해가 대립한다. 그러나 가인의 아들인 에녹의 행적이 선한 행실이 아니었으므로 후자의 견해가 더 타당한 것으로 보인다.

가인이 성을 쌓고에녹 성과 에리두: 놋의 위치에 대해 영국의 데이비드 롤은 우르미아 호아르메니아의 동편으로 추정한다. 가인은 놋 땅에서 에녹을 낳았고, 성을 쌓아 에녹 성城이라 불렀다. 가인이 성을 쌓은 이유는 타인들특히 아벨의 후손?이 두려웠기 때문일 것이다. 당시에 가인의 후손들은 성을 쌓을 만큼 번성한 것으로 보인다. 성문에는 무장한 경비원들이 출입을 통제하고, 성 안에서는 새로운 조직과 계층 사이에 사회적인 갈등이 나타났을 것이다.

사학자 요세푸스는 가인이 에녹 성에서 자신의 쾌락을 위해 폭력과 약탈로 엄청난 부를 축적했으며, 도량형도 만들었다고 했다유대 고대사, Ⅰ-2-2. 어거스틴은 《하나님의 도성》에서, 에녹 성의 사람들은 성 밖의 유목민이나 농민들에게서 식량을 공급받은 것으로 추측했다. 일부 학자는 도시 건설의 실제 주인공이 가인이 아닌 에녹이며, 이곳이 세계 최초의 도시 에리두Eridu라고 해석한다. 그 이유는 아람어로 에녹의 아들 이랏Arad, 도시인, 도망하다을 에리두로 부르기 때문이다웬함, p. 249. 에녹은 성의 이름을 자기 아들의 이름을 따라 '에리두'라 부른 듯하다. 학계에서도 세계 최초의 도시가 수메르의 에리두Eridu라고 말한다.

에녹이 이랏을 낳고: 가인의 계보는 가인-에녹-이랏도시인-므후야엘하나님이 생명을 주셨다-므드사엘하나님의 사람-라멕정복자으로 이어진다. 이는 가인에서 출발한 불신 계열의 문화가 라멕에 이르러 새로운 전기를 마련했음을 보여준다. 므후야엘Mehuyael, 하나님의 제사장, 하나님이 생명을 주시다과 므드사엘Methusael, 하나님의 사람의 무투metu는 '사람'이므로, 그 이름은 '음부의 사람'이거나 '기도의 사람'을 뜻한다. 그의 아들과 손자의 이름에 아직 '엘'el: 하나님이 들어 있는 것을 보면 그때까지도 하나님을 믿은 가인의 후손이 일부 남아 있었던 것으로 보인다.

라멕 가문과 도시 문명: 도시 문명은 가인이 씨를 뿌렸고, 그의 5대손인 라멕정복자, 난폭자에 이르러 꽃을 피웠다. 라멕은 그 이름이 의미하듯이 주변 부족들을 난폭하게 정복한 인물로 보인다. 그래서 무기가 필요했을 것이다. 메소포타미아의 자료들은 대홍수 이전에 일곱 현인들아다파이 나라를 다스렸으며, 최초 도시가 에리두라고 말한다. 사가 베로수스는 첫 현인인 오안네스Oannes, Adapa가 바다에서 올라와 농업과 도시건설 및 글쓰기를 가르쳤다고 했다. 필로Philo of Babylos가 보관한 페니키아 전승들도 여러 기술을 가져다 준 초인超人에 대해 기술한다R. R. Wilson, pp. 149–158.

창 4:19–22 라멕이 두 아내를 맞이하였으니 하나의 이름은 아다요 하나의 이름은 씰라였더라 아다는 야발을 낳았으니 그는 장막에 거주하며 가축을 치는 자의 조상이 되었고 그의 아우의 이름은 유발이니 그는 수금과 통소를 잡는 모든 자의 조상이 되었으며 씰라는 두발가인을 낳았으니 그는 구리와 쇠로 여러 가지 기구를 만드는 자요 두발가인의 누이는 나아마였더라.

라멕이 두 아내를 맞이하였으니: 가인의 5대손 라멕난폭한 자, 강한 자에 대해, 많은 학자들은 난폭하고 성욕이 넘친 정복자로 묘사한다. 그는 최초로 일부다처제를 도입했는데, 이는 하나님이 명령한 일부일처제창 2:23–24를 위반한 행위였다. 그는 두 부인에게서 77명의 자녀를 낳은 것으로 보인다고대유대사, 1–2–2, p. 51.

아다는 야발을 낳았으니: 첫 부인 아다Adah, 장식품, 아름다운, 사랑스러운는 야발과 유발을 낳았다. 장남 야발Jabal, 흐르다, 방황하다은 장막에 거하면서 물이 흐르는 초장으로 가축을 인도하던 유목인목축업·상업이었다. 차남 유발Jubal, 소리, 흐르다은 감성적인 자로 아름다운 선율을 내는 수금絃樂器과 퉁소管樂器를 만들어 연주했다예술인. 유발의 이름에서 요벨Jobel: 안식년을 선포하는 큰 악기이 파생한 것으로 보인다웬함, p. 251.

씰라는 두발가인을 낳았으니: 둘째 부인 씰라Zillah, 그림자, 보호는 아들인 두발가인대장장이 가인과 딸 나아마Naamah, 아름답다, 즐겁다를 낳았다. 라멕이 아들의 이름을 두발가인이라고 지은 것은 살인자 가인Cain을 흠모했기 때문인 듯하다. 두발가인Tubal-cain은 힘이 센 자로, 동철로 여러 기구들, 특히 날카로운 무기를 만들었고, 전쟁을 즐겼다요세푸스, 1–2–

2, p. 52. 고대사학자 롤David Rohl은 두발가인을 바벨론어로 '대장장이 가인' 으로 풀이했다. 그의 이름에서 로마의 '불과 대장장이' 의 신神인 벌컨Vulcan이 유래한 것으로 보인다Genesis Record, p. 146. 일부 학자 Cassuto는 나아마가 노아의 아내가 되었다고 말한다웬함, p. 252.

이처럼 세속 문명은 불신 계열이 만든 것이므로 이에 빠질수록 영성靈性, spitituality은 쇠퇴하게 된다. 편리성과 쾌락을 추구하는 음악과 철기의 문화는 일상생활에는 많은 도움을 주지만 세속에 물들게 하며, 궁극적으로는 하나님 앞을 떠나게 한다. 세속 문화 자체는 나쁜 것이 아니지만, 그것을 배후에서 조종하는 세력이 악령들이기 때문이다. 그 결과 아담의 제7대손에 이르러 인간 사회는 두 계열로 극명하게 갈리게 된다. 가인의 후예로서 '하나님 앞을 떠난' 라멕 계열불신 계열과 아벨 대신 태어난 셋의 후예로서 '여호와의 이름을 부르는' 에녹 계열믿음 계열이 그것이다. 불행히도 믿음 계열이 불신 계열에 동화되면서 인류는 마침내 대홍수 심판을 맞게 된다.

창 4:23-24 라멕이 아내들에게 이르되 아다와 씰라여 내 목소리를 들으라 라멕의 아내들이여 내 말을 들으라 나의 상처로 말미암아 내가 사람을 죽였고 나의 상함으로 말미암아 소년을 죽였도다 가인을 위하여는 벌이 칠 배일진대 라멕을 위하여는 벌이 칠십칠 배이리로다 하였더라.

나의 상함으로 말미암아 소년을 죽였도다칼의 노래: 라멕은 최초의 시詩를 지었다. 그는 두 부인을 불러놓고서 칼의 노래劍舞歌를 읊었다. 이 시에 '나'또는 라멕라는 말이 6회나 나오는 것은 그가 가인처럼 철저한 이기주의자임을 보여준다. 이처럼 이기주의利己主義, Egoism는 가인에서 출발해 라멕에서 꽃을 피웠으며, 니므롯에 이르러 집단 인본주의人本主義, Humanism로 발전했다. 인본주의는 반신사상反神思想으로, 이성을 앞세운 진화론과 깊이 연계되어 있다. 그가 부인들 앞에서 자기에게 창상槍傷을 입힌 소년을 죽였다고 자랑한 것은 인명 경시의 풍조를 잘 보여준다.

여신 숭배바벨론 종교: 가인은 하나님 아버지God에게 대항하려고 어머니 신Godess을 개발했다. 언어학자 장국원2006은 이것이 여신의 출현 이유라고 말한다. 여신 숭배는 가인에서 출발해 라멕을 거쳐서 니므롯과 그의 부인 세미라미스에 이르러 꽃을 피운 것으로 보인다. 바벨론의 최고 신은 폭풍과 창조의 신인 엔릴*Enlil*의 후계자 마르둑*Marduk*, 히브리어로 모르닥이었다. 마르둑은 바벨론 제국을 건설한 니므롯을 신격화한 것으로 보인다. 바벨론의 벨로스*Belos, Bel*는 후일 가나안에서는 바알*Baal*, 그리스에서는 제우스*Zeus*, 로마에서는 주피터*Jupiter*로 불리었다. 고대 사가 데이비드 롤은 니므롯이 학술기관을 만들어, 부신父神에 대항하기 위해 모신母神의 신화를 개발했다고 했다.

요세푸스는 니므롯을 '백성들로 하여금 하나님을 배반하게 한 자'라 했다. 여러 전설에 의하면, 세미라미스는 남편 니므롯이 죽자 그 시체를 조각내어 여러 지방으로 보냈다고 한다. 그 후에 낳은 사생아를 니므롯의 환생이라 하면서, 그가 태양신 담무즈Tammuz이며 '여인의 후손'창 3:15이라고 했다. 더 나아가, 그녀가 아들 담무즈와 결혼함으로써 사람들은 담무즈를 신神으로, 세미라미스를 모신母神으로 섬기게 되었다고 한다. 대홍수 후에 세계 최초로 수메르에 세워진 도시국가 우루크의 제1대 왕 메스키아그 카세르대장장이 구스는 니므롯의 아버지로 추정되며, 제2대 엔메르카르사냥꾼 NMR가 곧 니므롯이라고 데이비드 롤은 주장한다. 따라서 제3대 왕 담무즈는 니므롯의 아들로 보인다.

인본주의 위에 세워진 과학 문명

가인-라멕-니므롯으로 이어지는 불신 계열들은 하나님 아버지에 대항하는 여신을 만들어 숭배하고 세상의 삶에서 만족을 찾도록 쾌락과 편리를 추구하는 문명을 발전시켰다. 특히 라멕은 가인에 못지않은 이기주의자였다. 과학 문명과 이기주의가 결합할 때 반신적인 인본주의가 꽃을 피우게 되는데, 오늘의 과학 문명은 이러한 인본주의의 기초 위에 세워진 것이다.

참고 사항: 어거스틴의 두 도성 이야기

어거스틴은 인간 사회를 '사람의 생각대로 사는 사람들의 도성'과 '하나님의 뜻대로 사는 사람들의 도성'으로 구분했다. 전자는 하나님과 함께 영원히세상을 지배하기로 예정되었고, 후자는 마귀와 함께 영원한 형벌을 받기로 예정되었다는 것이다. 가인은 '사람의 도성'에, 아벨은 '하나님의 도성'에 속했다. '가인은 도시를 건설했지만창 4:17, 아벨은 나그네였기 때문에 그렇지 않았다'고 했다《하나님의 도성》, 15:1.

> "지상 도성의 시민들은 죄로 더럽혀진 본성으로 낳고, 천상 도성의 시민들은 본성을 죄에서 해방하는 은혜로 낳는다. 그래서 전자는 진노의 그릇, 후자는 긍휼의 그릇이라 부른다"《하나님의 도성》, 15:2.

제10강

아담의 족보 족보의 기원

세계 최초로 성문화된 아담의 족보를 통해 우리는 믿음의 계보를 확인하게 된다. 역사를 통해 면면히 이어져 온 믿음 계열에 속한 성도들의 이름은 생명책에 기록되어 영생에 이르게 될 것이다.

창 4:25-26 아담이 다시 자기 아내와 동침하매 그가 아들을 낳아 그의 이름을 셋이라 하였으니 이는 하나님이 내게 가인이 죽인 아벨 대신에 다른 씨를 주셨다 함이며 셋도 아들을 낳고 그의 이름을 에노스라 하였으며 그때에 사람들이 비로소 여호와의 이름을 불렀더라.

셋이라 하였으니…… 다른 씨를 주셨다 함이며: 셋히 *Seth*, 놓다, 정리하다, 임명하다은 범죄한 세상을 정리한 존재로서, 하나님께 제사장으로 임명받은 '다른 씨'믿음 계열임을 보여준다. 셋은 죽을 때까지 경건히 살았고, 천체에 관한 지식을 창안했다고대유대사, 2-2-3, p. 52.

비로소 여호와의 이름을 불렀더라: 셋의 아들 에노스히 *Enos*, 사람, 남자의 때부터 사람들이 하나님께 정례적인 제사를 다시 드리기 시작했음을 의미한다. 이후 세상에는 믿음 계열과 불신 계열이 공존하게 되었다. 요세푸스는 셋의 자녀들은 경건하게 자랐으며, 천체의 질서에 관한 지식을 창안했다고 했다유대 고대사, I-2-3.

창 5:1-5 이것은 아담의 계보를 적은 책이니라 하나님이 사람을 창조하실 때에 하나님의 모양대로 지으시되 남자와 여자를 창조하셨고 그들이 창조되던 날에 하나님이 그들에게 복을 주시고 그들의 이름을 사람이라 일컬으셨더라 아담은 130세에 자기의 모양 곧 자기의 형상과 같은 아들을 낳아 이름을 셋이라 하였고 아담은 셋을 낳은 후 800년을 지내며 자녀들을 낳았으며 그는 930세를 살고 죽었더라.

이것은 아담의 계보를 적은 책이니라: 성경은 여러 곳에서 인류의 족보에 대해 소개한다. 아담에서 시작하는 세계 최초의 족보가 창세기 제5장에 기록되어 있다. 10-11장에는 대홍수에서 생존한 노아의 8가족에서 다시 시작된 족보를 소개한다. 그 뒤를 이은 출애굽기 · 역대기를 비롯한 구약성경과 마태복음·누가복음 등의 신약성경에서도 족보의 기록은 계속된다.

족보계보, 히, 톨레돗란 세대generation, KJV나 계보genealogy, RSV를 뜻한다. 아담의 족보는 아담이, 노아의 족보는 노아가 기록한 것으로 보인다 Genesis Record, p. 151. 창세기에 의하면, 아담은 '하나님의 모양대로' 지음을 받았고, 130세에 '자기 형상과 같은' 셋을 낳았으므로, 결국 인류의 원 조상은 하나님이시다. 하나님은 남자자카르와 여자잇샤, 우네케바를 창조하시고, 그들을 '사람'이라고 불렀다.

우리나라의 족보들은 대부분 고려 중기부터 구체적인 기록을 가지고 있다. 그 이전에 대해서는 조상이 하늘에서 내려왔다거나, 중국에서 넘어왔다는 내용이 대부분이다. 그런데 중국인이나 인도인들은 서쪽을 이상향理想鄕으로 그린다. 중국의 전설적인 여신으로 쿤룬산崑崙山에 산다는 서왕모西王母, 인도의 서방정토西方淨土 신앙과 우주의 중심이라는 수미산須彌山, 메루산의 불교 설화가 대표적인 사례이다. 그들이 말하는 서쪽과 수미산메루산은 니므롯Nomrod이 바벨탑을 쌓았던 메소포타미아의 시날수메르을 지칭한다.

창조하실 때에…… 지으시되: '창조'는 빠라히 *bara*를, '지으시되'히 *asah*는 있는 재료로 삼라만상을 조성하신 것을 말한다. 즉 천지창조는 첫 단계가 '무에서 유時·空·物'를, 둘째 단계는 '유時·空·物에서 유天地萬物'를 만드신 두 단계로 이루어졌다창 2:3; 출 20:11; 31:17 참조.

자기의 형상과 같은 아들: 성경은 아담이 130세에 낳은 셋*Seth*을 자기의 형상을 닮은 아들이라고 강조함으로써 불신 계열과는 다른 계보가 복원되었음을 보여준다. 아담이 130세에 셋을 낳았다는 말은 구속사救贖史의 관점에서 볼 때 구원의 반열에 든 다른 자녀들이 없었음을 암시한다. 셋은 아들 에노스*Enosh*를 경건하게 양육했다. 외경인 〈벤시락의 지혜서〉49:16는 셋을 셈과 더불어 가장 존경을 받은 인물로 소개한다. 2,000년 전에 쓰인 〈아담과 이브의 서〉에 의하면 아담은 930세에 병들어 죽었다고 한다.

창 5:6-20 셋은 105세에 에노스를 낳았고 에노스를 낳은 후 807년을 지내며 자녀들을 낳았으며 그는 912세를 살고 죽었더라 에노스는 90세에 게난을 낳았고 게난을 낳은 후 815년을 지내며 자녀들을 낳았으며 그는 905세를 살고 죽었더라 게난은 70세에 마할랄렐을 낳았고 마할랄렐을 낳은 후 840년을 지내며 자녀들을 낳았으며 그는 910세를 살고 죽었더라 마할랄렐은 65세에 야렛을 낳았고 야렛을 낳은 후 830년을 지내며 자녀를 낳았으며 그는 895세를 살고 죽었더라 야렛은 162세에 에녹을 낳았고 에녹을 낳은 후 800년을 지내며 자녀들을 낳았으며 그는 962세를 살고 죽었더라.

낳았고…… 죽었더라: 위 구절은 셋에서 출발하는 믿음 계열의 족장들에 대한 기록이다. 여기에 나타난 아담 족보의 특징은 다음과 같다.

① 낳고20회 죽는8회 역사이다. 이는 죽음이 유전되고 있음을 보여준다.

② 족장들이 자녀를 낳을 때의 나이는 65-187세였다. 그들에게 다른 자녀들도 많이 있겠지만5:4, 족보에서는 구속사적으로 중요한 인물만 소개했다.

③ 에녹300세에 승천을 제외한 족장들의 평균 수명은 912세로, 장수했다.

④ '약속의 씨앗'을 보존하고 기록했다.

⑤ '생육하고 번성하라'는 하나님 명령이 성취되고 있음을 보여준다.

당시에 사람들이 장수한 이유는 '하늘 위 물 층'이 지구를 감싸고 있었기 때문이다1:7. 이 물 층 때문에 지구는 온난한 아열대 기후였고, 노화를 촉진하는 해로운 우주선이 차단되었던 것이다. 그 결과 사람과 생물들은 장대하고, 장수했다.

에노스를 낳았고…… 게난을 낳았고: 에노스*Enosh*는 '사람'히 *adam*이라는 뜻이다. 불신 계열과는 '다른 씨'인 셋*Seth*이 정상적인 사람 adam→ Adam으로 살도록 붙여진 이름으로 보인다. 아울러 언젠가는 죽는 존재임을 부각시키려 한 듯하다. 또 다른 의미는 이나쉬히 *inash*, 재난이나 고통 가운데 있는, 치료가 불가능한이다원어성경대전, p. 354. 이로 보건대 에노스는 셋의 인도로 겸손히 하나님께 예배와 희생 제사를 드렸던 인물로 보인다. 그의 아들 게난가이난, 대장장이, 창을 쓰는 자은 '창을 쓰는 대장장이'였다원어성경대전, p. 368.

야렛은 162세에 에녹을 낳았고: 〈희년의 책〉Book of Jubilees은 마할랄렐이 아들의 이름을 야렛*Jared*, 내려온 자이라 명명한 이유가 당시에 천사들이 땅으로 내려왔기 때문이라고 하였다. 그리고 이렇게 덧붙였다.

"11번째 희년에 야렛은 아내 바라카Baraka, 번개처럼 빛나는를 취했는데, 그녀는 야렛의 아버지의 형제인 라수잘Rasujal의 딸이었다……바라카는 아들을 낳아 에녹이라 불렀다. 그는 인간 중에서 처음으로 글쓰기와 지식을 배운 자였다. 그는 하늘의 상징들을 달의 순서에 따라 기록한 저서를 남겼다."

창 5:21-24 에녹은 65세에 므두셀라를 낳았고 므두셀라를 낳은 후 300년을 하나님과 동행하며 자녀들을 낳았으며 그는 365세를 살았더라 에녹이 하나님과 동행하더니 하나님이 그를 데려가시므로 세상에 있지 아니하였더라.

에녹은…… 므두셀라를 낳은 후 300년을 하나님과 동행하며: 에녹은 태어나면서부터 65년간은 세속적인 생활을 한 듯하다. 그러나 65세에 므두셀라를 낳은 후 300년은 하나님과 동행했다. 도대체 에녹이 므두셀라를 낳을 때 무슨 일이 있었기에, 그때부터 하나님과 동행하기로 작정했던 것일까? 에녹*Enoch*, 봉헌된, 가르치다, 감화시키다은 그의 이름으로 보건대 사람들에게 하나님의 말씀을 가르치며 하나님께 봉헌된 삶을 산 것으로 보인다. 그는 아들 이름을 므두셀라창을 던지는 자, 하나님의 사람라 불렀다. 학자들은 므두셀라가 창을 던지며 유목생활을 한 것으로 추측한다. 당시에 '창을 든 사람'은 마을 입구에서 주민의 생명을 지키는 책임이 있었다고 한다. 따라서 '창을 던지는 자'므두셀라가 죽으면 그 집단에 재앙이 올 것으로 생각했다고 한다. 므두셀라의 또 다른 의미인 '그가 죽을 때 심판이 온다'는 말이 이를 뒷받침한다.

에녹은 므두셀라를 낳을 때 인류가 멸망하는 환상대홍수 심판을 보았기 때문에 자기 아들의 이름을 그렇게 지은 것으로 보인다Genesis Record, pp. 159-160. 실제로 므두셀라가 죽던 해에 대홍수가 일어났다. 그래서 에녹은 대홍수에 대한 충격으로 여생을 하나님과 동행하기로 작정했던 것 같다. 성경은 에녹에 대해 이렇게 소개한다.

> 아담의 칠대 손 에녹이 이 사람들에 대하여도 예언하여 이르되 보라 주께서 그 수만의 거룩한 자와 함께 임하셨나니 이는 뭇 사람을 심판하사 모든 경건하지 않은 자가 경건하지 않게 행한 모든 경건하지 않은 일과 또 경건하지 않은 죄인들이 주를 거슬러 한 모든 완악한 말로 말미암아 그들을 정죄하려 하심이라 하였느니라 이 사람들은 원망하는 자며 불만을 토하는 자며 그 정욕대로 행하는 자라 그 입으로 자랑하는 말을 하며 이익을 위하여 아첨하느니라(유 1:14-16).
>
> 믿음으로 에녹은 죽음을 보지 않고 옮겨졌으니 하나님이 그를 옮기심으로 다시 보이지 아니하였느니라 그는 옮겨지기 전에 하나님을 기쁘시게 하는 자라 하는 증거를 받았느니라(히 11:5).

〈희년의 책〉에 의하면, 12번째 희년에 에녹은 단엘Dan-el의 딸 에드니Edni, 나의 에덴와 결혼하고, 므두셀라를 낳았다. 에녹은 천사들과 6번의 희년 동안 동행하였고, 천사들은 그에게 천지의 모든 것을 보여주었으며, 에녹은 숨겨진 책을 집필하였다고 한다. 〈에녹서〉에 의하면, 에녹은 므두셀라에게 앞으로 일 년간 대홍수가 있을 것이며, 노아 가족은 생존할 것이라고 알려 주었다고 한다.

에녹이 하나님과 동행하더니: 에녹이 300년이나 하나님과 동행한 것은 쉬운 일이 아니었을 것이다. 같은 시기에 불신 계열에서는 라멕이라는 족장이 창칼로 소년을 죽였으며, 그의 아들 두발가인은 동철로 무기를 만들던 때였다4:19–24. 이러한 환경에서 에녹은 불신 계열의 포악성 때문에 많은 고통을 겪었을 것이다히 11:5.

하나님이 그를 데려가시므로: 하나님은 에녹을 하늘나라로 끌어올리심과 동시에 그의 아들 므두셀라가 죽던 해에 세상을 대홍수로 멸절하기로 작정한 것으로 보인다. 하나님은 왜 에녹을 산 채로 데려가셨을까? 역사상 죽지 않고 승천한 사람은 에녹과 엘리야왕하 2:3, 5, 9–10 두 사람뿐이다. 이들은 아마도 7년 대환란기에 최후의 복음을 전할 두 의인두 감람나무으로 사용하시기 위한 것으로 추측된다계 11:3–12.

창 5:25–32 므두셀라는 187세에 라멕을 낳았고 라멕을 낳은 후 782년을 지내며 자녀를 낳았으며 그는 969세를 살고 죽었더라 라멕은 182세에 아들을 낳고 이름을 노아라 하여 이르되 여호와께서 땅을 저주하시므로 수고롭게 일하는 우리를 이 아들이 안위하리라 하였더라 라멕은 노아를 낳은 후 595년을 지내며 자녀를 낳았으며 그는 777세를 살고 죽었더라 노아는 500세 된 후에 셈과 함과 야벳을 낳았더라.

므두셀라는 187세에 라멕을 낳았고: 아담의 족보에서 가장 오래 산 사람은 므두셀라셀라의 아들, 969세이다. 무투mutu는 아카드어로 '사람'이라는 뜻이지만, '셀라'날아가는 무기?, 음부의 신?의 의미는 분명치 않다. 그는 자기 아들의 이름을 라멕*Lamech*, 통치자, conqueror이라 지었는데, 세상을 바르게 통치하는 사람이 되라는 의미를 담고 있다.

이름을 노아라 하여: 라멕은 182세에 얻은 아들의 이름을 노아위로·인식라 하였다. 노아가 죄악으로 고통을 받는 가족과 경건한 자들에게 위로와 안식을 주는 사람이 되라는 뜻으로 그렇게 명명한 것으로 보인다. 이로 보건대 라멕은 어려운 환경에서도 하나님의 위로를 기다린 경건한 선지자임을 알 수 있다. 그런데 〈사해 사본〉은 "보라 내 심중에 생각하기를 이 임신은 주시자注視者 중 위 한 명, 곧 거룩한 자들 중의 한 명으로 인함이로다. 이 아이는 거인에 속할 것이다…… 나 라멕은 아내 바스 에노쉬Bath-Enosh에게 서둘러 말했다"라고 기록하였다시친, pp. 203-205, 1999.

노아는 500세 된 후에 셈과 함과 야벳을 낳았더라: 노아는 501-504세 사이에 세 아들을 낳은 듯하며, 이들이 현대인의 중시조中始祖가 되었다. 신학자 오뎃Oded, 1986은 노아의 후손이 유목민셈족, 도시민함족, 해양족야벳족으로 분리되었다고 하면서, 다음과 같이 해설했다웬함, p. 275.

① 셈: 수메르어로 켄기르Kengir 또는 슈메르Shumer에서 유래했다고 사가 크래머S.N. Kramer, 1963는 주장하고 있다. 셈은 '이름, 평판, 명성'을 의미하는 것이다. 노아는 그가 이름을 떨치기를 원한 것으로 보인다.

② 함: 서부 셈족의 태양신 함무Hammu와 관련된 이름으로 보인다.

히브리어로 '함'은 '뜨거운'이라는 뜻이다. 이는 그 아비에 대한 부적절한 행동을 예견하게 한다. 그의 후손들은 성욕性慾에 대해서도 무절제했다.

③ 야벳: 그리스어 이아페토스Iapetos와 관련된 것으로 보인다. 이들은 고대 거인족titan의 일원이었다. '하나님이 그를 창대케 하소서'라는 의미를 가지고 있다.

옛 세상대홍수 이전**의 8번째 의인인 노아**: 대홍수 시점의 족장들의 나이를 살펴보면 재미있는 사실을 발견하게 된다. 첫째로, 대홍수는 아담의 출생 후 1,656년이 지나서 일어났다. 둘째로, 아담은 노아의 아버지인 라멕이 56세일 때까지 생존했다. 그는 후손들에게 선악과 사건 등을 설명해 주었을 것이다. 셋째로, 노아는 셋이 죽은 지 14년 후에 태어났다. 넷째로, 노아 이전에 하나님의 말씀을 후대에 구전口傳한 족장은 모두 7명이었다. 그래서 베드로는 노아를 '옛 세상에서8번째의 의를 전파한 자'로 소개한 듯하다벧후 2:5. 다섯째로, 므두셀라는 대홍수가 일어나던 해에 죽었다.

그런데 한 가지 의문은 노아가 500세 이후에 세 아들셈·함·야벳을 낳았는데, 그 이전에 낳은 자녀들은 어떻게 되었는가 하는 것이다. 그들은 아마도 불신 계열에 합류한 것으로 보인다. 헨리 모리스가 지적했듯이Genesis Record, pp. 161-162, 노아의 형제들을 포함한 친족들이 모두 대홍수로 멸망했으므로, 노아의 슬픔이 얼마나 컸을지 가히 짐작하고도 남는다.

족보는 생명책에서 완성된다

잘못된 제사는 무서운 결과를 낳는다. 제사에 실패해 아우를 죽인 가인은 하나님 앞을 떠났다. 하나님을 떠난 자의 특징은 마음이 공허하므로 끝없이 방황한다는 것이다. 남을 불신하며, 이기주의자로 변한다. 가인과 라멕은 전형적인 이기주의자들이었으며, 그들의 후손이 오늘의 세속 문명을 만들었다. 하나님은 아벨 대신 '다른 씨'를 주셨고, 에노스 때부터 여호와의 이름을 다시 불렀다. 지금도 이 땅에는 두 계열이 공존한다. 그런데 불행하게도 대홍수 직전처럼 불신 계열이 믿음 계열을 압도하고 있다. 우리는 경건한 삶을 살도록 자기 나름의 결단을 해야 한다. 그리고 우리 자녀가 세속 문명에 물들지 않도록, 경건 문화를 개발하고 부지런히 가르쳐야 할 것이다.

성경은 족보의 원형이다. 족보는 성도들이 경건 계열의 후손임을 보여주기 위해 기록한 것이다. 우리는 경건한 삶을 살다가 영생을 누리는 천국에 들어가야 한다. 그런데 천국은 아무나 들어가는 곳이 아니다. 천국 문에는 천사가 생명책을 펼치고서 우리 이름이 그곳에 기록되어 있는지 살펴볼 것이다. 이로 보건대 족보의 원형은 성경이며, 생명책에서 그 사명이 완성됨을 알 수 있다.

제4장

대홍수와 격변

이 장에서는 4,400여 년 전에 있었던 대홍수Deluge, Great Flood, 히 *mabbul mayim*와 홍수에 의해 야기되었던 격변cataclysm에 대해 살펴본다. 대홍수에 의해 고대 문물과 찬란한 도시 문명이 모두 사라지고 오늘과 같은 기후와 지형이 조성되었다. 그리고 원세계와 현 세계로 갈리게 되었다.

제11강 | 죄악의 증가

경건 계열은 점점 불신 계열에 동화되었다. 죄악은 항상 더 악한 방향으로 발전하게 마련이다. 아담의 타락에서 출발한 죄악은 가인과 라멕을 거치며 더욱 포악해졌고, 노아 때에는 전 인류적 규모로 팽창했다. 죄악이 하늘에 사무치면 심판을 자초하게 된다. 노아의 대홍수히 *mabbul*는 '수압에 의한 대격변'the hydraulic cataclysm을 일으킨 역사상 유일한 전 지구적 대홍수였다시 29:10; 마 24:38-39; 눅 17:27; 벧후 2:5, 3:6.

창 6:1-4 사람이 땅 위에 번성하기 시작할 때에 그들에게서 딸들이 나니 하나님의 아들들이 사람의 딸들의 아름다움을 보고 자기들이 좋아하는 모든 여자를 아내로 삼는지라 여호와께서 이르시되 나의 영이 영원히 사람과 함께하지 아니하리니 이는 그들이 육신이 됨이라 그러나 그들의 날은 120년이 되리라 하시니라 당시에 네피림이 있었고 그 후에도 하나님의 아들들이 사람의 딸들에게로 들어와 자식을 낳았으니 그들은 용사라 고대에 명성이 있는 사람들이었더라.

▲ 〈사진〉 그랜드 캐니언(미국)

그들에게서 딸들이 나니: 불신 계열의 딸들로성경원어대전, p. 388, 세상 일을 위해 사는 육체적인 여인들을 지칭한다. 어거스틴은 '그들을 육체라고 했으니 영을 버린 자들이라는 뜻이며, 이렇게 영을 버림으로써 그들은 영에게 버림을 받게 되었다' 고 했다《하나님의 도성》, 15:23. 삶은 고귀하지만, 삶 자체가 사는 목적이 되어서는 안 된다.

하나님의 아들들히 *bene ha Elohim*: 이에 대해서는 세 가지 해석이 있다웬함, pp. 289-297.

(1) 경건한 셋의 후손설

전통적 견해로, 중생한 성도들요일 1:12; 롬 8:14이나 하나님과 영적 관계를 가진 자들출 4:22; 신 14:1, 32:5; 시 73:15; 사 43:6; 호 1:10; 갈 4:7; 빌 2:15; 요일 3:1로 해석한다. 어거스틴, 제롬, 칼빈, 랑게 등이 이에 동조하였다. 어거스틴은 이렇게 말한다.

"히브리인과 그리스도인의 정경에 따라서 홍수 이전에 거인들이 있었다는 것, 그들은 인간 사회의 시민이었다는 것, 육신으로는 셋의 후손인 하나님의 아들들이 바른 길을 버리고 이 세상의 수준으로 타락했다는 것은 의심의 여지가 없으며, 이 사람들에게서 거인들이 났다는 것도 이상하게 생각할 필요가 없다"《하나님의 도성》, 15:23.

(2) 타락한 천사설

가장 오래된 견해로, 많은 주석가들이 이 설을 지지한다. 70인역알렉산드리아 사본, 신약성경 일부벧후 2:4; 유 1:6, 7, 사해문서, 외경들에녹서 6:2, 요벨서 5:1, 초기 저술가들요세푸스 · 필로 · 클레멘트 · 저스틴 · 터툴리안 · 오리겐, 루터, 헨리 모리스 등도 이에 동조한다. 이들이 이 설을 지지하는 근거는 다음과 같다웬함, pp. 290–291.

① 성경욥 1:6, 2:1, 38:7; 시 29:1에서 하나님의 아들들*bene ha Elohim*은 천상의 존재를 가리킨다.

② '하나님의 아들들'은 '사람창 6:1의 '사람'과 다름의 딸들'과 대조를 이룬다.

③ 우가릿 문학에서 '하나님의 아들들'은 만신전萬神殿, pantheon의 구성원들이다.

(3) 지체가 높은 가문설

고대 유대 랍비들Onkelos, Ezra, Symachus, 2C과 현대 랍비들 및 일부 주석가들Dexinger · Klein의 주장이다. 이들은 이 구절을 왕이나 지배자보다 더 높은 존귀한 신분의 아들들로 해석한다삼하 7:14; 시 2:7, 82, 85:1, 6.

자기들이 좋아하는 모든 여자를 아내로 삼는지라: 결혼은 하나님이 정하신 예식으로, 경건한 자녀를 얻기 위한 것이다. 그런데 이들은 육체의 아름다움만 보고서 부부관계를 맺었고, 육체의 즐거움을 위해 영적 경건을 포기했다. 이러한 현상은 오늘의 상황에서 보면 잘 이해할 수 있다마 24:37-39. 그만큼 현대 사회의 영적 타락상이 대홍수 때에 비해 결코 모자라지 않는다는 말이다. 하나님이 사람들과 함께하시지 않겠다는 것은 이들에게서 하나님의 자비를 거두시겠다는 뜻이다.

그들이 육신이 됨이라: 육체히 *basar*는 몸을 의미한다. 이는 생명을 나타내는 피창 9:4; 레 17:11와 대조된다. 영이 떠난 육체는 죽음을 의미하며, 이는 인간의 죽음의 필연성과 수명을 120년으로 제한했음을 암시한다.

120년이 되리라: 이 구절에 대해, 사람의 수명이 120년으로 단축되었다는 주장과 홍수 심판 때까지 남은 기간이 120년이라는 해석이 대립한다. 일반적으로 후자가 폭넓은 지지를 받고 있다. 대홍수가 노아 600세에 일어났으므로, 그가 홍수 경고를 받은 때는 480세였다. 그 사이의 120년은 노아에게는 방주를 건조하는 기간이었지만, 불신자들에게는 마지막 구원의 기회였다.

당시에 땅에는 네피림이 있었고…… 명성이 있는 사람들이었더라: 네피림*nephirim*은 거인巨人 민 13:33; 신 2:11이나 용사라는 뜻인데, 그들은 인기가 있는 스타들이었다. 이들의 실체에 대해서도 신학적으로 세 학설이 대립한다웬함, pp. 290-296 등. 어느 경우든 네피림은 '유명한 사람들', 즉 죽음을 피할 수 없는 인간이었을 뿐이다.

(1) 타락한 천사의 아들설

어거스틴, 요세푸스, 대부분의 현대 성경주석가들호프만·델리취 등, 헨리 모리스, 시친 등은 네피림을 타락한 천사와 여인 사이에서 태어난 자손半人半神으로 해석한다웬함, pp. 295-302. 네피림의 히브리어 네필림 *nephilim*, 던져진 자들은 네팔히 *naphal*, fall, 타락에서 유래했다. 칠십인역과 불가타역은 이를 거인giants, 그 *gingantes*으로 번역했다. 그리스 신화에서 기간테스는 땅과 하늘의 결합으로 탄생한 존재들을 지칭했다. 유대인들은 과거에 네피림이 인간과 신의 후손으로 태어났거나창 6:1-4, 모든 백성이 네피림이었다고 믿었다신 2:11, 20. 〈길가메시 서사시〉의 주인공인 길가메시Gilgamesh도 네피림이었다고 한다. 어거스틴은 고대인이 체구가 컸지만, 거인들은 그들보다 더 컸다는 증거로 큰 유골들의 발견, 우티카Utica, 북아프리카에서 발견된 고대인의 큰 어금니, 플리니우스와 호메로스의 증언 등을 제시했다《하나님의 도성》, 15:9.

대홍수 이후 가나안 원주민인 아낙 자손민 13:32, 33, 바산왕 옥침상이 9규빗, 골리앗삼상 17장 등도 거인이었다. 이들은 아낙 자손, 르바임, 에밈, 삼숨밈 등으로 불리었다신 2:10-11, 20-21, 3:11. 시친은 이들이 마르둑이라는 행성에서 도래한 50명의 아눈나키Annunaki, 지구로 온 천상의 사람들라고 말한다.

(2) 괴물설

일반인과 확연히 구분되는 괴물이거나 비범한 신동神童이라는 주장이다Knobel, Thch. 칠십인역은 그리스 신화에 나오는 기간테스gigantes, 거인족로 번역했다. 이는 기가스gigas의 복수형으로 자이언트Giant, 거인의 어원이 되었다.

(3) 영웅설巨人說

거인의 히브리어 '헴마 학깁보림'은 헴마그들+학깁보림강하다, 뛰어나다,

강하다, 교만하다의 합성어로, 그들이 뛰어난 지도자였음을 암시한다성경원어 대전, pp. 392-393. 이에 따라 칠십인역, KJV, 벌게이트 등이 거인으로 번역했다. 전통적으로 기독교계는 이 해석을 따른다.

창 6:5-12 여호와께서 사람의 죄악이 세상에 가득함과 그의 마음으로 생각하는 모든 계획이 악할 뿐임을 보시고 땅 위에 사람 지으셨음을 한탄하사 마음에 근심하시고 이르시되 내가 창조한 사람을 내가 지면에서 쓸어버리되 사람으로부터 가축과 기는 것과 공중의 새까지 그리하리니 이는 내가 그것들을 지었음을 한탄함이니라 하시니라 그러나 노아는 여호와께 은혜를 입었더라 이것이 노아의 족보니라 노아는 의인이요 당대에 완전한 자라 그는 하나님과 동행하였으며 세 아들을 낳았으니 셈과 함과 야벳이라 그때에 온 땅이 하나님 앞에 부패하여 포악함이 땅에 가득한지라 하나님이 보신즉 땅이 부패하였으니 이는 땅에서 모든 혈육 있는 자의 행위가 부패함이었더라.

내가 창조한 사람을 내가 지면에서 쓸어버리되: 하나님이 사람들을 지면에서 쓸어버리겠다고 진노한 이유는 이들이 육체가 되었을 뿐 아니라 죄악이 세상에 가득했고, 사람들의 모든 계획이 악했으며, 온 땅이 부패하고 포악했기 때문이다6:11-12. 잘못은 사람이 했는데, 하나님은 왜 동물과 땅까지 처벌을 하신 것일까?

노아는 여호와께 은혜를 입었더라: 노아는 홀로 하나님께 은혜를 받은 자였다6:9. 그는 당대에 의인이며 완전한 자였고, 하나님과 동행한 믿음의 사람이었다히 11:7. 그는 대홍수 심판을 알리는 하나님의 눈에서 눈물을 보았다고 헨리 모리스는 해석한다But Noah found favor in the eyes of the LORD. 성경에서 하나님께 은혜를 입은 자들은 노아를 위시해

요셉창 39:21, 다니엘단 9:23, 마리아눅 1:28 등이 있다.

노아는 의인이요 당대에 완전한 자라 그는 하나님과 동행하였으며: '노아 한 의인, 그는 그 시대인들 중에서 완전했다' 는 뜻이다웬함, p. 336. 그는 죄악이 넘치던 시기에도 에녹처럼 홀로 하나님과 동행했다.

세 아들을 낳았으니: 노아가 방주를 건조한 지 20여 년이 지났을 때 세 아들을 낳았고, 이들이 노아 부부와 더불어 방주에 승선하게 된다. 여기에서 노아의 다른 자녀들과 손주들 및 친척들은 모두 방주에 승선하지 않았다는 사실에 주목할 필요가 있다. 그래서 노아의 슬픔이 더욱 컸을 것이다.

성경은 노아의 대홍수가 역사적 사건임을 증언한다.

많은 지식인들과 자유주의 신학자들은 노아가 신화적 인물이라고 말한다. 그러나 신구약 성경은 대홍수가 역사적 사실임을 증언한다. 이사야서에서는 하나님이 이스라엘의 범죄를 한탄하면서, 노아 홍수 때 하셨던 맹세를 상기시키신다사 54:9. 에스겔서에서는 하나님이 노아의 이름을 거명하면서, 이스라엘 민족을 벌하실 것이라고 경고한다겔 14:14, 20. 역대기상의 이스라엘 족보에도 노아와 세 아들의 이름이 역사적인 인물로 등장한다대상 1:4. 이러한 족보는 신약성경에서도 계속된다눅 3:36. 예수님은 노아의 사건을 역사적 사실로 인용했다마 24:37-39; 눅 17:26. 베드로도 대홍수 사건을 인용했고벧전 3:20; 벧후 2:5, 히브리서는 노아를 믿음의 조상히 11:7이라고 했다. 〈수메르 왕명록〉은 지구에 신들이 내려온 후 120샤르1샤르=3,600년, 즉 13,000년 전에 대홍수가 일어났다고 기술했다.

참고 사항 (1): '하나님의 아들들'이 타락한 천사라는 근거참고로만 하시기 바람

(1) 고대사학자 요세푸스의 주장유대고대사, I -3-1

하나님의 많은 천사들이 여인들과 동침해 아들을 낳았는데, 이 아들들은 자기 능력을 과신하고 모든 선한 것을 경멸하는 불의한 자들이었다. 전승에 따르면, 이들은 그리스인들이 거인이라고 부르는 자들과 행동이 매우 흡사했다. 그러나 노아는 그들의 행동이 불만족스러웠고 불쾌했기 때문에 좀 더 좋은 사람, 더 나은 행동을 할 수 없겠느냐고 설득했다. 그러나 그들이 말을 듣지 않음은 물론, 사악한 욕망의 포로가 되어 있는 것을 보고 자기와 아내와 자녀들과 결혼한 자들을 죽일까 봐 겁이 나서 그 땅을 떠나기로 했다.

(2) 헨리 모리스 및 알 레이시 목사의 주장발췌

① 하나님의 아들들*bene Elohim*은 하나님이 창조하신 천사들창 1:26-27; 시 104:4; 골 1:16과 첫 사람눅 3:38에게 국한해 사용한 말이다. 욥기의 '하나님의 아들들'은 '사람의 아들들'이 아니다욥 1:6, 2:1, 38:7. 이와 유사한 '바 엘로힘' *bar Elohim*', 단 3:25이나 '베네 엘림' *bene elim*, sons of the mighty, 시 29:1도 천사나 신적 존재를 가리킨다. 이 견해에 70인역, 요세푸스, 에녹서, 유대 전승, 크리소스톰과 어거스틴을 제외한 대부분의 초기 교부들이 동의했다. 신약성경의 많은 구절도 이를 암시한다유 6; 벧전 3:19-20; 벧후 2:4-6. 하나님의 아들들*Ben-Ha-Elohim*은 천사들뿐 아니라시 148:2; 겔 28:13, 15, 타락한 천사도 포함한다창 6:2, 4, 욥기 3회. 이에 반해 아담의 후손들은 '아담의 형상대로' 태어났다창 5:3 Genesis Record, pp. 165-166. 천사들은 그들의 형체를 바꿀 수 있다고후 11:15. 예수님도 말세에는 하늘로부터 두려운 징조들이 있으

리라 했다눅 21:11. 이는 노아시대의 현상이 재현될 것임을 예고한 것이다.

② 천사들은 성경에서 항상 육체를 가진 남성men·he으로 나타난다. 그들이 중성이라면 그것it으로 표현해야 한다. 그들은 음식을 먹었고창 18:8, 히브리 기자는 우리가 손님을 대접하다 보면 천사를 대접할 수 있다고 했다히 13:2. 롯을 찾은 천사들에게 소돔인들이 호모섹스를 하려고 몰려들었다. 이는 천사들이 영계에서는 결혼하지 않지만, 자기 몸을 변형시켜 '사람의 딸들'과 성 관계를 가질 수 있는 가능성을 보여준다. 예수님은 '천국에서는 천사들이 결혼을 하지 않는다'고 했지만마 22:30, 이는 '성이 없다'는 뜻이 아니다. 부활하면 성도들은 천국에서도 남녀의 성을 그대로 가지기 때문이다.

사탄은 에덴에서 '여인의 후손'에게 머리가 상하리라는 선고를 받은 후 가인의 후손들에게 영적으로 악의 씨를 심었고, 사람들을 타락시키려고 사람의 딸들과 성 관계를 통해 자손을 확산시켰다Genesis Record, pp. 166-167. 사람은 죽기 때문에 자녀를 낳지만, 천사는 죽지 않으므로 아이를 낳을 필요가 없다. 따라서 천사들은 성적 관계를 갖지 않지만, 타락한 천사들은 하나님께 대항하려고 여성들과 성 관계를 가져 타락한 후손들을 양산했다. 천사들은 모두 남성yy이므로 여성xx과 성 관계를 가진다면 그 후손들은 모두 남성xy, xy이 나올 수밖에 없다. 만일 셋의 아들들이 타락해 가인의 딸들과 결혼을 했다면 왜 그들의 후손이 모두 남성(네피림)이었는지 반문하지 않을 수 없다알 레이시, pp. 99-93.

③ 성경은 '소돔과 고모라 사람들도 타락한 천사들과 같은 행동으로 음란하며 다른 육체를 따라가다가 영원한 불의 형벌을 받음으로 거울이 되었다'유 6-7고 해, 소돔 사람의 성적 타락이 '타락한 천사들'과 '같은 행동'이었음을 암시한다. '다른 육체를 따라가다가'는 말은 소돔인의 동성

애롬 1:26-27를, '타락한 천사들과 같은 행동'이란 사람의 딸들과 천사의 성관계를 의미한다. 베드로후서에도 대홍수 때의 타락한 천사들에 대해 '지옥에 던져 어두운 구덩이에 두어 심판 때까지 지키게 하셨으며'벧후 2:4-6라고 했다. 소돔과 고모라에 대해서는 '무법한 자들의 음란한 행실로 말미암아 고통을 당하는 의로운 롯을 건지셨으니'벧후 2:7라고 하여, 그들의 범죄가 성적 타락임을 보여준다벧후 2:10, 12, 14, 18, 3:3.

④ 부정한 성 관계로 태어난 거인은 사람의 형실을 가졌으며, 악령의 지배를 받았다. 그들은 잘 생긴 육체를 가졌으므로 여성들에게는 매력적이었고, 지속적인 성 관계를 통해 빠른 속도로 거인의 수를 퍼트렸을 것이다. 영적 존재인 천사들이 육체가 된 것은 창조의 질서를 근본적으로 무너뜨린 행위이다. 이처럼 자기 처소를 지키지 않고 자리를 떠난 행위를 계속함으로써 악령들은 하나님의 진노를 격발시켰다. 이러한 행위는 지금도 사탄주의, 강신술, 마법, 주술, 점성술 등에서 극비리에 광범위하게 시행되고 있다. 그래서 하나님은 타락한 천사들을 '심판의 날'까지 영원한 암흑 속에 가두신 것이다벧후 2:4. 사람은 타락했더라도 구원받을 가능성이 있지만, 타락한 천사들은 구원의 기회가 전혀 없는 존재들이다Gensis Record.

⑤ '하나님의 아들들'이 '셋의 후손들'이라면 왜 그들은 대홍수 때 모두 멸절되었을까? 대홍수 직전에 하나님 앞을 떠난 타락한 '셋의 후손들'도 '하나님의 아들들'이라 불러야 했는지 모리스는 반문한다. 왜 '하나님의 딸들'이라는 표현은 사용하지 않은 것일까? 그렇다면 그들은 '사람의 아들들'과 결혼했을까?" 셋의 후손은 모두 경건했으나 가인의 후손은 모두 불경건했다는 주장은 잘못이다. 셋의 자녀들도 '경건치 않은 자들'이었으므로 대홍수로 모두 죽었다벧후 2:4-5. 따라서 '하나님의 아

들들' 은 경건한 셋의 계열이 아닌 타락한 천사들일 수밖에 없다알 레이시, p. 168.

⑥ 이들은 가나안 땅과 그 주변에 살았다. 아낙의 자손이면서 아나킴*Anakim*으로 불린 네피림민 13:33은 대홍수 직전의 네피림이 아니라, 대홍수 후에 타락한 천사들이 다시 사람의 딸들과 성 관계로 증식시킨 자들이다. 이들은 힘센 용사요 영웅들이지만, 악한 존재들이었다Genesis Record, p. 174. 네피림*nephilim*의 어원은 히브리어 네팔*nephal*, fall, 타락에서 유래한 '타락한 천사들' 이다.

네피림의 또 다른 의미는 거인민 13:33이다. 70인역은 이를 기간테스*gigantes*, 人身蛇足의 거인족로 번역했다. 네피림은 유전자 조작에 의해 출현했다Genesis Record, pp. 172-173. 만일 '하나님의 아들들' 이 셋 계열이라면 왜 그들에게서 거인이나 '고대에 유명한 자들' 네피림이 태어났고, 왜 그들 때문에 우주가 타락한 것인가?전게서, pp. 164-176 창세기 6장 4절에는 대홍수 이후에도 네피림이 존재했다고 했는데, 대홍수로 멸절한 네피림이 어떻게 다시 나타났다는 말인가?

구약성경에서 네피림은 각기 다른 계보에서 출생했으므로 여러 이름으로 불리었다. 엠 또는 에밈*Emim*, 창 14:5; 신 2:10-11, 수스*Zuzims*, 창 14:5, 아낙*Anakim*, 신 2:10-11, 31; 민 13:33; 수 11:21-22, 르바Rephai, 창 14:5, 15:20, 르바임*Rephaim* 또는 삼숨밈*Zamzummim*, 신 2:20, 3:11; 수 17:15, 골리앗 등의 블레셋 거인들삼상 17:4; 삼하 21:16-22; 대상 20:4-8이 그것이다알 레이시, p. 79.

⑦ 네피림은 모두 남자로, '명성이 있는 사람들' 이었다. 반은 천사, 반은 인간이었다. 이들은 대홍수로 멸절되었고, 대홍수 후에 다시 나타났지만, 사람처럼 죽는 존재였다. 그들은 사탄을 '아버지' 라 불렀을 것이다. 성경에서 '사탄의 씨' 는 적그리스도요일 2:18, 4:3, 짐승계 13:1-4, 19:20, 멸

망의 아들살후 2:1-4; 요 17:12, 가룟 유다요 13:26-27, 17:12; 행 1:25; 계 17:8 등으로 나타난다Genesis Record, pp. 97-100. 바벨론 신화나 각국의 신화와 전설에 나오는 신들은 사람의 딸을 아내로 가진 경우가 많았다Genesis Record, pp. 68-108, 239.

참고 사항 (2): UFO와 외계인알 레이시: pp. 163-213, 참고로만 하시기 바람.

성경에는 사탄이 광명의 천사로 나타나 사람들을 미혹할 것으로 경고한다. 그런데 많은 종교인들이 광명의 천사를 보았다고 말한다. 모르몬교의 창시자 조셉 스미스1829는 UFO에서 나온 흰옷을 입은 두 남자성부·성자와 이야기를 나누었다고 한다. 파티마포르투갈, 1917에서는 흰옷 입은 빛의 여인이 세 어린이에게 나타나 가톨릭 교리를 알려주었고, 하늘에 놀라운 표적눅 21:11이 있을 것이라 예언했다고 한다. 증산교의 〈도전〉은 '그날'이 오면 외계인이 지구로 집단 이주를 하고, 지하의 아갈타 왕국과 레무리아 후손들이 지상에 출현한다고 말한다.

타락한 천사들이 여인이나 짐승과 교합해 출산했다는 거인이나 반인반수의 전설은 각국의 신화·유물·화석 속에 흔적으로 남아 있다. 그리스 신화에서 제우스는 황소로 변해 에우로파 공주를, 백조로 변해 레다를 강간했다. 미노스의 아내 파시파이가 황소와 교접해 낳았다는 반인반우半人半牛인 미노타우루스는 아테네 왕자 테세우스에게 살해를 당했다. 이밖에도 반인반우의 유니콘unicorn, 외뿔소, 인면수족人面獸足의 스핑크스와 사르곤 궁전을 지키는 '날개 달린 황소상', 반인반마半人半馬의 켄타우로스kentauros, 반인반전半人半猠, 사람+염소의 사티로스Satyros, 반인반사半人半巳의 중국 여신 여와女窩와 복희, 반인반조半人半鳥의 하르피Harpi 등이 대표적인 전설 속의 주인공들이다. 구약성경에도 괴물들에 관한 기사가 등장한다. 하나님은 가나안 땅에 들어가면 짐승과 교합하는 자들을 모두 죽이라고 했다출 22:19; 레 20:15-16. 이사야서의 들양13:21과 숫염소34:14는 사티로스KJV를 지칭하는 것으로 보인다. KJV에 9회나 등장하는 유니콘을 개역성경은 송아지나 들소·황소 등으로 번역했다민 23:22, 24:8, 욥 39:9, 시 29:6, 92:10, 사 34:7. 스가랴서5:5-11에는 종말의 때에 비행물체에 탄 여인하르피, Harpy: 사람 얼굴에 학의 날개를 가진 半人半鳥이 바구니를 바벨론으로 옮기는 장면이 나온다. 사도 요한은 환상으로 땅 속 아바돈에서 솟아나오는 메뚜기날개 달린 생물의 존재에 대해 기술했다계 9:1-11.

제12강

노아의 대홍수Great Flood, Deluge

여기에서는 대홍수가 일어난 과정을 소개한다. 일부 신학자는 홍수 이야기를 설화나 전설로, 또는 중동의 어느 지역에서 일어난 국지 홍수local flood라 주장한다. 그러나 성경은 노아의 대홍수가 전 지구적 홍수global flood이었음을 증거한다.

창 6:13-16 하나님이 노아에게 이르시되 모든 혈육 있는 자의 포악함이 땅에 가득하므로 그 끝 날이 내 앞에 이르렀으니 내가 그들을 땅과 함께 멸하리라 너는 고페르 나무로 너를 위하여 방주를 만들되 그 안에 칸들을 막고 역청을 그 안팎에 칠하라 네가 만들 방주는 이러하니 그 길이는 300규빗, 너비는 50규빗, 높이는 30규빗이라 거기에 창을 내되 위에서부터 한 규빗에 내고 그 문은 옆으로 내고 상 중 하 삼층으로 할지니라.

그들을 땅과 함께 멸하리라: 인간의 포악함은 심판을 초래했다. 하나

▲ 〈그림 1〉 노아 방주 모형(AiG, USA)

님이 멸하기로 작정하신 대상에는 사람뿐 아니라 땅도 포함되었다. 이는 '큰 깊음의 샘들' 이 터지면서 커다란 지각변동이 올 것을 예고한 것이기도 하다창 7:11. 이 홍수로 땅의 깊숙한 내부까지 철저히 파괴되었다.

방주를 만들되: 하나님은 대홍수에 대비하여 노아에게 방주方舟, ark, 히 *tebat*를 만들도록 하셨다. 방주의 히브리어 테밧은 모세의 갈대상자출 2:3, 5와 같은 용어이다. 하나님은 구원 사역과 관련된 방주의 설계에 대해서 다음과 같이 구체적으로 알려주셨다그림 1.

* 재료·크기: 고페르cypress wood, 히 *gopher*, 삼나무, 길이 300규빗×너비 50규빗×높이 30규빗
* 구조: 직사각형의 삼층 구조로, 출입구는 측면에 한 개, 창들히 *tsohar*은 상층부에서 한 규빗 아래에 냄.
* 방주교회 상징의 특징《하나님의 도성》, 15:26; 이경호, 2008.

  ① 목적지가 없으므로 방향을 조정하는 키가 없음. ② 동력이 필요 없음.
* 역청pitch, 히 *bitumen*: 나무가 분비하는 수지樹脂, resin로, 방수 작용이 강함. 이에 반해 바벨탑을 쌓을 때에 쓰인 역청asphalt, 창 11:3은 원유를 증류하고 남은 아스팔트임. 역청의 히브리어 코페르*copher*는 카파르

kaphar, cover 및 속죄atonement, 레 17:11와 같은 의미임Genesis Record, pp. 181-182.

실험적으로 확인된 방주의 안정성

한국창조과학회는 선박의 안전성을 확인하기 위해, 국립해사연구소海士研究所, 1993에 실험을 의뢰했다. 홍성원진화학자을 중심으로 5명의 연구원이 12종의 선박 모형을 만들어 방주의 안정성·내항성·복원 안정성 등에 대해 모의 수조模擬水槽에서 40m 높이의 파고를 일으켜 안정성을 살폈다그림 2. 그 결과 방주 모형이 종합적으로 가장 안전함을 확인했다. 방주는 동력과 키가 없으므로 노아 가족이 할 수 있는 일은 기도하는 것뿐이었다. 이는 구원이 전적으로 하나님의 은혜임을 보여준다.

창 6:17-22 내가 홍수를 땅에 일으켜 무릇 생명의 기운이 있는 모든 육체를 천하에서 멸절하리니 땅에 있는 것들이 다 죽으리라 그러나 너와는 내가 내 언약을 세우리니 너는 네 아들들과 네 아내와 네 며느리들과 함께 그 방주로

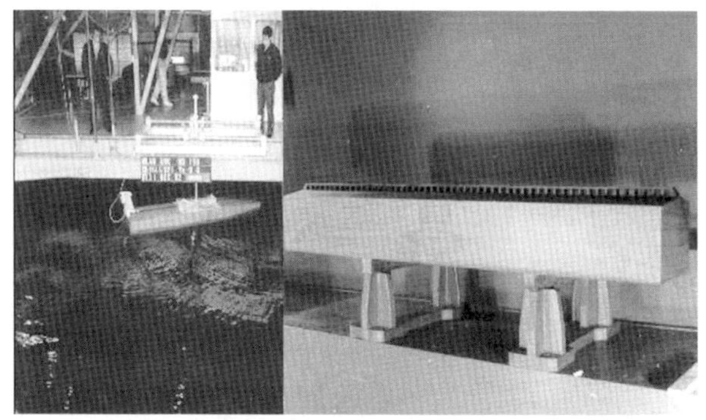

▲ 〈그림 2〉 방주의 안전성 실험(1993, 左)과 방주 모형(右)

들어가고 혈육 있는 모든 생물을 너는 각기 암수 한 쌍씩 방주로 이끌어들여 너와 함께 생명을 보존하되 새가 그 종류대로, 가축이 그 종류대로, 땅에 기는 모든 것이 그 종류대로 각기 둘씩 네게로 나아오리니 그 생명을 보존하게 하라 너는 먹을 모든 양식을 네게로 가져다가 저축하라 이것이 너와 그들의 먹을 것이 되리라 노아가 그와 같이 하여 하나님이 자기에게 명령하신 대로 다 준행하였더라.

모든 육체를 천하에서 멸절하리니: 홍수의 목적은 코로 숨 쉬는 모든 생물에 대한 멸절이었다. 그런데 하나님은 심판을 집행하시기 전에 노아 가족과 육상 생물들에게 미리 피할 기회를 주셨다. 모든 생물을 한 쌍씩 방주에 승선시키라는 것이었다. 먹을 양식도 함께 싣도록 했다. 노아의 순종은 하나님께 대한 그의 순수한 믿음을 잘 보여준다창 7:5, 9, 16.

각기 암수 한 쌍씩: 방주로 들어간 동물의 평균 크기를 양羊의 크기로 환산할 경우, 방주에는 12만 5천 마리가 들어갈 수 있었다. 현재 지구상에는 포유류는 3,500종, 조류는 8,600종, 파충류·양서류는 5,500종이 서식한다. 곤충을 제외한 이들의 암수 한 쌍이 들어갔다면 총 35,000여 마리에 해당한다. 따라서 방주의 1/3 공간으로도 이들을 수용할 수 있었을 것이다.

창 7:1–5 여호와께서 노아에게 이르시되 너와 네 온 집은 방주로 들어가라 이 세대에서 네가 내 앞에 의로움을 내가 보았음이라 너는 모든 정결한 짐승은 암수 일곱씩, 부정한 것은 암수 둘씩을 네게로 데려오며 공중의 새도 암수 일곱씩을 데려와 그 씨를 온 지면에 유전하게 하라 지금부터 칠일이면 내가 사십 주야를 땅에 비를 내려 내가 지은 모든 생물을 지면에서 쓸어버리리라 노아가 여호와께서 자기에게 명하신 대로 다 준행하였더라.

지금부터 칠일이면: 하나님은 대홍수가 일어나기 7일 전에 노아의 여덟 식구가 방주에 들어가도록 최후 통고를 하시고, 정결한 짐승들과 새들7쌍, 그 밖의 생물들1쌍을 방주로 이끌어들이셨다. 하나님이 짐승들을 직접 방주로 부르신 것이다그림 3. 여기서 말하는 정결한 짐승이란 굽이 갈라진 쪽발에 되새김질을 하는 짐승을 지칭한다레 11장. 부정한 짐승은 그 밖의 생물들이다. 그들이 방주로 들어가자 120년간 열려 있었던 거대한 방주의 문은 마침내 닫혔다. 노아는 그동안 사람들이 방주에 승선하도록 설득했으나, 그의 가족 이외에는 한 사람도 방주에 오르지

▲ 〈그림 3〉 방주에 승선하는 동물들(가스파르 멤베르거)

않았다눅 17:26-27; 벧전 3:20; 벧후 2:6. 이는 인류의 완악함이 어느 정도였는지 잘 보여준다.

창 7:6-12 홍수가 땅에 있을 때에 노아가 육백 세라 노아는 아들들과 아내와 며느리들과 함께 홍수를 피하여 방주에 들어갔고 정결한 짐승과 부정한 짐승과 새와 땅에 기는 모든 것은 하나님이 노아에게 명하신 대로 암수 둘씩 노아에게 나아와 방주로 들어갔으며 칠일 후에 홍수가 땅에 덮이니 노아가 육백 세 되던 해 둘째 달 곧 그 달 열이렛날이라 그 날에 큰 깊음의 샘이 터지며 하늘의 창문들이 열려 사십 주야를 비가 땅에 쏟아졌더라.

죄악이 넘치던 세상에 마침내 하나님의 심판이 내려졌다. 이 홍수는 아담의 창조로부터 1,656년이 경과한 시점에 발생한 것으로 보인다고대 유대사, 1-3-3. 이 홍수로 6-9억 명으로 추정되는 사람들이 삽시간에 찬란했던 고대 문물과 함께 깊은 물속으로 무거운 돌처럼 수장水葬되었다. 땅과 하늘도 창조주의 저주를 받아 예전과는 전혀 다른 모습으로 파괴되었다. 역사상 전무후무한 천지개벽天地開闢이 일어난 것이다.

홍수가 땅에 있을 때에 노아가 육백 세라: 노아의 나이가 600세가 되던 해의 2월 17일, 마침내 폭우가 내리기 시작했다. 역사상 처음으로 하늘에서 내리는 빗줄기에 사람들은 매우 놀랐을 것이다. 그리고 노아의 경고를 무시했던 일에 대해 때늦은 후회를 했을 것이다. 그러나 폭우가 쏟아지자 그들은 삽시간에 멸절을 당했다. 노아 이전에 살았던 족장들므두셀라 · 라멕은 홍수가 일어나기 전에 모두 죽은 상태였다.

*므두셀라조부: 187세에 라멕을 낳고 782년간아들 라멕보다 5년 오래 생존 969세

*라멕아버지: 182세에 노아를 낳고, 595년을 더 생존777세

*므두셀라와 홍수 발생 시점노아 600세: 187+777+5∵600-595=969년므두셀라가 죽은 해

*따라서 대홍수가 일어나던 해에 므두셀라가 사망함1월 1일-2월 16일 사이.

큰 깊음의 샘이 터지며 하늘의 창문들이 열려두 단계로 촉발된 대홍수: 대홍수는 두 단계로 일어났다. 첫 단계로서 '큰 깊음의 샘들'이 터졌고지하수+용암 분출, 둘째 단계에는 '하늘의 창문들'창 1:6-7이 열렸다그림 4. 즉 거대한 지하수와 뜨거운 용암이 폭발하면서 화산재가 '하늘의 물 층'창 1:7; 시 148:4을 자극해 40일간 폭우가 쏟아지도록 했다Genesis Record, p. 197. 여러분은 하늘 위에도 물 층水層, water canopy이 있었다는 사실을 기억하기 바란다창 1:7. '큰 깊음의 샘'이란 지하수와 지하 바다는 물론, 지하 용암의 분출을 의미한다. 원문을 직역하면, '모든 큰 깊음의 샘들'all the fountains of the great deep이다. 지하수와 용암이 일시에 방출됨

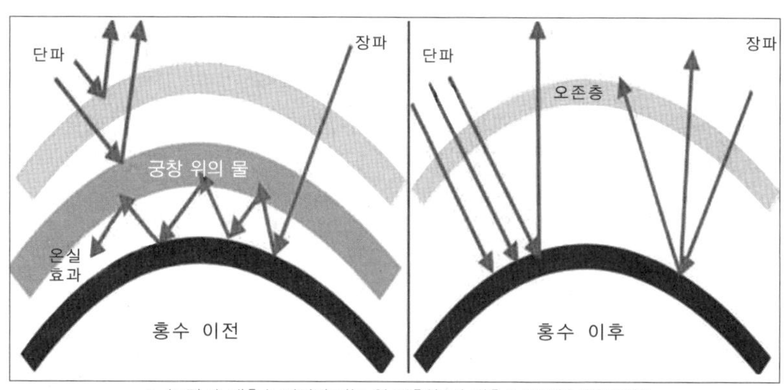

▲ 〈그림 4〉 대홍수 이전의 하늘 위 물층(左)과 대홍수 이후의 대기권(右)

으로써 창조 초기의 무질서한 상태창 1:2, catastrophe로 되돌아갔다. 이때 폭발의 원동력은 지열地熱에서 유래한 것으로 추측된다Genesis Record, pp. 194-195.

최근에 지질학자들은 지구 북반구의 지하에서 태평양 크기의 바다가 존재했던 흔적을 발견했다고 한다. 이 바닷물이 대홍수 초기에 대부분 지상으로 분출된 것으로 보인다. 방대한 용량의 지하수와 뜨거운 용암이 동시에 폭발하는 가공할 만한 광경을 상상해 보라. 하늘 높이 치솟은 화산재는 '하늘 위 물 층'을 자극하여 40주야간 폭우가 되어 땅으로 쏟아지도록 한 것으로 보인다.

사십 주야를 비가 땅에 쏟아졌더라: 여기서 말하는 비히 *gesem*는 일상적인 비히 *matar*와 다른 호우를 말한다. 천문학자 할레이Edmund Haley는 이 시점에 지축地軸이 23.5°가 기울어지면서 대양의 바닷물이 시속 1,600km의 속도로 육지에 쏟아졌을 것으로 추리했다. 최근 일본의 동북부 해역에서 발생한 엄청난 지진해일쓰나미, 2011. 3. 10도 삽시간에 대형 선박과 주택 단지를 삼킨 바 있다. 이때 해일의 속도는 시속 600-800km였고, 파고는 23m에 달했다. 이에 비해 노아의 대홍수 시에는 성난 파도의 높이가 40m를 넘었고, 지진해일쓰나미의 속도는 마하 22,568km/hr를 넘었을 것으로 지질학자 김완모기원과학연구소는 추리한다.

창 7:13-16 곧 그 날에 노아와 그의 아들 셈, 함, 야벳과 노아의 아내와 세 며느리가 다 방주로 들어갔고 그들과 모든 들짐승이 그 종류대로, 모든 가축이 그 종류대로 땅에 기는 모든 것이 그 종류대로, 모든 새가 그 종류대로 무릇 생명의 기운이 있는 육체가 둘씩 노아에게 나아와 방주로 들어갔으니 들어간 것들은 모든 것의 암수라 하나님이 그에게 명하신 대로 들어가매 여호와께서 그를 들여보내고 문을 닫으시니라.

그 종류대로: 여기에서도 모든 생물이 '그 종류대로'after its kind, 히 *miyn* 방주에 들어갔다고 강조함으로써 모든 생물은 처음부터 종류대로 창조되었음을 다시 확인하고 있다.

방주로 들어갔으니: 노아가 그 많은 짐승들을 일주일 만에 방주에 다 태운 것이 아니라 하나님이 그들을 불러들이신 것이다. 이 역시 구원은 하나님의 사역임을 보여준다.

여호와께서 그를 들여보내고 문을 닫으시니라: 생명을 구원하시는 주체가 하나님임을 다시 강조한다. 그러나 문 밖에 있는 사람들에게는 무서운 심판이 내려졌음을 보여준다.

창 7:17-24 홍수가 땅에 사십 일 동안 계속된지라 물이 많아져 방주가 땅에서 떠올랐고 물이 더 많아져 땅에 넘치매 방주가 물 위에 떠다녔으며 물이 땅에 더욱 넘치매 천하의 높은 산이 다 잠겼더니 물이 불어서 십오 규빗이나 오르니 산들이 잠긴지라 땅 위에 움직이는 생물이 다 죽었으니 곧 새와 가축과 들짐승과 땅에 기는 모든 것과 모든 사람이라 육지에 있어 그 코에 생명의 기운의 숨이 있는 것은 다 죽었더라 지면의 모든 생물을 쓸어버리시니 곧 사람과 가축과 기는 것과 공중의 새까지라 이들은 땅에서 쓸어버림을 당하였으되 오직 노아와 그와 함께 방주에 있던 자들만 남았더라 물이 백오십 일을 땅에 넘쳤더라.

40일 동안 계속된지라: 위 구절은 대홍수에 의한 심판 과정을 소개한다. 40일 동안 폭우가 쏟아지면서 방주는 물 위로 떠다녔다. 이때 노아 가족의 귀에는 사람과 짐승들이 부르짖는 소리가 빗소리에 섞이어 처참하게 들렸을 것이다. 방주 안에서 노아는 과연 무슨 생각을 했을까?

천하의 높은 산이 잠겼더니: 노아 홍수는 국지적局地的이 아닌 전 지구적 대홍수global flood였다. 천하의 높은 산들이 모두 '물에 잠기다'는 구절을 3회8:18-20나 반복하고 있으며, '코로 숨 쉬는 모든 생물들이 다 죽었더라' 고 말하기 때문이다. 그러나 대부분의 유신진화론자들은 국부 홍수설局部洪水說, local flood theory을 주장한다.

전 지구적 대홍수 이론은 미국의 빙하생물학자인 루이 아가시1807-1873가 빙하가 육지 전체에서 서서히 이동했다는 학설1840을 제시함으로써 확인되었다수잔 바우어, p. 35.

십오 규빗이나 오르니: 물이 더욱 증가해 천하의 높은 산들이 모두 물속에 잠겼다. 여기에서 수면이 다시 15규빗이나 더 올라간 것은 방주가 제일 높은 산봉우리를 지날 때 충돌을 피하기 위한 하나님의 배려로 보인다. 방주나 배는 중량이 있으므로 물속에 잠기는 부분방주는 높이의 절반인 15규빗을 흘수吃水, draft로 표시한다.

물이 백오십 일을 땅에 넘쳤더라: 물이 지구를 뒤덮은 기간은 150일이었다. 방주에 승선한 지 150일이 지나자 코로 숨 쉬던 사람을 포함한 모든 생물이 다 죽었고, 홍수 심판은 종료되었다. 창조 당시에는 보시기에 좋았고 복을 받았던 사람과 육상동물들 및 조류들이 한순간에 수장되고 만 것이다. 여기에서 우리는 하나님의 사랑뿐 아니라, 무섭게 심판하시는 하나님의 공의를 보게 된다.

이제부터 하나님이 하실 일은 엄청난 물을 빼내는 작업이었다. 지구 중심에는 인력이 있어서 지표地表의 물은 허공으로 사라지지 않는다. 그러면 하나님은 어떤 방식으로 전 지구를 뒤덮었던 엄청난 물을 빼내셨을까?

창 8:1-14 하나님이 노아와 그와 함께 방주에 있는 모든 들짐승과 가축을 기억하사 하나님이 바람을 땅 위에 불게 하시매 물이 줄어들었고 깊음의 샘과 하늘의 창문이 닫히고 하늘에서 비가 그치매 물이 땅에서 물러가고 점점 물러가서 150일 후에 줄어들고 일곱째 달 곧 그 달 열이렛날(7/14)에 방주가 아라랏 산에 머물렀으며 물이 점점 줄어들어 열째 달 곧 그 달 초하룻날(10/1)에 산들의 봉우리가 보였더라 40일을 지나서(11/11) 노아가 그 방주에 낸 창문을 열고 까마귀를 내놓으매 까마귀가 물이 땅에서 마르기까지 날아 왕래하였더라 그가 또 비둘기를 내놓아 지면에서 물이 줄어들었는지 를 알고자 하매 온 지면에 물이 있으므로 비둘기가 발 붙일 곳을 찾지 못하고 방주로 돌아와 그에게로 오는지라 그가 손을 내밀어 방주 안 자기에게로 받아들이고 또 7일을 기다려(11/18) 다시 비둘기를 방주에서 내놓으매 저녁때에 비둘기가 그에게로 돌아왔는데 그 입에 감람나무 새 잎사귀가 있는지라 이에 노아가 땅이 물이 줄어든 줄을 알았으며 또 7일을 기다려(11/25) 비둘기를 내놓으매 다시는 그에게로 돌아오지 아니하였더라 601년 첫째 달 곧 그 달 초하룻날(1/1)에 땅 위에서 물이 걷힌지라 노아가 방주 뚜껑을 제치고 본즉 지면에서 물이 걷혔더니 둘째 달 스무이렛날(2/27)에 땅이 말랐더라(괄호 속은 필자의 기술).

바람을 땅 위에 불게 하시매 물이 줄어들었고: 위 구절은 대홍수의 배수排水 과정을 묘사한다. 그 많던 물의 행방을 알려면 어느 곳에 물이 많이 모여 있는지 살펴보면 힌트를 찾게 될 것이다. 현재 지구 전체 물의 90%는 해수가 차지한다. 따라서 대홍수의 물은 바닷물과 남북극의 빙하의 형태로 남아 있다고 추정할 수 있다. 하나님은 배수를 하시기 위해 바람을 보내어 '깊음의 샘'과 '하늘의 창'이 닫히게 했다. 여기서 바람히 *reach*은 단순한 바람風이 아닌 '하나님의 신이나 능력'창 1:2; 삼상 10:10; 사 63:10을 의미한다원어성경대전, pp. 501–502 , Genesis Record, pp.205–206. 하나님은 배수하시는 과정에서 한 덩어리였던 육지를 6대주로 쪼개신 것으로 보인다. 그렇지 않고서는 그토록 많은 물을 저장할 공간이 없기 때문이다Genesis Record, pp. 206–207. 아래의 시편 내용은 이때의 장면을 묘사한 것으로 보인다.

> 옷으로 덮음같이 주께서 땅을 깊은 바다로 덮으시매 물이 산들 위로 솟아 올랐으나 주께서 꾸짖으시니 물은 도망하며 주의 우렛소리로 말미암아 빨리 가며 주께서 그들을 위하여 정하여 주신 곳으로 흘러갔고 산은 오르고 골짜기는 내려갔나이다 주께서 물의 경계를 정하여 넘치지 못하게 하시며 다시 돌아와 땅을 덮지 못하게 하셨나이다(시 104:6–9).

방주가 아라랏 산에 머물렀으며: 아라랏은 히브리 원어로는 아라라트 산맥mountains으로, 쥬디 다그Judi Dag설과 우라르투Urartu, 아라라트 산의 아르메니아어 설이 대립한다왕하 19:37; 사 37:38; 렘 51:27. 한편, 〈길가메시 서사시〉에 나오는 니시르Nisir 산은 아라라트 산맥 저지대Zab의 남쪽에 있는 피르오마르구두룬Pir Omar Gudrun을 지칭한다웬함, p. 358.

산들의 봉우리가 보였더라: 노아가 600세 되던 해의 2월 17일에 홍수가 시작되어 150일이 지난 7월 17일까지 넘쳐흘렀고, 10월 1일에 산봉우리들이 나타나기 시작했다. 그런데 아라랏 산정은 5,164m이며, 그 주변에는 3,000m가 넘는 산봉우리들이 많다. 따라서 배수가 시작된 지

73일 후에는 2,164m하루에 약 30m씩 높이의 물이 빠진 것으로 유추할 수 있다.

땅 위에서 물이 걷힌지라: 노아가 601세 되던 해의 정초에 땅에서 물이 걷혔고, 2월 27일에 땅이 말랐다. 노아는 물이 줄어든 정도를 살피기 위해 방주에 들어간 지 11개월 10일째에 새들을 밖으로 날려 보냈다. 처음에는 까마귀를, 그 후에는 비둘기를 내보냈다. 까마귀는 엘리야 선지자에게 물과 고기를 전달한 하나님의 전령이었으며, 오순절 사건 때 성령이 비둘기 형태로 120명의 성도들에게 나타난 바 있다눅 3:22. 까마귀는 중국의 양샤오 토기仰韶土器, 4,000년 전, 고구려 쌍영총5세기 말의 삼족오三足烏, 신라의 연오랑燕烏郎과 세오녀細烏女 전설, 일본 고지키古事記, 712의 야타가라쓰八咫烏, 그리스신화의 태양신 아폴론의 카라스karas 등으로 나타난다그림 5.

대홍수 때, 물이 불어난 과정과 줄어든 과정은 그림 6을 참고하기 바란다그림 6. 대홍수가 일어난 시기는 아담이 출생한 후 1656년으로, 지금으로부터 4,348여 년 전의 일이다. 노아가 방주 안에서 거주한 날수는 총 371일이었다.

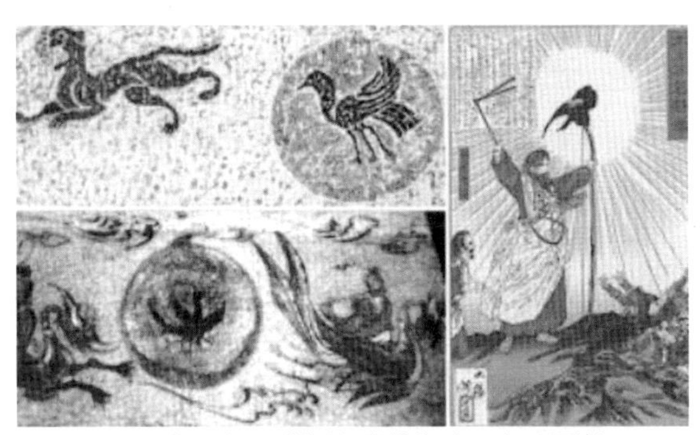

▲ 〈그림 5〉 삼족오: 漢(左上), 쌍영총(左下), 쿠마노 본궁(右)

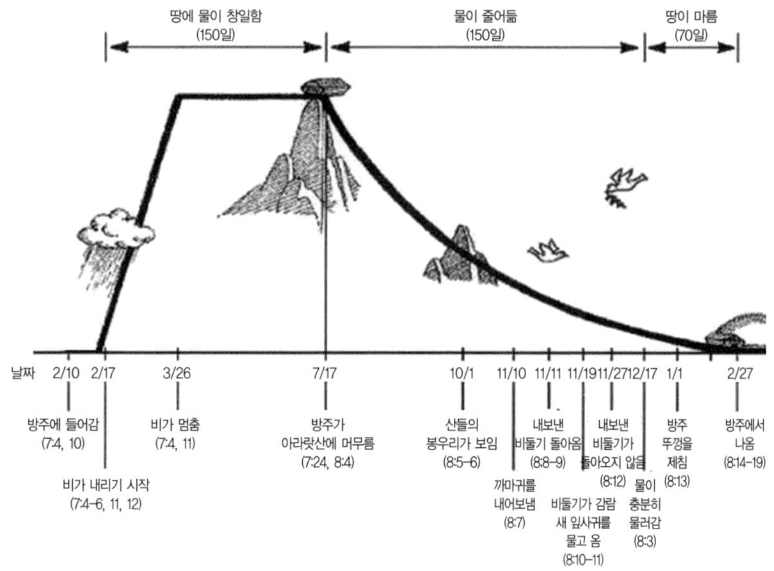

▲ 〈그림 6〉 대홍수의 경과(김정한)

성경은 노아 홍수가 전 지구적이었다고 말한다

(1) 창세기 6-9장의 모든 기록30회은 전 지구적 홍수에 대한 기록이다.

(2) 대홍수를 의미하는 히브리어 마블*mabbul*은 오직 노아 홍수에만 적용된 용어이다.

(3) 노아의 방주는 매우 무거웠으며, 산 위에서 건조되었다. 따라서 국지홍수로는 거대한 방주를 물 위에 띄울 수가 없었을 것이다.

(4) 천하의 높은 산을 포함해 전 지구를 뒤덮은 홍수였다창 7:18-19; 욥 12:15. '뒤덮다'에 해당하는 히브리어 카사*kasah*는 '압도하다, 휩싸이다' overwhemed라는 뜻이다.

(5) 천하의 '모든 높은 산들'이 물에 잠겼고, 다시 15규빗이 불어난 것은 배의 흘수 선방주 높이의 절반 수준을 암시한다. 아라랏 산의 높이는

17,000피트5,164m이므로, 이를 뒤덮은 물은 국지적일 수 없다.

(6) 만일 국지 홍수였다면 모든 동물들을 방주에 태울 필요가 없이 다른 지역으로 이주시키는 편이 더 합리적이었을 것이다.

(7) '땅 위에 움직이는 생물이 다 죽었으니' 7:21라는 표현은 수영을 할 줄 아는 동물들어류 제외도 피할 곳이 없어서 모두 죽었음을 의미한다.

(8) 어떠한 국지적 홍수도 150일 이상 지구를 뒤덮지는 못한다7:24. 아라랏 산정이 나타난 후8:4 2개월 반이 지나서야 다른 산봉우리들이 비로소 나타났다8:5.

(9) 지금도 국지적 홍수들은 빈발한다. 그러나 하나님이 노아 홍수와 같은 대홍수를 다시 일으키지 않겠다고 약속하셨다창 8:21, 9:11, 15.

(10) 신약성경에서도 일반 홍수flood가 아닌 노아의 대홍수에 의한 천변지이 현상cataclysm, 헬 *kataklusmos*에 대해 소개하고 있다마 24:39; 눅 17:27; 벧후 2:5, 3:6.

(11) 노아의 대홍수에 의해서 지금과 같은 계절의 구분창 8:22과 무지개의 출현창 9:13-14 및 동물과 사람 사이에 적대관계가 생기게 되었다창 9:2.

(12) 대홍수를 계기로 사람의 수명이 급감했다창세기 5장과 11장 비교.

(13) 성경의 저자들이 공통적으로 대홍수를 전 지구적인 것으로 설명하고 있다욥 12:15, 22:16; 시 29:10, 104:6-9; 사 54:9; 벧전 3:20; 벧후 2:5, 3:5-6; 히 11:7.

(14) 창조주 예수님이 전 지구적 대홍수를 증거했다마 24:37-39; 눅 17:26-27.

노아 홍수는 역사적 심판이었다

어떤 학자는 노아의 홍수 이야기가 바벨론의 길가메시 서사시 BC 2,000년경나 아트라하시스 서사시BC 1,600년경 및 수메르 홍수설화Eridu

Genesis를 모방했다고 주장하며, 축소주의자들minimalists은 창세기나 바벨론 신화가 모두 그 이전의 어떤 전승을 참고했을 것으로 추측한다. 그러나 그 어떤 홍수설화도 창세기처럼 구체적으로 6하何원칙에 따라서 기술한 내용은 없다. 창세기의 홍수이야기는 범죄한 인류에 대한 하나님의 역사적 심판이었다. 중동의 홍수 설화에 나오는 주인공인 아트라하시스, 지우수드라와 우트나피쉬팀 등은 노아의 이름을 현지식 발음으로 부른 것에 지나지 않는다.

참고 사항: 규빗Cubit의 길이Genesis Record, p. 181

성경에 나오는 규빗의 길이에 대해서는 의견이 분분하다. 바벨론에서는 19.8인치50.3cm, 이집트에서는 17.644.7cm-20.65인치52.5cm, 히브리인은 17.5-20.4인치44.5-51.0cm, 겔 40:5, 고대 세계에서는 평균 24인치60.1cm였다. 그러나 성경 기록자들은 대부분 18인치45.7cm로 추정했다. 이 중에서 최소치인 17.5인치를 기준으로 한 경우, 방주의 치수는 길이 438피트133.5m, 폭 72.9피트22.2m, 높이 43.8피트13.3m로, 총용량은 1,4000,000ft³ 39,417m³으로, 총 톤수가 약 4만 톤에 해당한다. 이러한 규모라면 어떠한 파도에도 배가 뒤집히지 않는다. 현재 한 규빗의 길이를 서양인은 45cm, 동양인은 37cm로 해석하지만, 정확한 치수는 노아의 팔꿈치 길이가 기준이 되어야 할 것이다. 그는 대홍수 이전의 사람이므로 신장이 현대인보다 훨씬 장대했을 것이다. 어거스틴은 방주의 크기가 300×30×50규빗이 아니라 3층이므로 그 세 배의 용적이 되어야 한다고 주장했다《하나님의 도성》, 15:26. 많은 학자들은 방주의 크기를 오늘날 배수량을 기준으로 32,800톤 이상으로 추정한다원어성경대전, p. 427. 필자가 케네스 햄AiG 대표에게 확인한 바2009, 그들이 창조박물관켄터키, USA 부지에 지으려는 실물 크기의 방주는 한 규빗을 45cm로 추정해 건조할 계획이라고 했다.

제13강

육식의 허용과 무지개 언약

이번 강좌에서는 대홍수 후에 하나님이 육식을 허용하신 내용과 그에 따른 먹이사슬의 작동에 대해 소개한다. 아울러 무지개 언약에 대해 살펴본다.

창 8:15–19 하나님이 노아에게 말씀하여 이르시되 너는 네 아내와 네 아들들과 네 며느리들과 함께 방주에서 나오고 너와 함께한 모든 혈육 있는 생물 곧 새와 가축과 땅에 기는 모든 것을 다 이끌어내라 이것들이 땅에서 생육하고 번성하리라 하시매 노아가 그 아들들과 그의 아내와 그 며느리들과 함께 나왔고 땅 위의 동물 곧 모든 짐승과 모든 기는 것과 모든 새도 그 종류대로 방주에서 나왔더라.

너는 네 아내와 네 아들과 네 며느리들과 함께 방주에서 나오고: 방주에서 나온 8명의 노아 가족이 현대 인류의 중시조中始祖이며, 오늘의 생물종 역시 방주에서 나온 생물들로부터 유래한 것이다. 여기에서도 생물들이 '그 종류대로 방주에서 나왔다'고 강조한 사실에 주목하자. 생물은 결코 진화한 것이 아니다. 노아는 방주 안에서 밖에서 일어나고 있는 일들, 즉 물에 휩쓸리는 사람과 짐승들의 비명, 그리고 방주 위로 쏟아져 내리는 폭우와 성난 파도 소리를 들으며 무슨 생각을 했을까? 크고 두려우신 하나님! 그러한 와중에서도 자기들의 생명을 구해 주신 하나님께 두려움과 감격스러운 마음이 뒤얽히지 않았을까? 그가 일 년 만에 방주에서 나와 사방을 둘러보았을 때 여기저기에 처참하게 널려 있었을 사람과 동물의 사체들, 뿌리를 드러낸 앙상한 나무들, 황량하게 뒤틀린 대지를 바라보며 그는 하나님께 대한 인식을 새롭게 했을 것이다.

방주에서 나왔더라: 대홍수가 물러가자 방주는 아라랏 산맥에 정박했다. 그 정박한 위치에 대해서는 아라랏설Mt. Ararat, 아르메니아과 쥬디 다그설Judi Dag, 이라크 북부이 대립한다.

(1) 아라랏설

아라랏헬 *Armenia*은 아리다기Ari Dagi, 터키어 또는 우라르투Uraltu, 아르메니아어라고도 하며, 두 봉우리최고봉 5,164m로 구성되어 있다. 요세푸스, 아르메니아인들, 마르코 폴로 및 후기 기독교학자들이 이 설에 동조한다. 요세푸스는 방주가 아르메니아의 나키드에우안혈통의 장소에 정박해, 그곳에 첫 도시를 건설했다고 했다유대고대사, 1-3-5.

(2) 쥬디 다그Judi Dag설

이라크 북부 지역아르빌 인근으로, 쿠르드인과 대부분의 교부들, 바벨론의 사학자 베로수스Berosus 및 많은 랍비들이 이 설에 동조한다.

창 8:20-22 노아가 여호와께 제단을 쌓고 모든 정결한 짐승과 모든 정직한 새 중에서 제물을 취하여 번제로 제단에 드렸더니 여호와께서 그 향기를 받으시고 그 중심에 이르시되 내가 다시는 사람으로 말미암아 땅을 저주하지 아니하리니 이는 사람의 마음이 계획하는 바가 어려서부터 악함이라 내가 전에 행한 것 같이 모든 생물을 다시 멸하지 아니하리니 땅이 있을 동안에는 심음과 거둠과 추위와 더위와 여름과 겨울과 낮과 밤이 쉬지 아니하리라.

여호와께 제단을 쌓고: 노아는 제단을 쌓고 정결한 짐승들레 1:2, 11:3과 정결한 새들레 1:14을 잡아 하나님께 정성껏 희생제사를 드렸다. 그동안 방주에서 정이 든 짐승과 새를 잡아, 피는 땅에 쏟고 기름은 불에 태우는 노아의 심정은 어떠했을까? 이처럼 희생제사는 눈물 없이는 드릴 수 없는 가슴 아픈 의식이었을 것이다. 정결한 짐승과 새들을 7쌍씩 방주에 들이도록 한 것은 대홍수 후에 희생제사의 제물로 사용할 것을 염두에 둔 것으로 보인다웬함, p. 364. 여러 신학자들Gunkel·Skinner이 주장했듯이, 이 제사는 하나님의 분노를 진정시키는 데 그 목적이 있었다웬함, p. 365.

여호와께서 그 향기를 받으시고…… 추위와 더위와 여름과 겨울과 낮과 밤이 쉬지 아니하리니: 하나님은 제사를 기쁘게 받으셨고, 다음과 같이 약속하셨다. 이는 지구의 아열대 기후가 오늘과 같은 기후로 바뀔 것을 예고한 내용이기도 하다. 이 시점부터 천지가 다른 세계로 개벽開闢하게 된 것이다.

① 다시는 땅을 저주하지 않겠고, 모든 생물도 멸하지 않겠다8:21.

② 심음과 거둠, 추위와 더위, 여름과 겨울, 낮과 밤이 쉬지 않을 것 이다8:22.

창 9:1-7 하나님이 노아와 그 아들들에게 복을 주시며 그들에게 이르시되 생육하고 번성하여 땅에 충만하라 땅의 모든 짐승과 공중의 모든 새와 땅에 기는 모든 것과 바다의 모든 물고기가 너희를 두려워하며 너희를 무서워하리니 이것들은 너희의 손에 붙였음이니라 모든 산 동물은 너희의 먹을 것이 될지라 채소같이 내가 이것을 다 너희에게 주노라 그러나 고기를 그 생명되는 피째 먹지 말 것이니라 내가 반드시 너희의 피 곧 너희의 생명의 피를 찾으리니 짐승이면 그 짐승에게서, 사람이나 사람의 형제면 그에게서 그의 생명을 찾으리라 다른 사람의 피를 흘리면 그 사람의 피도 흘릴 것이니 이는 하나님이 자기 형상대로 사람을 지으셨음이니라 너희는 생육하고 번성하며 땅에 가득하여 그 중에서 번성하라 하셨더라.

생육하고 번성하여 땅에 충만하라: 위 구절은 노아의 제사를 받으신 하나님의 축복의 응답으로 채워져 있다.

모든 산 동물은 너희의 먹을 것이 될지라: 하나님은 그들을 축복하시면서 놀랍게도 육식肉食을 허용한다고 선언하셨다. 지금까지 사람과 동물들은 모두 초식草食을 해왔는데창 1:29-30, 이제부터는 육식도 하라는 것이다. 이 시점부터 지금과 같은 먹이사슬food chain이 작동한 것으로 보인다. 필자는 어린 시절, 새와 곤충 및 짐승들은 왜 사람이 가까이 가면 도망을 하는지 궁금히 여기곤 했는데, 하나님이 그러한 마음을 동물들에게 부어 넣으셨기 때문이라는 것이다.

하나님이 육식肉食을 허용하신 이유는 앞으로 화석연료의 사용에 따른 환경오염으로부터 사람을 보호하고, 동물의 과다한 번식을 먹이사슬에 의해 조절하시기 위한 최소한의 조처가 아니었을까 생각한다. 또 다른 이유는 사람이 동물과 다른 존재임을 부각시킴으로써 이교도異教徒, paganism의 동물 숭배와 진화 사상이 잘못된 것임을 경고하시기 위한 것으로 해석된다Genesis Record, pp. 222-223. 이때부터 피조물들은 탄식을 하며, '하나님의 아들들' 이 지상으로 다시 내려오는 날을 고대하게 되었다롬 19-22. 여러분의 귀에는 이러한 짐승들의 외치는 소리가 지금 들리지 않는가?

이러한 창조주의 명령에 따라 모든 생물들의 유전 체계가 전면적으로 재조정된 것으로 보인다. 육식 동물이 육식을 하려면 이빨의 구조뿐 아니라 신체의 모든 형태와 기능이 그에 적합하도록 동시에 개조되어야 한다. 발톱과 치아는 더 날카로워지고, 소화기관은 섬유소를 분해하는 효소계cellulases system로부터 단백질과 지방을 분해하는 효소계protease-lipase system로 바뀌어야 한다. 장기臟器의 길이도 짧고 굵게 바뀌어야 한다. 초식 동물을 보면 거침없이 공격하고 싶은 마음도 생겨야 위험을 무릅쓰고 사냥할 수 있었을 것이다. 반면에 초식 동물들은 생존하기 위해 빨리 도망하고 숨는 기술이 필요하게 되었을 것이다.

최근에 분자생물학이 발전하면서 유전체遺傳體, Genome 내에는 더 미지의 유전 기능들이 잠복해 있다는 사실이 속속 밝혀지고 있다. 하나님께서는 이러한 잠재 유전자들을 작동시켜 육식 체계에 필요한 기능이 발현되도록 하신 것으로 보인다. 이 경우 다양한 작동연계 유전자들switching genes이 그 기능을 담당했을 것이다. 이러한 유전 체계의 변환은 점진적 변이가 아닌 전반적이고도 순간적인 변화로 이루어졌을 것이다.

피째 먹지 말지니라: 하나님은 고기는 먹되 피血, blood는 먹지 말라

고 하셨다. 그 이유는 피가 생명과 같기 때문이다레 3:17; 신 12:25. 그래서 피가 죄에 대한 구속력을 가진다고도 하셨다레 17:11; 히 9:26. 피는 혈장, 적혈구, 백혈구, 혈소판 등으로 이루어져 있다. 사람은 5리터의 혈액을 가지고 있다. 피는 매분마다 온몸을 한 바퀴씩 돌면서 각 세포에 영양분과 산소를 공급하고, 노폐물과 이산화탄소를 회수한다. 또한 체온을 유지하도록 하며, 질병에 대한 방어 작용도 한다.

다른 사람의 피를 흘리면 그 사람의 피도 흘릴 것이니: 사람의 피를 흘리면 그 사람의 피도 흘리게 하라는 것이다. 눈에는 눈, 이에는 이, 피 흘림에는 피 흘림으로 갚는 것이 구약에 나타난 하나님의 공의公義이다. 구약의 율법은 살인자는 돌로 쳐 죽이라고 했다. 왜냐하면 살인 행위는 하나님의 형상창 1:26-27, 9:6을 해쳤기 때문이다.

너희는 생육하고 번성하며 땅에 가득하여: 하나님은 이 땅에 사람들이 가득 넘칠지라도 모종의 대응책을 미리 준비하고 계시며 축복하시는 분이시다. 이러한 축복에 따라 사람은 노아의 네 아들로부터 100여 년 후에는 2-4만 명으로, 지금은 70억이 넘는 인구로 증가한 것이다.

창 9:8-17 하나님이 노아와 그와 함께한 아들들에게 말씀하여 이르시되 내가 내 언약을 너희와 너희 후손과 너희와 함께한 모든 생물 곧 너희와 함께한 새와 가축과 땅의 모든 생물에게 세우리니 방주에서 나온 모든 것 곧 땅의 모든 짐승에게니라 내가 너희와 언약을 세우리니 다시는 모든 생물을 홍수로 멸하지 아니할 것이라 땅을 멸한 홍수가 다시 있지 아니하리라 하나님이 이르시되 내가 나와 너희와 및 너희와 함께 하는 모든 생물 사이에 대대로 영원히 세우는 언약의 증거는 이것이니라 내가 내 무지개를 구름 속에 두었나니 이것이 나와 세상 사이의 언약의 증거니라 내가 구름으로 땅을 덮을 때에 무지개가 구름 속에 나타나면 내가 나와 너희와 및 육체를 가진 모든 생물 사이의 내 언약을 기억하리니 다시는 물이 모든 육체를 멸하는 홍수가 되지 아니할지라 무지개가 구름 사이에 있으리니 내가 보고 나 하나님과 모든 육체를 가진 땅의 모든 생물 사이의 영원한 언약을 기억하리라 하나님이 노아에게 또 이르시되 내가 나와 땅에 있는 모든 생물 사이에 세운 언약의 증거가 이것이라 하셨더라.

내 언약을…… 세우리니: 위의 구절을 '무지개 언약'rainbow covenant이라 한다. 하나님은 노아와 그의 아들들에게 '내 언약'을 세우겠다고 하셨다. 언약의 대상은 노아의 가족과 후손들뿐 아니라 모든 생물이 포함되어 있다는 사실을 기억하자. 이후, 전 지구적인 대홍수는 두 번 다시 일어나지 않았다.

① 다시는 생물을 홍수로 멸하지 않겠다. 생육하고 번성하여 땅에 충만하라.
② 다시는 전 지구적 대홍수로 모든 생물과 땅을 멸하지 않겠다.
③ 비가 온 후에 구름 속의 무지개를 보고 내 언약을 기억하겠다.

내가 내 무지개를 구름 속에 두었나니: 무지개히, *Kashoti*, 활, 삼상 2:4; 느 4:13는 어둠에 대한 빛의 승리를 나타내며, 하나님의 자비의 포괄성을 보여준다델리취. 지금도 비가 온 후에는 구름 속에 영롱한 무지개가 떠오른다. 이러한 무지개를 보면서 우리는 문학적 감상에 젖을 것이 아니라, 처참했을 대홍수 사건을 되새기며 경건한 삶을 살도록 다짐해야 할 것이다.

노아의 방주는 교회를 상징한다

성도들이 불신자들과 같이 살다 보면 많은 유혹을 받게 된다. 노아는 지금보다도 훨씬 더 어려운 환경에서도 믿음을 지킨 의인이었으며, 완전한 자였다. 그는 악이 넘치던 시대에 홀로 하나님께 은총을 입었고, 심판을 예고하는 하나님의 눈에서 눈물을 보았던 사람이다. 대홍수에서 생존하는 유일한 길은 방주에 승선하는 것뿐이었다.

방주에 타게 되면 누구나 구원받을 수 있었다. 방주는 오늘의 교회를 상징한다. 120년간 열려 있었던 방주의 문이 홍수 직전에 닫혔듯이 구원의 문도 언젠가 닫히는 때가 있음을 알아야 한다. 지금은 은혜를 받을 만한 때이며, 구원을 받을 때이다. 따라서 방주의 문이 닫히기 전에 서둘러 방주로 들어가야 한다.

앞으로 우리에게는 '불의 심판' 이 기다리고 있다. 그 날에는 지구의 체질이 불에 녹고 하늘이 큰 소리를 내면서 떠나갈 것이며, 온 천지가 진동할 것이다벧후 3:6-7; 히 12:26-29. 노아가 홍수에서 구원을 받았듯이, 우리도 주 예수를 믿어 구원의 대열에 합류해야 한다.

참고 사항 (1): 노아 방주의 탐색

지금까지 많은 사람들이 방주의 잔해를 찾으러 나섰다. 바벨론의 사가 베로수스Berosus, BC 2C, 페니키아 고대사를 기술한 히에로니무스, 다마스커스의 사가 니콜라우스, 유대사학자 요세푸스1C, 마르코 폴로1492 등은 방주의 실존 가능성에 대해 기술했다. 그리고 1856년 이후, 23회 이상 200여 명의 사람들이 방주를 발견했다고 보고했다.

영국의 탐험가 제임스 브라이스1876는 아라랏 산의 4,000m 고지에서 방주의 잔해인 나무 조각1.2m을 발견했다고 했다. 1883년에는 터키 관리들이, 1902년에는 아르메니아 소년George Hagopian, 1902, 1904이 얼음 사이에 묻힌 방주를 찾아 조사했다고 했다. 제1차 세계전쟁 말기에는 러시아의 조종사들이 방주를 발견했다고 황제에게 보고하고 조사단을 파견하였다. 그러나 볼셰비키 혁명이 일어나 조사가 중단되고 말았다. 미국의 육군 중사 에드 데이비스1943는 아르메니아의 한 족장아바스이 7명의 아들과 함께 방주를 탐사했다는 이야기를 자세히 들려주었다고 했다.

프랑스의 탐험가 나바라Fernando Navarra는 1952년부터 답사를 개시해, 방주에서 채취한 조각들을 카이로박물관 등지로 보내 진위 여부를 측정하였다. 그 결과, 5000-6000년 전의 것으로 확인했다고 한다. 터키의 전투기 조종사 슈빈햄머1958도 아라랏 산에서 방주의 잔해를 목격했다고 했다.

최근에는 홍콩-터키 합동 탐사팀인 국제노아 방주사역회NAMI, 대표 융윙충, 홍콩, 2009. 10가 아라랏 산해발 3,500m에서 4,800년 전의 3층 구조로 된 방주를 발견했다고 보고 했다연합뉴스 2010. 4. 27. 이들은 방주에서 촬영한 동영상도 공개했으며, 터키 정부를 통해 유네스코에 세계유산으로 등재하도록 요청할 계획이라 한다http://www.uoytube, http://pic.joins.com/article/htm/932/4140932.html.

참고 사항 (2): 대홍수 후에 찾아온 빙하기이재만, 최우성: 《빙하시대 이야기》, 2011 발췌

대홍수 이후, 계속된 지진과 화산의 활동으로 해수 온도가 상승하면서 많은 수증기가 증발해 두꺼운 구름층을 형성했을 것이다. 미국의 빙하 지질학자 오어드Oard, 2002는 대홍수 직후의 해수 온도를 30℃로 추정했고, 대홍수 후 250년경에 빙하기가 시작되어 500년경에 절정을 이루었고, 1000년 후에 종료가 된 것으로 추리했다그림 1.

현재 북반구 빙하의 두께가 700m이다. 이것을 홍수 이후의 빙하기인 500년으로 나누면 연평균 1.4m 두께의 얼음이 언 것으로 추정할 수 있다. 이러한 두께의 얼음이 얼려면 강설량이 북위 40도 이상 지역의 평균 강설량의 3배 이상이어야 한다. 남반구 빙하의 평균 두께1,200m를 고려한다면, 연평균 2.4m의 빙하가 누적되어야 한다. 대홍수 이후부터 더위와 추위가 찾아왔으므로창 8:22, 빙하는 추운 남북극 지역에 형성된 것으로 보인다. 이 기간은 바벨탑 사건과, 아브라함 · 이삭 · 야곱 · 요셉으로 이어지는 족장의 시대였다.

오어드는 거대한 빙하두께: 평균 700m, 최고 4000m가 만들어지려면 ① 낮은 온도, ② 신선한 여름, ③ 따뜻한 태양, ④ 대량의 눈의 네 가지 조건이 갖추어져야 가능하다고 했다. 이러한 조건을 모두 갖춘 것은 노아 홍수 이후뿐이었다. ①, ②번을 충족시키려면 화산 폭발에 의한 화산재가 태양

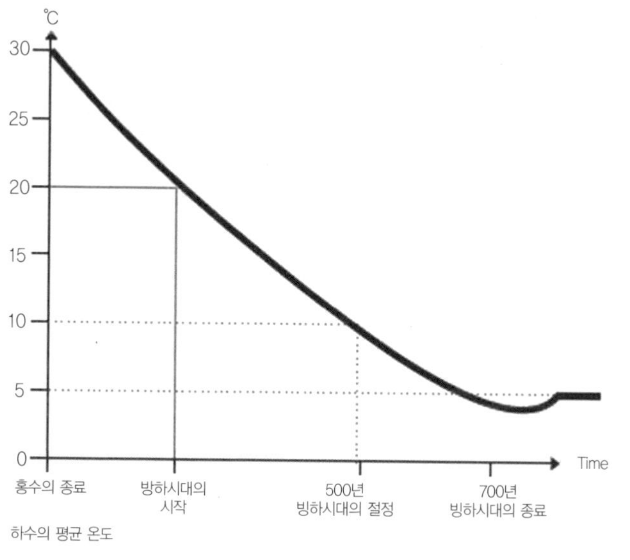

▲ 〈그림 1〉 해수온도와 빙하의 형성(이재만 · 최우성, 2011)

을 가려 기온을 하강시켜야 한다. 실제로, 큰 화산이 폭발할 때마다 세계의 기온은 1-3년 동안 1℃가 내려갔음을 보여준다. 일례로, 인도네시아의 크라카토아 화산1883과 탐보라 화산1815의 폭발로 수억 톤의 화산재가 분출해 온 세상이 4-5년간 어둠에 잠겼으며, 다음 해는 '여름이 없는 해'를 맞이했던 것으로 확인되었다. 그런데 지금과 같은 거대한 빙하가 만들어지려면 엄청난 강설이 필요한데, ③, ④번은 노아 홍수 후기에 적합한 조건이다.

거대한 빙하가 형성되면서 120m의 해수면이 줄어들고 대륙붕이 드러나 여러 대륙을 연결했을 것이다. 이렇게 연결된 다리를 이용해, 바벨탑 사건 이후 사람과 동물들이 여러 대륙으로 건너갔을 것이다. 그리고 해빙기에 일부 빙하가 녹으면서 대륙을 연결했던 대륙붕이 물속에 잠기면서 오늘과 같은 지형이 형성된 것으로 보인다.

오늘의 사막 지대는 원래 습윤 사막濕潤砂漠, damp desert으로, 대홍수와 빙하시대를 연결하는 다리 역할을 했던 것으로 보인다. 사하라 사막에서 코끼리·코뿔소·영양·물소 뼈와 사람의 유골·유물이 발견되는 것이 그 증거이다pp. 52-58.

빙하기에 추위와 더위가 반복하면서 사람의 수명은 200세 이하로 급감하게 되었다. 이후 해수 온도가 낮아지면서 수증기의 증발이 감소하고 강설량도 줄어들었을 것이다. 빙하의 일부가 녹고, 극심한 지각 변동으로 눈사태와 산사태가 일어나 빙하가 이동하면서 곳곳에 빙하 호수북미의 오대호 등를 형성한 것으로 보인다.

최근에, 빙력토氷礫土, 표석점토 속에 매몰된 많은 매머드 화석들이 노출되었다. 매머드는 털이 많은 울리형Wooley, 키 3.3m과 보통인 컬럼비안Columbian, 키 4m으로 나눈다. 이들이 매일 먹는 300kg의 음식과 200L의

물은 온난한 기후에서나 공급받을 수 있었을 것이다. 매머드 화석이 많이 발견되는 시베리아는 한때 아열대 기후였음이 매머드의 위 속에 들어 있는 아열대 식물로 확인되었다습윤 사막 말기-빙하기 초기 추정. 대홍수 이후, 습윤 사막에서 살았던 매머드 집단이 북반구로 이동하였고, 빙하기의 눈과 산사태로 갑자기 매몰되어 매머드 화석이 생긴 것으로 보인다.

참고로 지금까지 발견된 화석 생물의 99% 이상이 해양 생물이며, 육상 생물내부분 해빙기 화석은 0.0025%에 지나지 않는다. 대홍수기에 형성된 화석 모두 해양 생물들이며, 빙하기 화석의 주인공은 대부분 육상생물들이다. 이러한 현상은 단 한 번의 홍수와 단 한 번의 빙하기에 의해서만 설명이 가능하다. 대홍수 기간에는 육상 동물의 사체들이 물 위에 떠다니면서 나무와 파도에 부딪혀 침전된 후 화석이 된 것으로 보인다pp. 66-69.

제14강

격변설과 동일과정설

진 지구적인 대홍수로 천지창조 이래 최대 천지개벽이 일어나게 되었다. 대홍수는 지구의 모습뿐 아니라, 기후와 생태계 및 수명에도 큰 변화를 초래했다격변설. 그래서 대홍수 이전을 원原세계, 이후를 현現 세계로 구분한다. 이에 반해, 진화학자들은 동일과정설同一過程說, uniformitarianism을 주장한다. 대홍수를 전후한 대표적인 격변의 내용은 다음과 같다Genesis Record, pp. 211-212.

(1) '큰 깊음의 샘'과 '하늘 위 물 층'이 합해짐으로써 대양이 더욱 넓어졌다.

(2) 육지는 줄었고, 생물이 살 수 없는 지역이 증가한 오늘의 지형으로 바뀌었다.

(3) 하늘의 물 층열증기층이 사라지면서 기온차가 발생해 눈·비가 내리게 되었다. 즉 아열대성 기후가 지금과 같은 기후로 바뀌었다.

(4) '하늘의 물층'이 사라지면서 유해 광선이 여과 없이 내려와 사람의 수명이 단축되었다.

(5) 빙하기가 도래해 남북극에 거대한 빙하와 호수를 만들었다.

(6) 거대한 지각평형운동으로 지표면이 불안정하게 되어 지진 활동이 잦아졌다.

(7) 당시 한 해가 360일이었다면, 지구의 자전 속도가 1.5% 빨라진 것으로 보인다.

(8) 육식이 허용되면서 먹이사슬이 형성되었다.

(9) 수많은 생물이 멸종되었고, 화석 · 석유 · 석탄이 형성되었다.

새로운 지형·지층의 형성

산이나 해변의 절벽에는 홍수나 용암으로 침식된 흔적들이 많다. 옛날에 무슨 일이 일어난 듯한데 자연은 침묵한다. 그래서 사람들은 그 이유에 대해 갖가지 추측을 하게 된다. 과연 지형과 지층은 언제, 어떻게 형성된 것일까? 이에 대해 학계에서는 격변설과 동일과정설이 대립한다. 중세 800년은 격변설이 학계를 지배했으나, 지금은 동일과정설이 그 자리를 대신하고 있다.

(1) 격변설激變說, Catastrophism

오늘의 지형 · 지층이 전 지구적인 대홍수창 6-9장로 형성되었다는 주장이다. 이러한 내용을 처음 주장한 사람은 프랑스의 고생물학자 퀴비에1769-1832였다. 독실한 루터교 신자였던 그는 여러 지층이 중첩된 현상을 보고서, 지상에는 24회의 국지 홍수가 있었고, 그때마다 지층이 차례로 쌓였다고 했다. 그리고 최후의 대격변이 전 지구적인 노아의 홍수였다는 다중격변설多重激變說, multiple catastrophism을 주장했다. 에딘버러 대학의 찰머스1812는 이러한 주장을 창세기와 조화시킨 간격설間隔說, gap theory을 제기했다. 그는 창세기 1장 1-2절 사이에는 지질학적인 간격이 있었다고 해석했으며, 지금의 지구는 재창조된 것再創造說, reconstruction theory이라 했다. 이에 반해, 헨리 모리스 등은 《창세기의 대홍수》1961를 통해, 오늘의 지형과 지층은 노아의 대홍수에 의해 형성되었다는 격변설을 주장했다.

격변론자들은 대홍수의 150일 이후 한 덩어리였던 지구가 6대륙으로 분리되었고, 물이 갈라진 공간을 채우면서 5대양 6대주를 형성한 것으로 해석한다. 물이 빠진 기간은 방주의 총 승선 기간인 382일에서 150일을 제외한 232일간으로 추정한다. 그 과정에서 오늘의 지형과 지층이 형성된 것으로 해석한다.

그 증거로 입자의 크기가 다른 토사土砂를 물에 풀어서 길다란 직사각형의 밀폐 도관導管에 빠른 속도로 흘려보내면 순식간에 입자의 비중에 따라 여러 지층으로 분획分劃이 되는 사실을 확인할 수 있다. 이처럼 지층은 대홍수에 의한 격변으로 단기간에 형성된 것이다. 노아 홍수 이후에도 수많은 호수의 둑dam이 지속적으로 붕괴되면서 오늘의 지층들을 이룬 것으로 보인다시 104:6-8.

한편, 미국의 지질학자 오스틴1994은 성경적 격변설을 더욱 발전시킨 격변적 판구조론板構造論, catastrophic plate tectonics을 제시했다. 지구 중심부에 있는 초대륙超大陸이 대홍수로 균열이 생기면서 맨틀의 상층부위로 가라앉았다는 것이다. 이에 따라 뜨거운 맨틀 암석에 압력이 가해졌고, 이 압력으로 암석층이 더 뜨거워지면서 대양저大洋低의 지판들이 더 빨리 가라앉았다는 것이다. 지판이 맨틀과 핵의 경계선까지 가라앉으면서 거대한 에너지가 발생했으며, 거대한 순환적 흐름을 일으켜서 초음속의 증기를 분출시켰다는 것이다. 이에 따라 '큰 깊음의 샘들' 이 터지면서 비를 내리게 했다는 것이다스넬링, 2007.

한편 미국의 지질학자인 브라운Walt Brown, 2007은 고대에는 지하 16km지점에 있었던 태평양 크기의 바다평균 수심 1.6km가 거대한 격변으로 지표로 분출되었다는 수판이론水板, Hydroplate theory을 세기했다그림 1. 지하수와 용암이 분출되면서 해령의 융기, 지판의 이동, 해수면 변동, 기후 변화, 퇴적층과 화석 형성, 생물의 멸종이 일어났다는 것이다. 이 설에 의하면, 홍수 이전의 지구에는 넓은 강만 있었고 바다는 매우 낮았으며, 대륙들이 서로 연결되어 있었을 것으로 추리한다. 그러나 대홍수가 일어나면서 강들이 깊어지고 대륙이 솟아오르면서 지진이 발생했다는 것이다한겨레, 2007. 3. 4.

(2) 동일과정설同一過程說, Uniformitarianism

스코틀랜드의 지질학자인 허턴지구이론, 1788과 라이엘지질학 원리, 1833

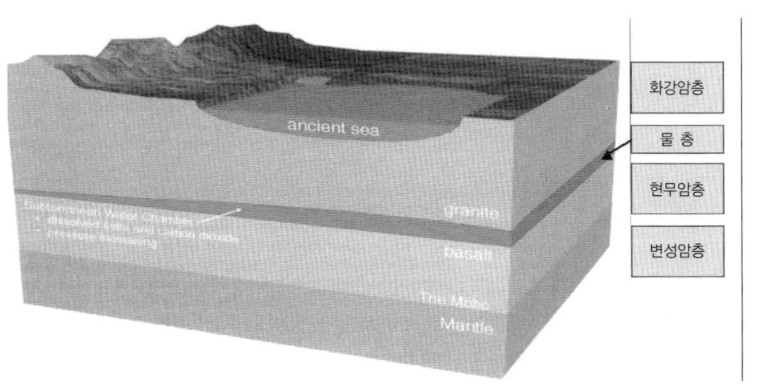

▲ 〈그림 1〉 지하바다의 상상도(W. Brown, 2007)

은 오늘의 지층은 '장기간에 서서히 점진적으로' 형성되었다고 주장했다. 오늘의 물의 흐름과 파도 등에 의해 지형이 형성되는 과정을 살펴보면 과거의 일을 짐작할 수 있으므로 '현재는 과거의 열쇠'라고 했다. 이에 따르면, 가장 아래의 지층이 가장 오래된 것이고, 그 위로 12지층이 차례로 쌓였다는 것이다.

대륙의 형성에 대해서는, 독일의 기상학자인 베게너《대륙의 기원》, 1912가 주장한 판게아설Pangaea theory, 超大陸說에 기초한 대륙이동설continent drift theory을 주장한다. 그에 의하면, 원래 한 덩이였던 육지가 7-8천만 년 전에 남쪽의 레무리아lemuria와 북쪽의 유라시아urasia 대륙으로 갈라졌고, 이들이 다시 5대양 6대주로 분리되었다는 것이다.

1960대 후반에는 지구 중심의 가장자리가 암석권과 연약권軟弱巻으로 구성되어 있다는 판구조론plate tectonics이 등장했다. 암석권은 맨틀이 굳어진 층인데, 그 아래를 받치고 있는 연약권은 점성을 가진 맨틀이라는 것이다. 이러한 연약권 위에 떠 있는 10개 지판地板, plates이 이동하면서 지금과 같은 대륙을 형성했다는 것이다.

격변에 의한 지형 형성의 사례

지층이 격변에 의해 형성되었음을 보여주는 자연 현상들이 미국 등지에서 속속 발견되고 있다. 그 대표적인 사례가 세인트헬렌스 화산의 폭발, 그랜드 쿨리 및 그랜드 캐니언의 형성 등이다. 1980년 5월, 미국의 세인트헬렌스 산정최고 3,500m의 1/10 분량이 화산의 폭발로 인근 벌판으로 날아갔다. 이때의 폭발력은 히로시마 원폭의 3-4만 배에 달했다고 한다. 그런데 그 평원에 97m 높이의 새로운 계곡과 지층 및

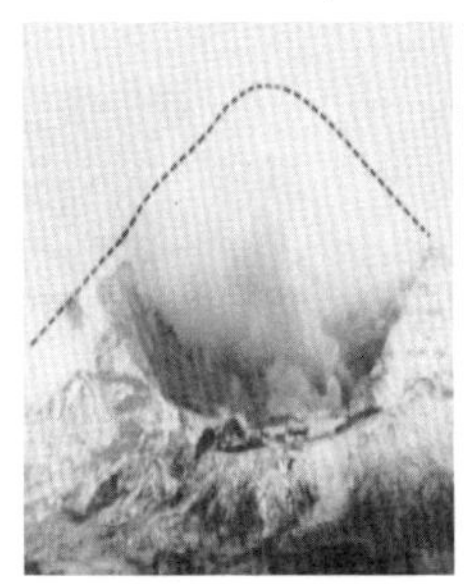

▲ 〈그림 2〉 세인트헬렌스 화산 폭발(左)과 새 지층(右)

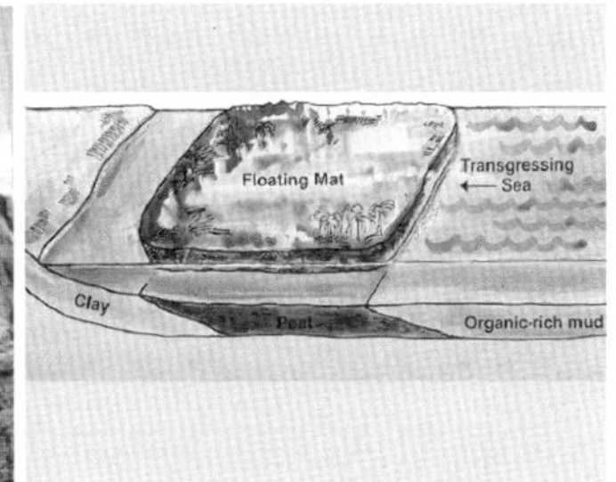

▲ 〈그림 3〉 떠다니는 매트 모델(오스틴)

강江이 3일-1년 만에 형성되어 지질학계를 놀라게 했다그림 2.

이때의 폭발로 수백만 그루의 나무가 쓰러졌고, 그 껍질이 인근 스피릿 호수 위에 엉키어 수많은 매트mats를 만들면서 가라앉아 수중 뻘에 토탄을 형성했다그림 3. 이러한 석탄 형성 이론을 '매트 모델설'mat model theory이라 한다. 호수 속에 수직으로 박힌 수많은 나무들은 나무화석硅化石으로 바뀌었다. 짧은 시간에 수많은 화석이 만들어진 것이다. 그 평원에는 16km에 이르는 계곡little canyon이 새로 생겼는데, 지금은 깊은 강이 되어 흐르고 있다.

이처럼 강이나 계곡과 같은 거대 지형은 화산 폭발이나 대홍수와 같은 격변에 의해 형성되는 것이다. 물이나 파도에 의해 지형이 변형되는 것은 국지적인 현상에 지나지 않는다. 이를 계기로 미국 지질학계에서는 동일과정설에서 신격변설neocatastrophism로 이행하려는 움직임이 일게 되었다. 영국의 대표적 지질학자인 에이거1973 등도 신격변설을 주장하고 나섰다.

그랜드 캐니언Grand canyon의 형성에 대해서도 격변설에 의한 해석이 확대되고 있다. 대홍수 이후, 산 위에 있었던 거대한 두 호수의 둑dam이 잦은 지진의 영향으로 차례로 갈라지게 되었다는 것이다. 이에 따라 엄청난 수량이 태평양 쪽으로 쏟아져 내리면서 대협곡이 형성되었다는 '댐 붕괴설'Dam theory이 정설화되고 있다. 격변설을 뒷받침하는 가장 큰 증거는 평형을 이루며 수십 킬로미터를 달리는 그랜드 캐니언의 여러 지층들이다그림 4. 이러한 현상은 지층이 장기간에 형성될 때 일어나는 불규칙적인 접촉면과는 전혀 다른 양상이다.

미국의 지질학자 브리츠Harlen Bretz, 1882–1981, 시카고대학는 '워싱턴 주의 그랜드 캐니언' 으로 불리는 그랜드 쿨리Grand Cooley, 협곡 높이 400m가 빙하시대에 단 한 번의 홍수로 형성되었다고 줄기차게 주장했다. 해빙기의 홍수와 빙하의 이동으로 협곡이 단기간에 형성되었다는 그의 주장은 30년간 동일과정론자들의 비난의 대상이었다. 그러나 미국 지질학계가 최근 그에게 지질학계 최고 권위의 메달Penrose Medal, 1979을 수여함으로써 그의 이론은 정설로 공인받게 되었다. 최근에는 〈네이처〉지448, pp. 342–345, JUl. 19, 2007에는 드물게 일어나는 대홍수에 의해 대륙 규모의 지형과 기후가 바뀌었다는 논문이 실리기도 하였다.

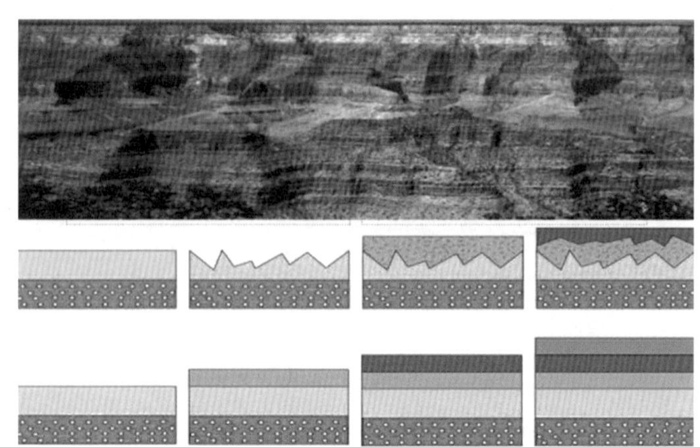

▲ 〈그림 4〉 그랜드 캐니언 지층(上) 및 지층 단면 모델(下) 비교

화석의 형성

화석化石, fossil의 형성에 대해서도 동일과정 모델과 격변 모델이 대립한다. 동일과정 모델에서는 생물이 죽으면 그 위에 진흙이 쌓이고 압력이 가해져 화석이 된다고 주장한다. 그러나 이 주장에는 많은 문제가 있다. 동물이 죽으면 하이에나와 새들이 와서 사체를 먹어치울 것이나. 수중에서의 상황도 마찬가지이다. 흙 속에서는 미생물에 의한 분해가 더 빠르게 진행된다. 그 밖에도 산화작용과 태양빛에 의한 광분해光分解도 발생한다. 그 결과 화석화가 일어나기도 전에 사체는 사라지게 된다. 생물의 사체가 화석이 되려면 그들이 죽자마자 흙더미가 그 위에 쌓이고, 높은 열과 압력이 동시에 가해져야 한다. 이러한 우연의 일치는 자연계에서는 일어날 수 없고 상상의 세계에서나 가능한 일이다.

이에 반해 격변 모델은 보다 합리적이다. 대홍수로 거대한 퇴적물이 전 지표地表를 뒤덮게 되었다. 이때 토사와 함께 휩쓸려온 동식물의 사체 위에 토사와 용암에 의한 강한 압력과 고온이 가해지면서 사체가 규산질암석로 변했다는 것이다. 작은 물고기를 입에 문 어류 화석들은 화석화가 급속히 일어났음을 보여준다. 더구나 지표의 85% 이상이 대홍수에 의해 형성된 퇴적암이며, 그 속에만 화석이 들어 있다는 것은 어느 한때에 전 지구적인 대홍수가 있었음을 보여주는 명백한 증거이다.

화석과 지층의 나이

지구와 화석의 나이는 방사성 동위원소를 측정해 산출한다. 화석은 방사성 탄소막대법을, 지층과 같은 암석은 중금속 동위원소 측정법을 이용한다. 그러나 격변설을 지지하는 창조과학자들은 이러한 방법이 오차 범위가 너무 크고, 재현성이 없으며, 오류로 확인된 전제 조건들 위에 만들어진 방법이므로 신빙성이 없다고 지적한다. 대표적인 연대 측정법과 그 문제점을 살펴본다.

(1) 방사성 탄소막대법Carbon dating

화석 생물의 나이를 측정할 때 사용하는 방법이다. 탄소C는 원래 원자량이 12이지만C^{12}, 우주선의 영향으로 원자량이 14인 방사성 탄소C^{14}가 일부 생성된다. 이것을 흡수한 식물의 잎을 동물이 먹으면 C^{14}가 동물의 뼈에 축적된다. 뼈 속의 C^{14}는 흡수와 동시에 반감기5,600년의 비율로 체내에서 분해하므로, 생물은 항상 일정한 방사성 탄소C^{14}의 함량을 유지하게 된다. 그러나 생물이 죽으면 방사성 탄소를 흡수하지 못한 상태에서 뼈 속의 C^{14}는 계속 분해하게 된다그림 5. 반감기에 달할 때마다 방사능의 함량은 반감하게 되므로, 10만 년 이내에는 방사성 탄소가 그 뼈에서 완전

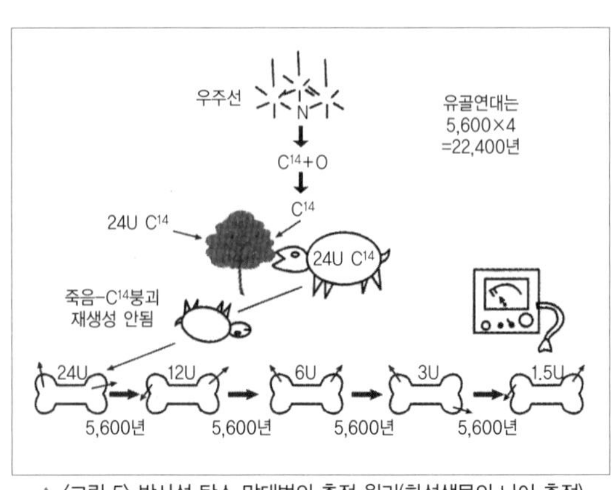

▲ 〈그림 5〉 방사성 탄소 막대법의 측정 원리(화석생물의 나이 측정)

히 사라지게 된다. 따라서 이 방법으로 측정한 생물 화석의 나이는 10만 년을 넘을 수 없다. 그럼에도 불구하고, 10만 년이 넘는 화석 생물들이 이 방법으로 측정되어 발표되곤 한다. 살아 있는 생물 시료예: 조개껍질를 이 방법으로 측정하면 수천-수만 년의 나이가 나오기도 하며, 같은 시료를 다른 분석 기관에서 측정하면 서로 다른 수치가 나오기도 한다.

(2) 중금속 동위원소 측정법Heavy metal radiometric dating

암석의 나이는 암석에 함유된 중금속 동위원소의 방사능을 측정해 산출하는데, 방사성 원소母원소는 종류에 따라 반감기가 서로 다르다. 방사성 중금속 원소는 원소의 반감기가 되면 전자가 하나씩 탈락하면서발열반응 다른 원소로 바뀌게 된다. 이러한 과정을 끝까지 반복한다면 마침내 방사능이 전혀 없는 최종 원소子원소로 바뀌게 될 것이다. 따라서 지층이나 암석 시료에 함유된 방사성 동위원소의 방사능을 측정해, 반감기로 역산을 하면 모원소의 나이를 추정할 수 있다그림 6.

그런데 이 방법에는 많은 전제 조건이 필요하다. 모母암석에는 모원

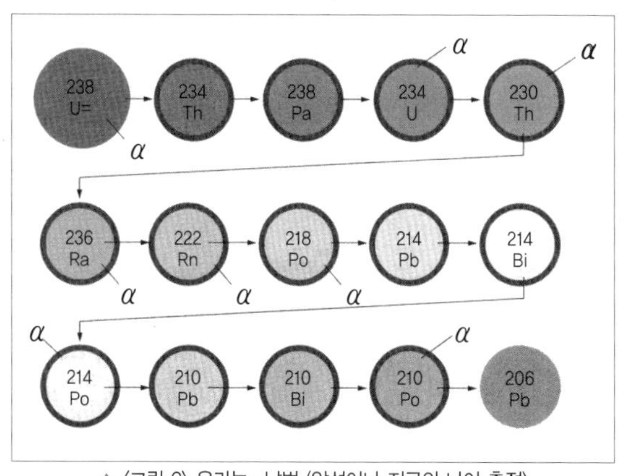

▲ 〈그림 6〉 우라늄-납법 (암석이나 지구의 나이 측정)

소만 있고 자子원소는 전혀 없었다고 전제하며, 각 분해 단계의 분해율分解率은 항상 일정했다고 전제한다. 그런데 이러한 전제들은 잘못된 것으로 이미 밝혀졌다. 더구나 같은 시료를 같은 분석실에서 반복해 측정하더라도 서로 다른 결과가 나오며, 같은 시료를 다른 분석실에서 측정한 결과의 오차 범위가 수십에서 수백 퍼센트에 이르기도 한다. 이러한 수치들은 통계학적으로 무의미한 것이다.

기후 변화

대홍수 이전의 기후는 전 지구가 아열대성이었으나, 대홍수 이후 여름과 겨울, 추위와 더위가 찾아오게 되었다창 8:22. 이러한 기후의 변화로 남북극과 적도 지방의 온도가 바뀌면서 대기의 흐름바람이 형성되었고, 눈과 비가 내리게 되었다. 대홍수 이후에도 계속된 지진과 화산의 폭발로 수온이 상승한 바닷물이 방대한 수증기를 증발시켜 폭설을 내리게 했고, 그 결과 남북극에 거대한 빙하를 형성한 것으로 보인다.

수명 단축

대홍수 후에 '하늘의 창' 이 사라지면서 우리 몸에 해로운 우주 광선이 지상으로 여과濾過 없이 침투하면서 수명이 급속히 줄어들게 되었다그림 7. 홍수 이전의 수명은 평균 913세였으나창 5장 대홍수 이후에 반감했고, 바벨탑 사건을 전후해 300세 전후로 더 단축되었다. 그리고 아브라함BC 2,150은 175세, 야곱은 147세, 모세BC 1,400는 120세, 다윗BC 1,000은 70세에 죽었다.

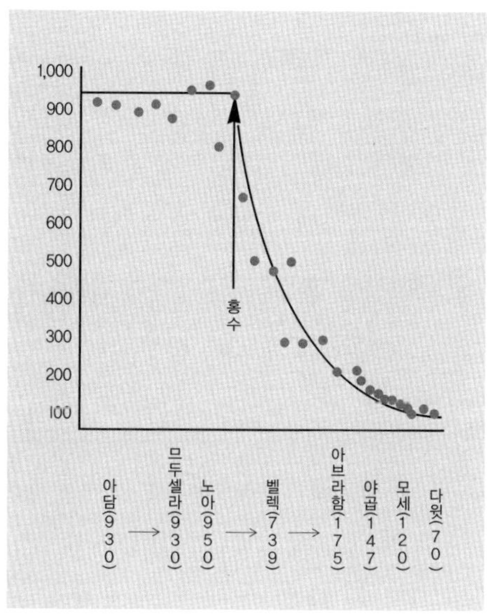

▲ 〈그림 7〉 홍수 전후의 수명 비교(김홍석, 2008)

젊은 지구를 뒷받침하는 증거들

자연계에는 지구와 우주의 나이가 1만 년 미만임을 보여주는 증거들이 많다. 대륙의 침식 속도250억 톤/년→1,400만 년 전 이내에 지구 침식, 대양저 퇴적물1,400만 년 미만, 해양소금4,200만 년 미만, 방사성 동심원폴로늄 방사성 Halo, 6천 년 미만, 지자기 감소1만 년 미만, 대기의 헬륨12,000년 미만, 느려지는 지구의 자전 속도, 달의 후퇴 속도4cm/년, 달의 분화구, 포인팅-로벗슨 효과Pointing-Robertson effect; 운석(10만 톤/일-태양 흡수, 산 화석 생물들, 인류 역사최대 5,500년, 인구통계학1,000조 명/200만 년 등등이다. 더구나 미국의 창조과학단체들ICR·CRS이 7년간 여러 대륙의 암석을 미국 에너지석탄시료은행Pensylvania State Univ에 의뢰해 연대를 측정한 'RATE 프로젝트'1998-2005에 의하면 지구 나이는 6,000+α년으로 매우 젊게 나타났다.

대홍수 전설

전 세계 230여 지역의 전설과 설화 속에 대홍수 이야기가 전해지고 있다그림 8. 그 내용은 창세기의 홍수와 유사하다. 그 공통된 줄거리는 인간의 사악함 때문에 신이 홍수를 일으켰고, 의인노아·누아·마누·우트나피쉬팀·지우수드라·아트라하시스의 8식구가 배를 타고 구원을 받았다는 것이다. 그는 물이 빠지는 상황을 알아보려고 새들을 날려보냈고, 홍수 후에 신께 제사를 드렸다는 것이다. 특히 메소포타미아의 홍수 설화아트라하시스·길가메시 서사시는 노아 홍수와 내용이 거의 일치하여 우리를 놀라게 한다. 《수메르왕명록》은 대홍수가 13,000년 전에 일어난 것으로 소개한다시친, p. 205.

묘족苗族, Miao을 포함한 중국인들은 자기들이 대홍수에서 살아남은 누와Nuwa의 후손이라고 말한다. 그런가 하면 인도인들은 대홍수 때에 자기들의 조상인 마누Manu의 8식구가 탄 배를 초록색의 뱀Basuki, 또는 matsuya과 큰 물고기가 이끌어 주었다고 말한다그림 9.

한편, 북미의 인디언들이 남긴 석판화오하이오 주립박물관에는 대홍수의 과정을 네 부분으로 나누어 표현하고 있다그림 10. 첫째 판의 일그러진

▲ 〈그림 8〉 각국의 홍수 설화

▲ 〈그림 9〉 마누와 바수키

〈그림 10〉 인디언 석판 ▶

태양은 '하늘 위 물 층' 때문에 물에 굴절이 되어 나타난 현상으로 보인다. 둘째 판은 홍수의 장면을, 셋째 판은 40일간 떠다니는 방주의 모습을 그렸다. 그림 좌우 상단에 그려진 40개의 네모 칸은 홍수가 쏟아진 첫 40주야를 가리키는 것으로 보인다. 그리고 넷째 판은 홍수 후에 동물들이 방주에서 내려오고, 네 남자노아·셈·함·야벳가 두 손을 들고 하늘을 향해 제사를 드리는 장면을 그렸다. 당시에는 남자만이 제사를 드릴 수 있었다.

성경이 과거와 현재를 푸는 열쇠이다

노아의 대홍수는 아담으로부터 1,656년이 경과한 시점에 일어난 사건이고유대고대사, p. 55, 맛소라 사본, 그 시기는 70인역은 기원전 2,242년이라고 말한다. 이는 지금부터 4,300-4,700여 년 전에 해당한다. 대홍수는 옛 지구환경을 오늘의 환경으로 바꾸었다. 그러나 진화론자들은 지구의 나이가 46억 년이고, 캄브리아기약 5억 년 전에 많은 생물들이 나타났으며, 7-8백만 년 전에 원인猿人이 출현했다고 말한다. 이는 신빙성이 없는 방사성 동위원소 측정법으로 연대를 산출한 데서 온 오류이다. '현재는 과거의 열쇠'가 아니며, '성경이 과거와 현재를 푸는 열쇠'임을 알아야 한다.

참고 사항: 수억 수천만 년의 연대 개념을 무너뜨린 'RATE 프로젝트'

AiG, 2007. 10. 31 및 Andrew Snelling: AiG-U.S, November 7, 2007 참조

1997-2005년에 CRS가 공동 후원하고 ICR이 실시한 RATE Radioisotopes and the Age of the Earth 프로젝트는 창조론자들이 특별히 중요한 이슈에 도전하는 거대 스케일의 연구를 지원할 수 있음을 입증했다. 이 연구 프로젝트의 핵심은 암석을 수억 수천만 년의 연대로 평가하는, 따라서 지구의 나이를 수십억 년으로 설정하도록 만든 방사성 동위원소 연대 측정 방법들에 대한 검증이었다. 이 프로젝트에 의해, 방사성 동위원소 측정법의 부적절함이 드러나게 되었다. 왜냐하면 연대 측정 방법의 기초가 되는 3가지 주요한 가정 조건들이 모두 잘못된 것으로 드러났기 때문이다.

(1) 암석이 처음 형성되었을 때, 자원소들의 함유 여부가 분명하지 않다. 왜냐하면 암석은 처음부터 방사성의 붕괴로 생겨난 자원소가 아니라 처음부터 고유의 자원소들을 가지고 있었다는 증거가 많기 때문이다.

(2) 모원소parent atoms와 자원소들이 개방계open-system로서 유출 및 유

입된 많은 증거가 존재한다. 암석은 종종 방사성 붕괴와는 별개로 만들어진 여분의 모원소 또는 자원소에 의해 오염되어 있었다. 또한 모원소와 자원소들은 암석이 형성되면서 생기는 여러 지질학적인 과정들에 의해서(예를 들면 유체에 의한 용해) 제거될 수 있다.

(3) 핵 붕괴율nuclear decay rates이 과거에도 항상 일정하지 않았음이 확인되었다.

특히 RATE C-14 연구로 다음과 같은 사실이 밝혀졌다. 첫째로 고대의 석탄층에서 검출 가능한 상당한 수준의 C-14가 존재하는지 확인한 바, 미국의 여러 석탄층에서 수집한 4천만-3억 2천만 년 전 것으로 평가된 10개 시료들은 4만 8천-5만 년의 나이에 해당하는 C-14를 함유하고 있었다. 이처럼 모든 석탄층들이 비슷한 C-14 연대들을 나타낸 사실은, 그들 모두가 한 번의 격변에 의해 동시에 형성되었음을 보여 주는 증거이다.

둘째로, RATE C-14연구는 다이아몬드 안의 C-14의 함유 여부를 조사했다. 다이아몬드는 가장 단단한 천연 물질로, 내부 탄소의 화학결합은 화학적인 부식과 풍화작용에 대해 고도로 저항하므로 다이아몬드 내의 C-14가 오염될 어떠한 가능성도 배제한다. 조사한 결과는, 시료 속에는 아직도 많은 C-14(5만 5천 년 해당)를 가지고 있음을 보여준다. 다이아몬드는 지구 내부의 깊은 곳에서 10-20억 년 전에 형성된 것으로 간주되므로, 다이아몬드 내에 존재하는 C-14는 지구의 나이가 매우 젊다는 사실을 의미한다. 리버사이드대학CA의 테일러R. E. Taylor는 브라질에서 채취한 다이아몬드(9개)를 분석했는데, 8개의 시료에는 64,900-80,000년 전에 해당하는 C-14가 들어 있었다. 9번째 시료는 6개로 잘라 분석하였더니 그 나이는 69,400-70,600년을 나타냈다. 셋째로, 선캄브리아기 변성암10억 년 전에서 채취한 세일론 흑연은 58,400-70,100년의 연대를 나타냈다. 이 밖에도 많은 항목에 대한 실험 결과, 지구 암석들의 나이는 일만 년 미만으로 나타났다.

제 5 장

바벨탑 사건과 언어·인종의 분화

방주가 정박한 아라랏 산맥에서 메소포타미아로 내려온 노아의 후손들은 다시 하나님께 대항하려고 바벨탑을 쌓았다. 하나님은 그들의 언어를 혼란하게 하여 탑 공사를 중단시키셨다. 이에 따라 말이 통하는 사람들끼리 모이게 되었고(語族), 이들은 각기 다른 방향으로 흩어져서 고대 국가를 건설했다. 이 장에서는 바벨탑 사건에서 고대 국가의 건설에 이르는 '잃어버린 역사'의 흔적을 찾아본다.

제15강

노아의 예언 및 야벳의 후예

창 9:18-19 방주에서 나온 노아의 아들들은 셈과 함과 야벳이며 함은 가나안의 아버지라 노아의 이 세 아들로부터 사람들이 온 땅에 퍼지니라.

세 아들로부터 사람들이 온 땅에 퍼지니라: 현대 인류가 노아의 세 아들로부터 유래했음을 알려준다. 셈히 *Sem*, 이름, 명성이라는 이름은 수메르어인 켄기르*Kengir* 또는 *Shumer*에서 유래한 듯하다Kramer, pp. 279-299. 함히 *Ham*, 뜨거운은 서부 셈족의 태양신 함무라피Hamurapi와 관련된 것으로 보이며, 함의 후손들이 그를 뜨거운 태양으로 신격화한 것으로 보인다. 메소포타미아의 우투Utu와 이집트의 프타Ptah를 비롯한 태양신은 모두 함Ham에서 기인하였다. 야벳히 *Japhet*, 창대케 하다이라는 이름은 그리스 신화에 나오는 거인족Titans의 일원인 이아페토스Iapetos에서 기인한 것으로 보인다웬함, p. 275.

노아는 500세 이후에 세 아들을 낳은 후 더 이상 자녀를 낳지 않은 듯하다Genesis Record, p. 233.

최근 〈네이처〉에 실린 한 논문R. Eendon 등, 2006도 인류의 조상이 4,000-5,000년 전의 세 족속에서 기원했다고 발표했다. 교부 어거스틴은 노아의 세 아들에게서 모두 73명이 태어났는데, 이 73명은 개인이 아닌 민족을 의미한다고 했다.

> 노아의 세 아들에게서 난 후손들은 도합 73명이었다. 다음 성경에 '이들은 셈의 자손이라 그 족속과 방언과 지방과 나라대로였더라'창 10:31고 첨언을 한다. 그리고 전체에 대해 '이들은 노아 자손의 족속들이요 그 세계와 나라대로라 홍수 후에 이들에게서 백성의 섬들이 땅에 흩어졌더라' 고 말한다창 10:32, 70인역. 이것을 보면 저 73명이 개인들이 아니라 민족들임을 알 수 있다《하나님의 도성》, 16:3.

창 9:20-21 노아가 농사를 시작하여 포도나무를 심었더니 포도주를 마시고 취하여 그 장막 안에서 벌거벗은지라.

노아가…… 포도주를 마시고 취하여: 세계 최초의 포도주 양조釀造, Brewery에 관한 기사가 나온다. 포도의 당분糖分은 표피의 균총菌叢, microflora에 의해 알코올로 변한다. 노아는 아마도 대홍수의 충격으로 스트레스를 풀려고 포도주를 만들어 마시고, 개인용 텐트에서 술에 만취해 벌거벗고 깊은 잠에 떨어진 듯하다. 그에게는 대화를 나눌 친구가 없었고, 둘째아들 함Ham과 손자 가나안Canaan의 포악성 때문에 깊은 자괴감에 빠졌던 것으로 보인다.

창 9:22-29 가나안의 아버지 함이 그의 아버지의 하체를 보고 밖으로 나가서 그의 두 형제에게 알리매 셈과 야벳이 옷을 가져다가 자기들의 어깨에 메고 뒷걸음쳐 들어가서 그들의 아버지의 하체를 덮었으며 그들이 얼굴을 돌이키고 그들의 아버지의 하체를 보지 아니하였더라 노아가 술이 깨어 그의 작은 아들이 자기에게 행한 일을 알고 이에 이르되 가나안은 저주를 받아 그의 형제의 종들의 종이 되기를 원하노라 하고 또 이르되 셈의 하나님 여호와를 찬송하리로다 가나안은 셈의 종이 되고 하나님이 야벳을 창대하게 하사 셈의 장막에 거하게 하시고 가나안은 그의 종이 되게 하시기를 원하노라 하였더라 홍수 후에 노아가 350년을 살았고 그의 나이가 950세가 되어 죽었더라.

가나안의 아버지 함이: 하나님께 불순종하는 사탄은 대홍수 이후에도 함과 가나안의 마음속에서 강하게 활동한 듯하다엡 2:2, 벧전 5:8. 그들은 노아의 권위에 반항했음이 분명하다. 함은 아비의 벌거벗은 모습을 보고원문에는 '노려보고' 형제들에게 '기뻐하며' 알렸다He told with delight, Gensis Record, p. 235. 그러나 다른 두 아들은 뒷걸음으로 천막에 들어가 아비의 하체를 덮었다. 이러한 태도는 아버지에 대한 존경심을 잘 보여준다. 이 사건에는 함의 막내아들인 가나안이 관여한 것으로 보인다.

노아가 술이 깨어 그의 작은 아들이 자기에게 행한 일을 알고: 술에서 깬 노아가 분노한 것은 함이 자기에게 '행한 일'24절을 알았기 때문이다. 여기서 말하는 '행한 일'에 대해 일부 신학자는 함이 동성애同性愛를 즐긴 것으로 해석한다Genesis Record, p. 235. 노아는 함과 가나안을 이대로 방치한다면 도덕적 해이는 물론, 하나님께 대한 신앙이 다시 위협받을 것으로 우려한 듯하다. 그래서 셈에게 종교적인 축복을, 야벳에게는 창대의 축복을 내린 반면, 함의 아들인 가나안에게는 '셈과 야벳의 종들의 종이 되라' 고 저주한 것으로 보인다.

가나안은 저주를 받아: 노아의 실수를 알린 것은 함Ham인데, 노아는 왜 함의 아들인 가나안Cannaan, 천한 자, 낮은 곳에 사는 자을 저주한 것일까? 이는 아마도 가나안이 함과 더불어 노아의 흉을 보았거나, 장차 하나님께 대항할 악한 인물임을 영적으로 감지했기 때문이었을 것이다. 그러나 요세푸스는 노아가 당대에 피를 흘리기 싫어해 함의 아들인 가나안을 저주했다고 했다고대유대사, p. 66.

이와는 달리 헨리 모리스는 셈에게는 영적 축복을, 야벳에게는 지적 축복을, 함에게는 물질적인 봉사 명령청지기을 한 것으로 해석한다. 그리고 흑인은 물론, 흑인이 아닌 이집트인·페니키아인·히타이트인 및 중국인과 몽골족도 함의 후예라고 주장한다. 더 나아가 함의 후손이 역사적으로 셈족의 종교적 질시유일신교에 의한 다신교의 수난와 야벳족의 지적 문화과학·철학에 의해 수모를 당했으며, 흑인들negro은 두 인종의 노예로 팔렸던 사실을 지적한다Genesis Record, pp. 240-244.

야벳을 창대하게 하사 셈의 장막에 거하게 하시고: 그리스 신화에서는 거인의 한 종족을 이아페토스Iapetos라 했고, 칠십인역은 이아페스Iapes로 음역音譯을 했다웬함, p. 404. 모리스는 '창대하게 하사' enlarged, 히 *pathah*를 셈족의 영토에 대한 침투가 아니라 셈의 영적 축복에 참여하는 것으로 해석했다Genesis Record, p. 243. 그는 셈·함·야벳의 후손들이 역사적으로 민족, 국가 및 인종적으로 서로 혼합된 사실을 상기시키면서, 이들이 각각 황인·흑인·백인의 선조를 의미하는 것이 아니라고 해석하였다Genesis Record, p. 244.

홍수 후에 노아가 350년을 살았고: 노아는 므두셀라969세와 야렛962세에 이어 세 번째로 장수했다. 홍수 후에 노아는 욕단 가문을 따라 동방유석근은 바이칼 호반 추정에 거주한 듯하다. 그는 니므롯이 바벨탑을 쌓아 하나님께 대항하고, 형제들이 세운 도시국가를 빼앗은 이야기를 들으며, 대홍수 직전에서와 같은 깊은 좌절감을 느꼈을 것이다. 한편, 《환단고기》桓檀古記는 중앙아시아 지역에 세계 최초의 국가인 환국桓國이 있었다고 주장한다.

창 10:1-2 노아의 아들 셈과 함과 야벳의 족보는 이러하니라 홍수 후에 그들이 아들들을 낳았으니 야벳의 아들은 고멜과 마곡과 마대와 야완과 두발과 메섹과 디라스요.

족보는 이러하니라: 창세기 10장은 노아의 세 아들로부터 오늘의 국가와 민족이 유래했음을 보여준다. 모세는 야벳, 함, 셈의 후예 순서로 기술했다. 고대사학자 롤David Rohl은 《수메르 서사시》에 근거해, 대홍수 후에 세워진 최초의 도시국가는 우르미아 호수아르메니아 남쪽의 엘람인 지역인 아라타Arata이며, 그 후손이 메소포타미아 지역으로 내려와 여러 도시국가들을 세웠다고 말한다문명의 창세기, pp. 131-177.

> 아라타로 가는 사절은 흙먼지를 뒤집어쓰고 돌맹이를 걷어찼다. 평원에 다니는 거대한 뱀처럼 그에게 저항할 수 있는 자는 아무도 없었다. 사절이 아라타에 도착하자 아라타 사람들이 다가와 짐 실은 당나귀를 보며 감탄했다엔메르카르와 아라타, pp. 348-354.

야벳의 아들야벳의 후예들: 야벳*Japheth*, 확장하다의 일곱 아들과 그 후손은 주로 바닷가에 살았으며, 유럽인의 선조가 되었다. 그리스 전설에 의하면 그들의 조상은 이아베토스*Iapetos*이며, 인도의 아리아인들은 자기 조상을 야벳티*Iapeti*라 부른다Genesis Record, p. 247.

창조과학자 오스굿John Osgood, 1988은 바벨탑 축조 당시 야벳의 일곱 아들이 364그룹에 4,375명으로 번성했을 것으로 추산했다. 이는 한 아들이 52개 그룹12명×52=624명으로 증가했음을 의미한다. 야완*Javan*, 일어나다을 비롯한 일부는 지중해 연안에서 서유럽으로 이주했고, 메섹을 비롯한 일부는 동북부 흑해 연안으로 이동해 동유럽 민족을 형성했다. 이들이 바닷가와 북쪽으로 이주한 것은 차가운 기후에 적극 대응하는 야벳족의 진취적인 기상을 보여준다. 요세푸스는 사람들이 자기 나라를 창건자의 이름으로 불렀으나, 후일 문화민족인 그리스인들이 자기네 방식으로 고쳤다고 했다유대 고대사, p. 62.

고멜*Gomer*, **완성**: 야벳의 장자인 고멜의 이름에서 갈라디아Galatia; 터키 북부와 골Galls; 프랑스 남부 지역이라는 지명地名이 나왔다. 요세푸스93는 이들을 갈라데인Galatae이라 불렀다. 그가 살았던 당시에는 갈라디아나 골 사람을 고메르인Gomerites이라 불렀다고 한다. 지금도 스페인의 서북쪽은 갈리시아Galicia로, 수세기 동안 프랑스는 골Gauls로 불리었다. 그러나 다른 학자들헤로도토스·플루타르크 등은 고멜의 후손을 키메리아Cimmeria라 불렀다. 지금도 흑해 북쪽은 크리미아Crimea라 부른다. 그 밖에도 기미라이Gimiray, 아시리아 자료, 킴메리오이Kimmerloi, 그리스 자료 및 켐메르Cimmirians 등으로도 불렸다. 고멜의 일족은 서쪽의 게르마니Germany, 독일와 캄브리아Cambria, 웨일스 지방로 이주했다. 웨일스 사학자 데이비스는 대홍수 300년 후에 고멜 자손의 일부가 웨일스로 이주했고, 웨일스어를 고머랙Gomeraeg이라 불렀다고 하였다.

마곡*Magog*, **확장**: 그리스인들은 흑해 남부 연안에 살던 마곡또는 곡의 후손을 스구디아인Scythians이라 불렀는데, 오늘의 조지아Georgia 지역으로 확실시된다Genesis Record, p. 247. 탈굼아람어 성경은 마곡을 게르마니아와 동일시했고, 요세푸스93는 히브리인들이 스구디아인을 마곡인Magogites이라 불렀다고 했다. 브리태니커 사전은 루마니아와 우크라이나의 고대 지명이 스키타이였다고 말한다. 에스겔서에 의하면, 마곡은 이스라엘의 북쪽에 살았으며겔 38:2, 15, 39:2, 6, 역사의 종말에 이스라엘을 침공할 것으로 예언되어 있다겔 38:2, 39:6; 계 20:8-10. 마곡은 에스겔서 38:2에서 두발, 메섹, 로스히 *Rosh*, 우두머리를 함께 기술하였다. 로스에서 러시아가 유래했다Genesis Record, p. 248.

야완*Javan*: 이 명칭에서 이오니아Ionia라는 지명이 나왔다. 히브리인들은 그리스를 야완이라 불렀다. 이들은 터키 해안에 살다가 지중해의 섬으로 흩어졌다. 야완의 네 아들창 10:4은 모두 그리스와 연관된 사람들이다. 엘레시안과 헬라스Hellas는 엘리사에서, 실리시아는 달시스에서, 키프로스는 깃딤에서, 도다네는 도다님에서 유래했다. 그리스인들은 주피터 도다네스*Jupiter Dodanes*라는 이름으로 자기의 조상인 도다님을 주피터제우스의 이름으로 숭배했다.

마대*Madai*, 중간: 마대의 후손은 후일 메대-바사 제국을 세우며, 셈의 아들인 엘람의 후손과 함께 이란 민족을 형성했다. 구약성경은 이들을 마대*Madai*로, 그리스인들은 메데스*Medes*로 불렀다. 유대인을 포로에서 석방했던 고레스 왕도 마대족이었다대하 36:22-23; 단 1:21, 6:28. 이들은 기원전 1,300년경에 이란 고원에 살았고, 일부는 인도 지역으로 이동한 아리아족의 조상이 되었다.

두발*Thubal*: 이베레스Iberes라고도 불리며, 에스겔서39:1는 곡·메섹과 함께 언급했다. 이베리아Iberia라는 지명은 이베레스에서 유래했다. 아시리아의 디글랏빌레셋 1세BC 1,100는 다발리*Dabali, Tibareni*라 불린 두발의 후손이었다. 요세푸스는 이들을 도벨인Thubelites이라 불렀고, 사람들이 이들의 거주지를 로만 이베리아*Roman Iberia*라고 불렀다고 하였다. 이들은 코카서스 산맥을 가로질러 북동쪽으로 이동한 것으로 보인다. 그곳의 도볼Tobol이나 러시아의 토볼스크Tobolsk 및 그루지아 수도 트빌리시Thuilisi는 모두 두발에서 유래한 것이다.

메섹*Meshek, Mosoch,* **끄집어 냄**: 메섹의 후손은 갑바도기아Cappadocians와 마자카Mazaca를 거쳐 유럽의 북부에 모스크바Moscowa라는 도시를 세웠다. 메섹은 모스크바Moscow의 옛 이름Muskovi으로, 모스크바 주변 메스체라 노렌드은 지금도 메섹이라 불린다. 설형문자 문헌들은 두발과 메섹을 각각 타발→ 티바레노이과 무쉬키→ 모스코이로 표기했고, 수도는 터키의 마자카Mazaca라고 기술했다. 메섹은 후일 마곡, 두발, 로스와 함께 러시아족을 이루었다성경원어대전, p. 580; Genesis Record, p. 248.

디라스*Thiras,* **욕구**: 그리스인은 디라스의 후손을 트라키아인Thracians: 발칸 반도 동부이라 불렀다. 요세푸스는 디라스의 후손을 티아라키아인Thiarcians이라 불렀다고 했다. 이들은 마케토니아남-다뉴브북-흑해동의 연결 지역에 거주했고, 유고슬라비아 연방을 형성했다. 기원전 13세기에 이집트를 공격한 해양족 투루샤, 헤로도토스가 말한 타르제니아족 및 에트루리아족과 동일시된다웬함, p. 406. 그의 후손들은 디라스를 번개의 신 토르Thor, Thuras로 신격화했다.

창 10:3-5 고멜의 아들은 아스그나스와 리밧과 도갈마요 야완의 아들은 엘리사와 달시스와 깃딤과 도다님이라 이들로부터 여러 나라 백성으로 나뉘어서 각기 언어와 종족과 나라대로 바닷가의 땅에 머물렀더라.

아스그나스*Ashkenaz*: 독일 지역에 거주했고아스그나스: 독일에 대한 히브리어, 이들 일부와 도갈마*Togarmah*는 아르메니아인의 선조Sakansene가 되었다. 지금도 독일에 사는 유대인은 아쉬케나지Ashkenazi라 불린다. 이 명칭은 스칸디아Scandia와 색슨Saxon의 지명에도 남아 있다. 아시리아 문헌에 나오는 아스쿠자Askuza: 스키타이족와 동일시된다. 이들은 러시아 남부에서 킴메르족을 추방했다.

리밧디맛, 대상 1:6: 리밧은 요세푸스에 의하면 흑해 연안에 살던 파플라곤 족Paphlagonians과 동일시된다. **도갈마**토가르마, 겔 27:14, 38:6는 아시리아의 테가라마Tegarama로 추정된다. 아르메니아 전설에 의하면 아르메니아인의 조상으로 보인다Genesis Record, p. 247. 탈굼Jewish Targums은 게르마니Germany, 터키Turkey, 투르케스탄Turkestan도 도갈마Togarmah와 연관 있는 것으로 기술했다.

엘리사: 엘리사는 아카드·히타이트·우가릿 비문 등에 의하면 알라쉬야키프로스 남부 및 그리스의 해양족 엘리스Elis, 겔 27:7의 조상으로 보인다. **달시스***Tarshish*, 제련는 스페인의 탈테소스Tartessos와 카르타고Carthage의 조상으로 추정된다Berger, 1982. **깃딤***Kittim*은 키프러스사 23:1, 12; 렘 2:10; 겔 27:5로, 바뀌었으며 '마깃딤'Ma Kittim, 깃딤의 땅에서 마케도니아Macedonia가 유래했다Genesis Record, p. 248. **도다님**로다님은 지중해 로도Rhodes의 로데스Rhodes, Rhodo, 또는 두로 북쪽의 다누나Danuna에 거주한 것으로 보인다웬함, pp. 407–408.

바닷가의 땅에 머물렀더라: 야벳의 후손은 해변이나 호수를 중심으로 정착했다.

제16강

함과 셋의 후예

흑인의 조상으로 추정되는 함Ham, 덥다, 뜨겁다의 후손은 피부가 검고 햇빛을 좋아해 적도 부근으로 이동한 것으로 보인다. 오스굿1988은 함의 네 아들로부터 바벨탑 축조 당시에 26개 국가 단위에 6,500명의 인구로 증가한 것으로 추정한다. 한 아들이 평균 1,625명의 자손으로 증가한 셈이다.

〈수메르 왕명록〉이나 중동의 전설 및 비문들을 종합해 보면, 수메르 지역에서는 기원전 4,000년경부터 도시국가들 사이에 전투가 벌어지기 시작했다. 첫 도시국가는 태양신 우투Utu, Ham추정의 아들인 메스키아그카세르Meskiagkaser, 대장장이 구스가 다스린 우루크Uruk, Erek였다. 한 연구에 의하면 총길이가 9.6km에 달하는 성벽 안에는 5만 명이 넘는 사람들이 거주했다고 한다. 이들은 도시 중앙에 있는 에안나Eanna, An의 집라는 신전에 인안나Inanna 여신상을 세우고 숭배했다고 한다. 그러나 주신인 엔릴Enlil을 모신 신성한 도시 니푸르Nippur에 영향력을 행사한

국가는 기시Kish였다. 수메르 도시국가의 모든 왕들은 해마다 엔릴 신전을 찾아 제사를 드려야 했다고 한다.

메스키아그카세르는 무기 원료주석 등를 북쪽 산악 지대엘부르즈 산맥, 자그로스 산맥에서 구해 티그리스 강을 통해 운반해 왔고, 구리는 아라비아 남단의 알하자르 산맥의 마간Magan, 오만에서 곡물 및 기름과 바꾸어 갈대배20톤 적재로 운송했다고 한다. 이렇게 전쟁 준비를 마치자 제2대 왕인 엔메르카르Enmerkar, 대장장이 니므롯가 기시를 공격해 정복했다. 그의 뒤를 이어 안An을 모시는 쿨라바 신전의 신관인 릴루Lilu, lugulbanda?의 아들 길가메시Gilgamesh가 무력으로 제4대 왕에 취임하고 거대한 성벽을 요새화하였다. 그는 메스키아구나Meskiaguna가 다스리던 우르ur를 정복했고, 마침내 수메르를 통일했다수잔 바우어, pp. 86-98. 길가메시는 니므롯으로 추정되는 인물이기도 하다.

창 10:6-9 함의 아들은 구스와 미스라임과 붓과 가나안이요 구스의 아들은 스바와 하윌라와 삽다와 라아마와 삽드가요 라아마의 아들은 스바와 드단이며 구스가 또 니므롯을 낳았으니 그는 세상에 첫 용사라 그가 여호와 앞에서 용감한 사냥꾼이 되었으므로 속담에 이르기를 아무는 여호와 앞에 니므롯 같이 용감한 사냥꾼이로다 하더라.

함의 아들은 구스와 미스라임과 붓과 가나안이요: 함의 네 아들은 주로 아프리카 지역에 살았다. 성경은 아프리카를 '함의 땅'이라 불렀다시 105:23, 27, 106:22. 70인역이나 요세푸스에 의하면, 히브리어로 구스는 나일강 상류의 에티오피아 원주민구스 자칭을, 미스라임은 이집트Mestrean 자칭, 유대인은 *Mestre*라 부름의 원주민을 지칭한다고 했다. 이집트

신화에서 최초의 이집트 건설자로 나오는 프타Ptah는 구스와 미스라임의 아버지인 함Ham을 암시하는 것으로 보인다. 그는 구스가 기시왕국을 세우기 전에 이미 아프리카로 이주한 듯하다.

구스*Chus*, Cush는 수메르에 기시왕국을 세운 기시Kish와 동일시되며, 성경에서는 에티오피아를 뜻한다. 한 점토판문서Tell el Amarna는 에티오피아를 카시Kashi로 기술했다. 구스는 자신이 세운 기시왕국에서 정변이 일어나자, 동생 미스라임과 갈대배를 타고 소코트라 섬을 거쳐 아프리카로 이동한 듯하다David Rohl. 그는 한때 어린 니므롯을 함족의 지도자로 훈련시킨 것으로 보인다Genesis Record, p. 251.

미스라임*Mizreim*, 에워싸다은 나일 계곡을 개척하고, 이집트에 통일왕국을 세운 메네스Menes, 4100년경와 같은 인물로 추정한다Genesis Record, p. 250. 프톨레미 1세 때 헬리오폴리스의 제사장으로 있던 마네토Manetho, BC 3C에 의하면, 메네스는 왕권을 과시하려고 물가로 내려갔다가 하마에게 밟혀죽었다고 한다.

붓*Phut*은 푼트Phunt와 동일시되며, 리비아Libyia, Lubim족의 조상으로 추정된다. 그 후손은 바벨론에서 인도양을 경유해 아프리카의 푼트에 상륙한 우루크 왕족의 후예들로, 에티오피아구스, 이집트미스라임, 리비아붓 등지로 분산했다. 요세푸스는 '붓이 리비아를 창건한 사람'이라고 했다. 붓의 나라는 미스라임 후손의 하나인 리비오스Lybyos의 이름을 따라 리비아Lybia라 불리게 되었다단 11:43.

가나안*Canaan*, 낮은 곳: 로마인들은 가나안을 팔레스틴Palestine이라 불렀다. 미스라임의 여덟 아들13-14은 이집트에서 가자Gaza에 이르는 지역에 거주했는데, 오늘날 블레셋*Philistim*이라는 이름만 남기고 모두 사라졌다. 그 이유는 에티오피아 전쟁모세가 이집트 군 인솔?에서 이집트 군에게 그 지역이 모두 점령되었기 때문이라고 한다.

스바*Seba*: 요세푸스는 사바Saba를 에티오피아 북쪽의 누비아 지역에 살던 메로에Meroe족의 조상으로 해석한다. 시편 기자72:10는 스바가 이스라엘에게 종속되는 날이 곧 하나님의 영광이 회복되는 날이라고 했다. 요세푸스가 살았던 당시에는 지금의 수단Sudan에 사는 사람들을 사바인Sabean이라 불렀다고 한다사 45:14.

하윌라*Havilah*는 아라비아 동북쪽 아바리태Avalitae의 조상으로 보인다Keil, Lange. **삽다***Sabtah*는 아라비아의 사보타Sabota, Sabatah에 거주하던 에티오피아 족속의 하나로, **라아마***Raamah*, 요동함는 아라비아 남단의 라그마Ragma 원주민의 조상으로, **삽드가***Sabteca*는 페르시아만 동쪽의 수바톡Subatok 원주민의 조상으로, **스바***Sheba*는 아라비아 서남부의 사베안족Sabeans, 왕상 10:1; 사 60:6; 렘 6:20; 겔 27:22의 조상으로, **드단***Dedan*은 아라비아 남부와 페르시아만 연안에서 대상隊商 생활을 하던 사람들의 조상으로 추정된다.

니므롯을 낳았으니 그는 세상에 첫 용사라: 니므롯*Nimurod, Nimrod*, 반역자은 '세상에 첫 용사이며, 여호와 앞에서 용감한 사냥꾼' 이었다. 여기서 용사깁보르, 강하다, 뛰어나다는 강포한 자시 52:1를, '여호와 앞에서' 헬enation라는 말은 '하나님께 대항하여' 요세푸스 · 어거스틴, 또는 '여호와를 반대하여' 70인역라는 의미이다. 탈굼과 학가다Haggadah, 설화적 성경주석, 요세푸스, 어거스틴, 모리스Genesis Record, p. 253, 268 등은 니므롯이 사람을 선동해 바벨탑을 쌓았다고 했다. 요세푸스는 니므롯이 바벨탑을 쌓은 이유가 자기 숙부가나안에 대한 증조부노아의 저주를 무산시키고, 여호와께 복수를 하기 위해서였다고 해석했다유대 고대사, p. 60. '용감한 사냥꾼' 이란 뛰어난 사냥 솜씨로 동물뿐 아니라 사람을 노예 삼았음을 의미한다Leupold. 탈굼Jerusalem Targum은 이렇게 말한다.

> "그는 사냥 기술과 하나님 앞에서의 사악함이 매우 컸다. 그는 백성의 아들들을 사냥했다. 그는 '하나님의 평가에서 벗어나 니므롯의 판단에 따르라' 고 외쳤다. 그래서 '하나님 앞에서 사악함과 사냥을 잘하는 자 니므롯처럼' 이라고들 말한다."

또 다른 자료들은 니므롯이 세계 최초로 도량형과 화폐를 만들었고, 자신의 행위를 변호하려고 수메르문자를 만들었다고 말한다. 그리고 학술원을 세워 하나님께 대항하는 신화들을 만들어 퍼뜨렸다고 한다. 데이비드 롤은 <문명의 창세기>1998에서 니므롯을 아래의 세 인물 중 하나로 추정했다그림 1. 이들은 모두 바벨론의 영웅이었고, 하나님께 대항했으며, 거대한 제국을 건설했고, 바벨탑 축조 시기약 4,200-4,300년 전에 활동한 공통점이 있다.

▲ <그림 1> 니므롯 석두상(Calah, 1987)(左上), 사르곤 1세(左下), 길가메쉬(右)

① 엔메르카르*Enmercar*설: 우루크에렉의 제2대 왕으로, 사냥꾼이며 영웅이었다. 제1대 왕 메스키아그카세르*Meskiagkaser*, 대장장이 구스의 아들로, 우루크에 처음으로 신전Eanna을 세웠다. 바벨론어로 엔메르카르는 '사냥꾼 니므롯' 으로 풀이된다.

② 길가메시*Gilgamesh*설: 우루크의 제4대 왕으로, 사냥꾼이자 영웅이었다. 최고신 아누Anu-nim에게 대항하고, 사람들이 자기를 따르도록 선동했다Gunkel, Skinner.

③ 사르곤 대제*Sargon I* 설: 고대 바벨론제국의 건설자로, 아카드 출신이었다. 기시왕국의 정원사 출신으로, 쿠데타로 집권해 아카드 왕국을 세웠다.

창 10:11-14 그의 나라는 시날 땅의 바벨과 에렉과 악갓과 갈레에서 시작되었으며 그가 그 땅에서 나아가 니느웨와 르호보딜과 갈라와 및 니느웨와 갈라 사이의 레센을 건설하였으니 이는 큰 성읍이라 미스라임은 루딤과 아나밈과 르하빔과 납두힘과 바드루심과 가슬루힘과 갑도림을 낳았더라가슬루힘에게서 블레셋이 나왔더라.

그의 나라는…… 시작되었으며: 니므롯은 바벨론·에렉·악갓·갈레의 설립자로, 앗수르Assyria, 히 *Asshur*로 나아가 니느웨·르호보딜·갈라를 점령했고, 레센*Resen*을 건설했다. 바벨*Babel*은 바빌론Babylon으로 수메르의 수도였고, 에렉*Ereck*은 대홍수 후 수메르에 최초로 세워진 도시인 우루크Uruk이다. 악갓*Accad*은 아카드Akkad 또는 수메르제국을 말한다. 갈레*Calneh*는 후일 바빌로니아Babylonia로 불렸고단 1:2, 수메르와 동의어이다Genesis Record, p. 253. 티그리스 중류의 르호보딜과 레센을 위

성도시로 거느린 니느웨는 후일 앗수르의 수도가 되었다. 갈라Calah는 지금 니므롯Nimrod으로 바뀌었다. 이곳에서 최근1987, 니므롯의 석두상이 발견된 바 있다.

일설에는 니므롯이 벨렉 2년에 바벨탑을 쌓기 시작했으며총 43년간, 제9년에 일부 병력을 이끌고 메소포타미아의 북부로 진격해 25개 도시국가를 모두 정복했다고 한다. 이것이 고대 바벨론제국ancient Babylonian Empire의 탄생이다그림 2. 후일 바빌론에서 일어난 앗수르에 의해 이스라엘 왕국이, 신新 바빌론에 의해 유다 왕국이 각각 멸망을 당했다. 어거스틴은 앗수르의 수도 니느웨는 벨루스함족의 아들인 니누스Ninus가 제국을 확장시켰기 때문에 붙여진 이름이라고 했다. 이 왕국은 1,240년간 지속했다고 한다《하나님의 도성》, 4:6, 16:3. 니누스는 니므롯의 별칭이었다Genesis Record, p. 253.

미스라임: 루딤·아나밈·르하빔·납두힘·바드루심·가슬루힘·갑도림 등의 일곱 아들을 낳았다. 이들의 이름모두 복수형-im 호칭에서 유추할 때 그 후손들은 중동 아시아의 남부와 아프리카의 중북부로 이동한

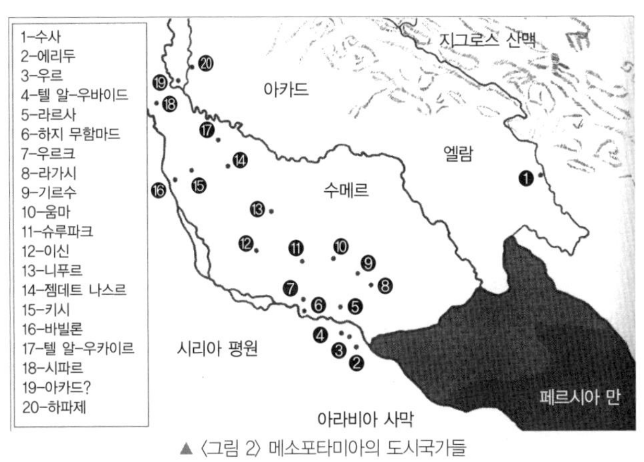

▲ 〈그림 2〉 메소포타미아의 도시국가들

것으로 보인다. 바드루심은 상 이집트의 바드로스Pathros에 거주했다. 가슬루힘과 갑도림은 블레셋족을 이루었다렘 47:4; 암 9:7.

가슬루힘에게서 블레셋이 나왔더라: 블레셋*Philistines*은 가슬루힘의 후손이다. 구약성경신 2:23; 렘 47:4; 암 9:7은 이들이 크레타 섬에서 들어온 족속으로, 헬라어 역본70인역은 알로폴로스이방인, 낯선 자로 번역했다. 사가史家들도 이들이 크레타에서 이주했다고 말한다. 크레타Crete는 갑돌Caphtor과 동의어이다. 미스라임의 두 아들 가슬루힘과 갑도림이 후일 블레셋의 주류를 이룬다Genesis Record, p. 254. 즉 블레셋은 가슬루힘에서 나와 북아프리카에 살다가 크레타에서 건너온 족속과 가나안 지역에서 합류해 강력한 해양 세력을 이루었다원어성경대전, p. 589.

창 10:15-20 가나안은 장자 시돈과 헷을 낳고 또 여부스 족속과 아모리 족속과 기르기스 족속과 히위 족속과 알가 족속과 신 족속과 아르왓 족속과 스말 족속과 하맛 족속을 낳았더니 이후로 가나안 자손의 족속이 흩어져 나아갔더라 가나안의 경계는 시돈에서부터 그랄을 지나 가사까지와 소돔과 고모라와 아드마와 스보임을 지나 라사까지였더라 이들은 함의 자손이라 각기 족속과 언어와 지방과 나라대로였더라.

가나안은 장자 시돈과 헷을 낳고: 함의 막내인 가나안은 11명의 아들을 두었다. 장자인 시돈Sidon, 고기 잡음의 후손은 무역업에 종사하면서 페니키아제국을 건설했다. 차남 헷*Heth, Khitte=Cathay*, 두려움의 후손은 철제 전차를 갖춘 히타이트제국을 건설했다. 이들은 아브라함과 같은 시기에는 가나안에 살았고창 15:19-21, 일부는 극동의 몽골 지역까지 이동한 것으로 추정된다Genesis Record, pp. 254-255.

또 여부스 족속과…… 낳았더니: 아모리높음, 산 사람를 포함한 나머지 가나안족은 후일 유대인들에게 모두 멸절되었다. 자녀를 우상에게 바치며 짐승과 교잡하는 등, 죄악이 하늘에 사무쳤기 때문이다창 18:20-21; 신 9:4-5. **여부스족**은 예루살렘에 거주했고수 15:63, **아모리인**은 가장 강력한 가나안족이었다창 15:16. 아마르나문서Amarna Letter는 여부스와 아모리를 합해 아무루Amurru라 불렀다. **신족**Sinites은 만신전Pantheon에 등장하는 달의 신인 신Sin을 숭배한 것으로 보인다. 신 광야Sin Plain, 시나이 산Mt. Sinai은 물론, 중국에 대한 고대 명칭들Sino, Sinim, Sinae은 이들과 관계가 있는 것으로 보인다Gensis Record, p. 256. 그 밖의 족속들은 가나안에서 시리아에 이르는 지역에 거주했다. 모리스는 가나안의 두 아들인 헷Heth=Khitte= Cathay과 신Sinites=Sinim=Sino=China의 후손이 동양과 아메리카 원주민의 일부를 이루었다Genesis Record, p. 256. 가나안족이 살았던 네 도시소돔·고모라·아드마·스보임는 후일 유황불로 멸망했다창 19:24, 28.

각기 족속과 언어와 지방과 나라대로였더라: 셈·함·야벳 족속 모두 가족, 족속 및 언어 단위로 국가를 형성했다. 이처럼 하나님은 각 족속을 흩으시는 중에서도 가족들은 흩어지지 않도록 배려하셨음을 알 수 있다.

셈의 후예: 셈은 대홍수 후 502년6대손까지을 더 살았다. 그는 노아가 임종할 때까지 그를 모셨던 것으로 보인다Genesis Record, p. 257. 셈의 후손이 거주한 곳은 중동 지역과 스발 산맥의 동편아시아이었다. 오스굿은 바벨탑 건축 당시대홍수 후 100여 년 추정에 셈의 다섯 아들의 후손이 9그룹에 6,250명으로 증가했으며, 셈 가문의 인구는 남자만 17,125명남녀 34,250명으로 추정했다.

창 10:21-24 셈은 에벨 온 자손의 조상이요 야벳의 형이라 그에게도 자녀가 출생하였으니 셈의 아들은 엘람과 앗수르와 아르박삿과 룻과 아람이요 아람의 아들은 우스와 훌과 게델과 마스며 아르박삿은 셀라를 낳고 셀라는 에벨을 낳았으며.

셈은 에벨 온 자손의 조상이요: 에벨*Eber*은 '강을 건너온 자'라는 의미로, 후일 히브리인의 조상이 되었다. 요세푸스에 의하면 셈이 낳은 5명엘람 · 앗수르 · 아르박삿 · 룻 · 아람의 아들은 유프라테스 강에서 인도양에 이르는 광활한 지역에 살았다고 한다.

야벳의 형이라: 노아의 세 아들의 출생 순서에 대해 장남이 셈이라는 설과 야벳이라는 설이 대립한다. 헨리 모리는 야벳이 장자이고노아 500세 출생, 창 5:32, 7:11, 셈은 503세창 5:32, 함은 그 중간에 낳았다고 해석한다Genesis Record, p. 258.

엘람*Elam*, **오르다, 높다**: 엘람은 페르시아이란의 옛 이름으로, 고레스 왕과 신약시대에도 페르시아인을 엘람인이라 불렀다. 엘람 자손셈족과 마대 자손야벳족이 연합해 아리아족이란족을 형성했다. 아브라함 시대에 가나안을 침공한 그돌라오멜은 수사Susa에 수도를 두었던 엘람의 왕이었다창 14:4–5.

앗수르*Asshur*, **번영하다, 기쁘다**: 이 후손은 니느웨*Nineve*에 살면서 이라크족을 이루었다. 앗수르*Asshur*는 아시리아*Assyria*에 대한 히브리어 호칭이다. 후일 니므롯이 앗수르에 니느웨를 비롯한 여러 도시국가를 세우면서 함과 셈의 문화가 혼합된 바벨론을 형성했다. 아시리아제국의 왕들은 전쟁이나 중요한 외교 소식은 앗수르 동상 앞에서 매일 낭독했다고 한다.

아르박삿*Arphaxad*, **영역**: 셈의 셋째 아들로 갈대아인Chaldeans의 조상이다. 중심 도시인 우르*Ur*는 아브라함이 태어난 곳으로, 최초의 도시 문명이 일어난 곳이다. 허리안 서판Hurrian Clay Tablets에 의하면 아립허라Aribhera가 갈데아를 창건했으며, 그의 후손에서 에벨과 아브라함이 나왔다고 했다. 아립터라는 아르박삿의 별칭으로 보인다.

룻*Laud, Lud*: 요세푸스는 이 후손이 터키 서부의 리디아인Lydians이라 불리는 룻족Laudites을 이루었다고 했다. 이 나라의 수도는 사대*Sardis*였다. 창세기10:13에도 이들과 유사한 루딤Ludim이라는 명칭이 나온다.

아람*Aram*, 높은: 그리스인은 이들을 시리아Syria라 불렀다. 지금도 시리아인들은 아람인으로 자칭한다. 그의 네 아들은 시리아 지역에 살면서 아람족Aramites을 형성했다. 아람어는 그리스제국이 형성되기 전까지는 국제 공용어였다왕하 18:26. 아람의 네 아들은 우스, 훌, 게델, 마스이다.

우스*Uz*, 상의하다의 후손은 다마스쿠스Damscus와 트라코니티스Trachonitis를 건설했다. 그들이 살았던 아라비아의 우스는 욥의 고향이었다욥 1:1; 렘 25:20. **훌***Ul*, 구멍 원은 아르메니아Armenia를, **게델***Gether*은 박트리아 제국Bacctria Empire을, **마스***Mesa*는 메사네아Mesanea를 각각 건설했다.

창 10:25-32 에벨은 두 아들을 낳고 하나의 이름을 벨렉이라 하였으니 그때에 세상이 나뉘었음이요 벨렉의 아우의 이름은 욕단이며 욕단은 알모닷과 셀렘과 하살마웻과 예라와 하도람과 우살과 디글라와 오발과 아비마엘과 스바와 오빌과 하윌라와 요밥을 낳았으니 이들은 다 욕단의 아들이며 그들이 거주하는 곳은 메사에서부터 스발로 가는 길의 동쪽 산이었더라 이들은 셈의 자손이니 그 족속과 언어와 지방과 나라대로였더라 이들은 그 백성들의 족보에 따르면 노아 자손의 족속들이요 홍수 후에 이들에게서 그 땅의 백성들이 나뉘었더라.

셀라Shelah, 확장의 아들 **에벨**Eber, Heber은 히브리인Hebrew의 조상이 되었다.

에벨은 두 아들을 낳고 하나의 이름을 벨렉이라 하였으니: 벨렉Peleg, 나뉨 · 분산의 시대에 바벨탑과 고대 바벨론제국이 건설되었고, 사람들이 여러 민족으로 나뉘었다. 벨렉은 히브리어 '팔라그'나누다에서 유래한 말이다. '나뉨'에 대해 언어의 분화설, 대륙의 분화설 또는 양자를 동시에 의미한다는 설 등이 있다. 전통적으로는 벨렉이 출생한 지 2년 후에 니므롯이 바벨탑을 쌓은 것으로 추정되므로, 대륙의 분리가 아닌 언어와 지리적 분산을 의미하는 것으로 해석한다창 10:5, 32.

그때에 세상이 나뉘었음이요: 창세기 10장 25절의 '나뉘다'히 *palag*와 10장 5절 및 10장 32절의 '나뉘다'히 *parad*는 서로 다른 의미이다. 이 두 단어로 유추하건대, 지구는 원래 한 덩어리였으나, 대홍수를 계기로 지금처럼 6대륙으로 분리된 것으로 보인다. 사람과 동물들은 해수면이 지금보다 낮았을 때 베링과 말레이 반도를 거쳐 미주와 인도네시아 및 호주 등지로 이동했으며, 해빙기에 육교들이 물에 잠기면서 대륙들이 재분리가 된 것으로 보인다.

벨렉의 아우의 이름은 욕단이며: 벨렉Peleg, 쪼개다, 나누다의 후손이 제1 히브리인이라면, 그의 아우 욕단Joktan, 작다의 후손은 제2 히브리인이라 할 수 있다. 욕단의 아들12명은 모두 스발 산맥의 동편에 거주했다. 오발과 스바는 아라비아 반도에 있다. 창세기가 벨렉의 아들은 기록하지 않은 반면, 욕단의 아들은 모두 기록한 것은 이 기록의 저자로 보이는 셈이 욕단과 함께 지냈음을 암시한다Gensis Record, p. 262.

그들이 거주하는 곳은 메사에서부터 스발로 가는 길의 동쪽 산이었더라: 스발히 *Sphar*의 정확한 위치에 대해서는 논란이 많지만, 킹제임스성경KJV의 주석에는 아라비아의 남단으로 추정한다. 아라비아인들은 욕단을 칵탄Kachtan이라 부른다. 그러나 요세푸스는 코펜Cophen에서 인더스 강에 이르는 지역으로유대 고대사, p. 67 유추한다.

유석근2006 목사는 욕단이 제1대 단군이며, 그들이 거주한 곳을 천산산맥의 인근으로 비정한다. 큰 집안인 벨렉 가문이 바벨탑 공사에 참여하려고 하자 욕단 가문은 그들과 이별하고 동방으로 이동한 듯하다. 이들이 아라랏 산김성일 또는 자그로스 산맥 인근유석근에서 벨렉 가문과 이별하는 과정에서 '아리랑'이라는 구슬픈 노래가 생긴 것으로 추측한다. 욕단의 무리에는 노아도 합류했을 것이다. 유석근은 스발이 시벨새벌로 바뀌었고, 16세기에 영국인들이 스발에 대륙을 의미하는 '리아'를 결합해 스발리아, 즉 시베리아Siberia로 개칭되었다고 주장한다.

노아 자손의 족속들이요 홍수 후에 이들에게서 그 땅의 백성들이 나뉘었더라: 결론적으로 셈 계열이 26개국, 함 계열이 30개국, 야벳 계열이 14개국으로, 총 70개의 고대 도시국가가 형성되었다. 이집트에서는 도시국가를 노모스nomos라 불렀다.

정사正史를 복원해야 한다

대홍수에서 생존한 노아의 세 아들로부터 오늘의 인종이 유래했다. 선악과 사건으로 본성이 타락한 사람들은 대홍수 후에 다시 바벨탑을 쌓아 하나님께 대항했다. 이 일을 주도한 니므롯은 고대 바벨론제국을 건설했다. 그가 세웠거나 다스렸던 앗수르·니느웨·바벨론제국이 후일 선민 이스라엘을 괴롭히고, 급기야 남북 왕조를 멸망시키게 된다. 노아는 이러한 미래의 사건들을 환상으로 보고서, 가나안을 저주한 것으로 보인다.

창세기에는 노아 후손의 이름과 그들이 거주하던 지역이 구체적으로 기록되어 있다. 역사의 진실을 알려주는 엄청난 자료가 땅 속에 묻힌 채 정사正史가 복원되기를 기다리고 있는 것이다. 이러한 증거들을 적극 발굴하고, 고대 국가의 탄생 과정을 바르게 규명하여 정사를 복원하는 일이 크리스천 엘리트들에게 주어진 최대의 책임이라 할 수 있다. 여러분은 이러한 거대한 사역에 동참하지 않겠는가?

참고 사항: 아리랑亞里郎의 기원

아리랑은 들을 때마다 우리의 마음 속에 아련한 향수를 불러일으키는 신비한 노래이다. 비단 우리 민족에 그치지 않고 세계적으로 가장 애창되는 곡이기도 하다. 시드니올림픽 때2000 남북 선수가 아리랑 기를 들고 등장했고, 김대중 대통령의 노벨평화상 수상식에서 성악가 조수미가 축가로 부른 곡이기도 하다. 뉴욕필하모니로린 마젤 지휘, 2010가 평양에서 연주했던 아리랑은 북한 주민의 큰 갈채를 받은 바 있다. 중국은 우리보다 먼저 아리랑을 국가문화재로 등록했다고 한다2011. 6. 21. 유네스코는 세계무형문화재로 지정했고, 2002년부터 세계의 구전과 무형유산의 보존을 위해 아리랑 상도 제정했다.

우리나라에는 60종류의 아리랑이 있고, 3,600종의 가사가 전해져 내려온다. 그중에서 진도아리랑, 정선 아리랑, 밀양아리랑이 대표적이다.

아리랑은 모두 10자씩 네 마디로 구성되어 있다.

아리랑 아리랑 아라리요10자, 아리랑 고개로 넘어간다10자,
나를 버리고 가시는 님은10자, 십리도 못 가서 발병난다10자.

여기서 아리亞里는 천국 또는 '고운', '큰'의 뜻이 있다. 에벤키족시베리아의 말로는 아리랑은 '맞이하다', 쓰리랑은 '영혼을 다시 깨우다'라고 한다. 몽골어로 우리말로 '아리'는 '성스럽다, 깨끗하다', '랑'郎은 '님, 낭군'을 뜻한다. 따라서 아리랑은 '크고 거룩하신 님' 즉 상제上帝, 하나님를 의미한다. 그러므로 '아리랑 고개를 넘어간다'는 말은 하나님을 찾아 험준한 고개를 넘어간다는 뜻이다. 이처럼 거룩한 행렬나에서 떠나는 님벨렉가문은 십리十里, 無極世界도 못 가 발병이 나서라도 되돌아오라는 간절한 애원이며 외침이었다.

바벨탑 사건으로 시작된 인류의 대이동 과정에서 일부는 몽골, 일부는 중국을 거쳐 해가 돋는 한반도에 다다랐다. 중국의 삼황오제와 우夏·탕殷·문왕周·공자·주원장明, 그리고 금金을 세운 아골타阿骨打와 누루하치愛新覺羅·金氏 모두 우리와 같은 동이족이었다. 고조선 영역에서만 출토되는 제사용 고인돌은 우리 조상이 하나님께 제사를 지낸 민족이었음을 보여주는 증거이다.

아리랑의 기원에 대해서는 여러 설이 있다. 아리랑이 우리 심금을 울리는 것은 그만큼 오랜 역사와 내력을 가지고 있기 때문일 것이다. 이러한 정황에 가장 근접한 주장으로는, 바벨탑 사건을 전후해 에벨의 두 형제 가문이 헤어지면서 부른 이별의 노래라는 주장이 설득력을 얻고 있다.

기독교 작가 김성일1990은 욕단동생 가문이 바벨탑 공사에 합류하려는

벨렉형 가문과 이별하면서 부른 이별의 노래라고 말한다. 삼천 명에 달하는 욕단 가문의 식솔들이 흰 옷을 입고 아라랏 산맥을 넘으며 이 노래를 불렀다는 것이다. '아라랏 아라랏 아라리요, 아라랏 고개를 넘어간다. 나를 버리고 가시는 님벨렉 가문은 십리도 못 가서 발병 난다.' 발병이 나서라도 바벨탑 공사장에 가지 말고 되돌아오라는 간절한 기도였다는 것이다.

이와는 달리 유석근 목사2006는 욕단 가문이 바벨탑 공사에 참여하려는 큰집벨렉 가문 식구들과 이별하면서, 해가 뜨는 동쪽새벌·서라벌·서울으로 가면서 부른 노래라고 주장한다. 그는 '아리랑'은 '알이랑'으로, '알'은 '엘'하나님로, '이랑'은 '함께'로 풀이했다. 따라서 아리랑은 '하나님과 함께'알이랑 고개천산산맥·곤륜산맥·알타이산맥를 넘어 해가 뜨는 밝은 동쪽으로 가노라는 외침으로 풀이한다. 그러니 큰집벨렉의 형제들이 발병이 나서라도 하나님께로 돌아오라는 부르짖음이었다는 것이다. 그 무리에는 그때까지 생존한 노아와 셈을 포함한 집안 어른들이 모두 포함되었을 것으로 추리한다club.cyworld.com/alilang.

제17강

바벨탑 사건과 언어 · 인종의 분화

노아의 대홍수가 천재지변天災地變이었다면, 바벨탑 사건은 인재지변人災之變이라 할 수 있다. 왜냐하면 이 사건을 계기로 하나였던 언어와 민족과 나라가 지금과 같이 여러 갈래로 나누어졌기 때문이다. 바벨탑 사건이 일어나기 전에도 야벳 족속의 일부는 서쪽서유럽 형성과 북쪽동유럽 형성으로, 셈족의 일부와 함족은 동남쪽으로 각각 이주했던 것으로 보인다. 그 이유는 니므롯이 바벨탑을 쌓던 당시에 메소포타미아와 엘람 지역에는 이미 30여 개에 달하는 도시국가가 건설되어 있었기 때문이다. 대홍수 후 100여 년이 지났을 때, 천산산맥 인근에 머물던 함족과 셈족의 일부벨렉 가문 포함가 동남쪽의 티그리스 강 너머 시날 평지에 도착해 바벨탑을 쌓은 것으로 보인다. 셈족의 주류는 바벨탑의 건설에 참여하지 않았으므로, 인류 최초의 언어인 히브리어는 셈 가문에 의해 보존되었던 것으로 보인다Genesis Record, p. 267.

창 11:1-5 온 땅의 언어가 하나요 말이 하나였더라 이에 그들이 동방으로 옮기다가 시날 평지를 만나 거기 거류하며 서로 말하되 자, 벽돌을 만들어 견고히 굽자 하고 이에 벽돌로 돌을 대신하며 역청으로 진흙을 대신하고 또 말하되 자, 성읍과 탑을 건설하여 그 탑 꼭대기를 하늘에 닿게 하여 우리 이름을 내고 온 지면에 흩어짐을 면하자 하였더니 여호와께서 사람들이 건설하는 그 성읍과 탑을 보려고 내려오셨더라.

온 땅의 언어가 하나요 말이 하나였더라: 언어speech, 히 *sapa*는 생각과 느낌을 나타내는 음성이나 문자의 체계이며, 말language, 히 *dabar*은 음성 기호로 생각과 느낌을 입으로 표현하는 행위이다. 바벨탑을 쌓던 때에는 온 인류가 한 입으로 같은 말과 어휘를 사용했다성경원어대전, p. 608. 어거스틴은 최초의 단일 언어가 다름 아닌 히브리어였으며, 에벨 가문에 의해 보존되었고, 아브라함과 야곱으로 전해졌다고 말한다《하나님의 도성》, 16:11.

동방으로 옮기다가: 히브리 원어로는 '동쪽으로부터 이동할 때' as they journeyed from the east, KJV, RSV, AV이다. 즉 대홍수 후에 아라랏 산맥에서 살았던 노아의 후손들이 세월이 지나면서 추운 산 속을 떠나 동쪽이란·파키스탄·아프가니스탄으로 이동했다는 이야기이다. 그들이 아라랏을 떠난 이유는 추위 때문이었을 것이다. 이때 빙하기가 찾아와 구름이 하늘을 가리어 고산 지대를 춥고 음산하게 만들었을 것이다.

여기서 말하는 동방東方은 이란의 북동부나 천산산맥의 인근으로 추정된다. 이곳에서 그들은 두 집단으로 갈린 듯하다. 함족의 니므롯이 이끈 그룹은 티그리스를 건너 서남쪽의 시날 평지로 내려갔다. 니므롯은 권력에 의한 중앙집권제를 수립해 자급 자족이 가능한 경제 체제를 구축하려 했음이 분명하다Genesis Record, p. 268. 노아와 셈 및 욕단을 포함한 또 다른 그룹은 해가 돋는 스발 산맥힌두쿠시·카라콜람 산맥의 동쪽쿤룬산맥·천산산맥·우랄-알타이 산맥 등으로 이동한 것으로 보인다유석근, 2006.

시날 평지를 만나 거기 거류하며: 시날Sinar은 사학계에서 수메르Sumer로 고증한 곳으로, 여기에서 인류 최초의 도시 문명이 일어났다. 수메르는 쉐메르Shemer에서, 쉐메르는 쉠Shem과 셈Sem에서 유래하였다. 그래서 일각에서는 셈의 후손이 수메르인을 몰아내고 자기 조상의 이름으로 도시 이름을 대체한 것으로 해석하기도 한다.

수메르 전승에 의하면, 노아의 방주가 머무른 우르미아 호수 주변에는 아라타Arata라는 최초의 도시국가가 있었다고 한다. 데이비드 롤도 대홍수 이후 아르메니아 지역에 아라타 왕국이 있었다고 말한다문명의 창세기, pp. 131-134. 요세푸스는 홍수 후 최초의 도시가 나키드예후안혈통의 첫 장소이라고 주장하였다유대 고대사, 20-2-3. 어느 경우든 아르메니아에 있는 지역들이다. 이곳에서 그들은 하나님 아버지父神께 대항하려고 여신女神을 만들었고, 거대한 신전을 세워 숭배한 것으로 보인다. 신전 입구에는 두 돌기둥히 *mazzevah*을 세웠다. 이는 여신사탄이 하나님과 동등한 존재임을 부각시키기 위한 의도였다. 후일 우루크Uruk를 건설한 엔메르카르*Enmercar*, 사냥꾼 니므롯는 그곳에 안An, Anu을 모시는 에안나Eanna, 하늘의 집 신전을 세웠고, 인안나Inanna, Ishtar 여신상을 세워 경배했다.

고대 왕국에 관한 전설

〈수메르 왕명록〉SKL, 2100 BC?에 의하면 대홍수 이전에는 엘룰림을 비롯한 8명의 왕이 세계 최초의 왕국인 에리두*Eridu*를 다스렸다고 한다. 에리두라는 이름은 가인의 아들 에녹Enosh, 또는 에녹의 아들에서 유래하였다수잔 바우어, pp. 23-31. 요세푸스는 대홍수 이후에는 아르메니아의 이드예우안place of decent에 최초의 왕국이 세워졌다고 했다유대 고대사, pp. 56-58. 사가들은 수메르의 북쪽 산악 지대아르메니아-자그로스 산맥에서 내려온 '검은 머리의 사람들'이 수메르에 처음으로 도시를 건설했다고 말한다. 여기에 농사 기술을 가진 셈족이 합류하면서 도시민농민과 유목민의 협력 체계가 구축되었다는 것이다. 우루크의 제5대 왕 두무지유목민 대표와 여신 인안나농민·도시민 대표의 결혼 설화는 이를 뒷받침한다. 현재 사학계에서는 메소포타미아의 고대 역사를 에리두 → 사마라·하수나·할라프 → 우바이드 → 우루크·기시 → 젬다트나스르로 이어진 것으로 추정한다.

서로 말하되: 시날 평지에서 그들이 결의한 내용은 다음과 같다.

① 벽돌로 돌을 대신하며, 역청으로 진흙을 대신하자11:3.

② 성읍과 탑을 건설해, 탑 꼭대기를 하늘에 닿게 하자반신사상, 11:4.

③ 탑 꼭대기에 우리사람 이름을 내자인본주의, 11:4.

④ 온 지면에 흩어짐을 면하자단합된 힘→ 군사력화, 11:4.

이처럼 그들은 인간이 주인 되는 인본주의人本主義와 여신 신앙을 앞세웠다. '흩어져 생육하라'는 하나님 명령창 1:28도 거부했다. '탑 꼭대기를 하늘에 닿게 하자'는 말은 '하늘과 천군에게 바치자'는 의미라고 모리스는 해석한다Genesis Record, p. 270. 유대사학자 필로Philo는 바벨탑을 쌓은 벽돌마다 작업자의 이름과 그들이 섬기던 마르둑*Malduk*, 므로닥의 이름을 새겨 넣었다고 한다. 당시에 수메르에서는 아누Anu, 天神, 엔릴Enlil, 地神, 엔키Enki, 水神를 주신主神으로 섬겼다. 그런데 마르둑이 최고

신 아누*Anu-nim*를 물리치고 '신들의 신'으로 등극했다는 것이다. 니므롯을 신격화한 것으로 보이는 바벨론의 주신인 마르둑은 그 후 가나안의 바알, 이집트의 호루스아도니스, 한국의 천하대장군鹿島 昇 주장 등으로 변신하게 된다.

벽돌로 돌을 대신하며 역청으로 진흙을 대신하고: 이들은 회백색의 진흙으로 벽돌을 만들었다. 거대한 탑과 성벽을 쌓으려면 많은 벽돌이 필요했을 것이다. 그들이 벽돌을 견고히 굽자고 한 것은 벽돌을 불에 구웠음을 의미한다. 이는 햇볕에 벽돌을 말리던 이집트나 아시리아와는 달리 신속하게 탑을 쌓으려 했던 그들의 의지를 잘 보여준다. 그들은 벽돌을 이어주는 역청瀝靑, asphalt, 히 *hemar*, 헬 *asphaltos*을 끓이는 가마솥을 도처에 설치했을 것이다. 역청은 대홍수 후에 생성된 석유의 부산물로, 결착력이 매우 강하다.

▲ 〈그림 1〉 바벨탑 모형(피터 뷔르헐, 1563)

▲ 〈그림 2〉 바벨탑 상상도(마르텐 반 발켄보르흐)

높이 378m의 바벨탑그림 1-3, 사진 1-2

'서양 역사의 아버지'라는 헤로토토스BC 458는 바벨탑이 8층의 나선형이었으며, 벽돌로 쌓은 탑의 높이가 210m였다고 했다N.B. Keys, pp. 10-12. 이는 한 층을 3m로 계산하면 70층의 높이에 해당한다. 꼭대기의 신전은 파란 유약을 바르고, 황금을 덧씌워서 눈이 부셨다고 한다. 이 탑은 경제, 정치, 문화, 종교의 상징이었다. 바벨론의 신관이자 사가였던 베로수스Berosus, 3C는 원래 인류가 한 족속이었는데, 교만해 신을 경멸하며 탑을 쌓았으나, 신이 바람으로 탑을 무너뜨렸고, 언어를 분산시켰다고 했다패럿, 1955.

바벨탑 이야기는 메소포타미아의 〈엔메르카르와 아라라트의 하나님〉Enmerkar and the Lord of Aratta에도 나온다. 가장 오래된 지구라트는 수메르 족속이 하늘의 신Anu에게 봉헌하기 위해 건설한 우루크의 지구라트BC 3,000?였다. 갈대아 우르의 지구라트BC 2,100?는 우르 제3왕조의

▲ 〈그림 3〉 울리의 바벨탑

▲ 〈사진 1〉 지구라트(우룩)

▲ 〈사진 2〉 초기 피라미드(사카라, 이집트)

우르-남무가 수호신 난나Nanna를 섬기려고 세웠고, 벽돌에는 마르둑Malduk의 이름이 새겨져 있었다고 한다. 요세푸스37-98는 바벨탑을 쌓은 사람은 니므롯이며, '신에 대한 반역의 탑'이라고 규정했다. 탑은 신의 진노로 대홍수가 다시 올까 염려해 쌓았다고 했다.

사가들은 바벨탑이 메소포타미아에 산재한 지구라트Ziggurat, 聖丘의 원형인 것으로 해석한다. 지금도 이라크에는 30개의 지구라트가 잔존하는데, 대부분은 신 바벨론의 느브갓네살 2세BC 630-562로부터 세운 것이다. 그의 비문에는 '나는 하늘과 어깨를 겨루는 에테멘안키Etemen anki, 하늘과 땅의 받침돌의 탑 끝을 올리는 공사에 착수했다'고 쓰여 있다고 한다. 탑 위에 있는 신전에서는 매년 태양과 달 신에게 제사를 지냈다. 제식 때에는 신관神官이 여러 방에서 호곡하는 여자성들과 성관계를 맺었으며, 선택을 받지 못한 여인들은 수치심 때문에 자신이 선택을 받을 때까지 계속 애곡했다고 한다. 이것이 성경에 나오는 '담무즈의 애곡'이다. 수메르왕명록SKL에 따르면, 이슈타르의 남편인 바벨론의 농경신 담무즈Thammus는 목자 출신으로, 우루크에렉의 두무지Dumuzi와 동일 인물로 추정된다. 그들이 애곡하면 담무즈Adonis가 환생한다고 믿었다고 한다.

대부분의 지구라트는 페르시아의 침공BC 479으로 파괴되었는데, 탑의 흔적을 처음 발견한 독일의 고고학자 콜데바이1913는 탑의 토대에서 점토판BC 229도 발굴했다. 그 기록에 의하면, 이 지구라트높이 90m는 7층 구조로 옥상에 신전이 있었다고 한다. EBS방송은 〈위대한 바벨론〉이라는 프로그램에서 느브갓네살 2세가 건설한 사각형의 지구라트에 대해 특집 방영을 한 바 있다EBS, 2013. 1. 28-31. 그리스의 알렉산더는 바벨탑을 재건하려고 두 달간 1만 명을 동원했으나, 재원 문제로 포기했다고 한다과학동아 1998년 1월호.

최근에는 마르둑 신전을 바벨탑과 동일한 것으로 보는 견해가 강하다. 아카드어로 쓰인 〈에사길라 점토판〉Esagila Tablet에는 수메르 시대에 처음 세워진 마르둑 신전이 탑 모양이었다고 기록하고 있다. 이 신전은 다듬지 않은 돌과 벽돌로 세워졌으며, 벽돌에는 마르둑과 작업자의 이름이 적혀 있었다고 한다. 이 점토판 문서에 신전의 규모를 자세히 기록하고 있는데, 신전은 정육각형으로 7층의 계단식이었다. 1층 90m, 2층 78m, 3층 60m, 4층 51m, 5층 42m, 6층 33m, 7층 24m의 피라미드형이었다. 이것이 사실이라면, 이 신전탑의 높이는 378m에 달하는 것이다A. Parrot: The Tower of Babel, London, 1955.

바벨탑의 변형인 피라미드와 힌두·불교 사탑들

이후 니므롯의 후예들은 대를 이어가며 도처에 변형된 바벨탑을 세웠다. 이라크의 지구라트를 비롯해, 이집트·중남미·이란의 피라미드, 인더스 문명의 중심지인 모헨조다로죽음의 언덕의 흙탑, 캄보디아의 앙코르와트Angkor Wat, 만달레이 평원미얀마의 불교 사탑들, 인도네시아의 보로부드르Candi Borobudur, 족자카르타의 쁘란바난 힌두 사탑, 동아시아 불교 대웅전의 석탑 등이 그것이다. 이러한 탑들은 우주의 중앙에 있다는 서방의 수미산Mt. Sumi과 메루산Mt. Meru을 상징한다고 한다. 이는 니므롯이 수메르Sumer에 쌓은 바벨탑을 기리는 흔적임이 분명해 보인다.

창 11:6-9 여호와께서 이르시되 이 무리가 한 족속이요 언어도 하나이므로 이같이 시작하였으니 이후로는 그 하고자 하는 일을 막을 수 없으리로다 자, 우리가 내려가서 거기서 그들의 언어를 혼잡하게 하여 그들이 서로 알아듣지 못하게 하자 하시고 여호와께서 거기서 그들을 온 지면에 흩으셨으므로 그들이 그 도시를 건설하기를 그쳤더라 그러므로 그 이름을 바벨이라 하니 이는 여호와께서 거기서 온 땅의 언어를 혼잡하게 하셨음이니라 여호와께서 거기서 그들을 온 지면에 흩으셨더라.

서로 알아듣지 못하게 하자 하시고: 하나님은 그들이 쌓는 성읍과 탑을 보시려고 지상으로 내려오셔서 서로 알아듣지 못하게 하심으로써 흩어지게 하셨다. 그러나 '언어에 따라, 가족에 따라, 나라를 이루도록' 하심으로써 가족들 사이에는 언어가 혼잡하지 않게 하셨다이재만, pp. 138-139. 언어가 통하지 않게 되자 공사장은 대혼란confused, 히 *balal*과 더불어 무서운 공포감에 휩싸이게 되었다. 하늘 문gate of heaven, 바 *babili*을 만들려 했던 계획은 물거품이 되었고, 탑의 이름도 혼잡confused, 히 *balal*을 뜻하는 발벨*balbel*, 즉 바벨*Babel*이라 부르게 되었다. 탑과 도시의 건설 공사는 중단되었고, 같은 말을 하는 어족語族, language tribes을 중심으로 민족民族이 형성되었다. 당시 인구는 2만-4만여 명으로 추정되므로, 한 어족은 수백-수천 명이었을 것이다. 지금은 세계의 민족을 인도-유럽 어족, 중국-티베트 어족, 말레이-인도네시아 어족, 우랄-알타이 어족, 퉁구스 어족 등으로 구분한다. 우리 민족은 우랄-알타이 어족에 속한다.

세계의 문자는 수메르 설형문자에서 출발했다

현재 세계에는 6,700종의 언어가 있는데, 이 중에서 300여 종만이 문자알파벳를 가지고 있다. 그리고 문자의 대부분은 수메르의 설형문자쐐기문자, BC 3,200→ 실제로는 BC 2,300 추정에서 유래했다. 이는 인류가 메소포타미아에서 출발했음을 보여주는 증거이기도 하다. 문자의 계보를 보면그림 4, 수메르 문자에서 엘람·아카드·이집트 문자가, 이집트 문자에서 시나이 문자를 거쳐 그리스 문자와 아람 문자가 나왔다. 그리고 그리스 문자에서 오늘의 유럽 문자가 아람 문자에서 인도·시리아·히브리 문자가, 시리아 문자에서 위구르·그루지아·몽골·만주 문자가 차례로 파생했다.

예외적인 경우가 수메르 문자보다 1,400여 년 이후에 출현한 중국의 갑골 문자BC 14C이다. 그런데 놀랍게도 갑골문에서 발전한 고대 한자古代漢子에는 창세기의 내용을 담은 글자들이 많이 발견된다. 이러한 사실은 허신許愼, 30-124의 《설문해자》說文解字를 통해서도 알 수 있다. 이

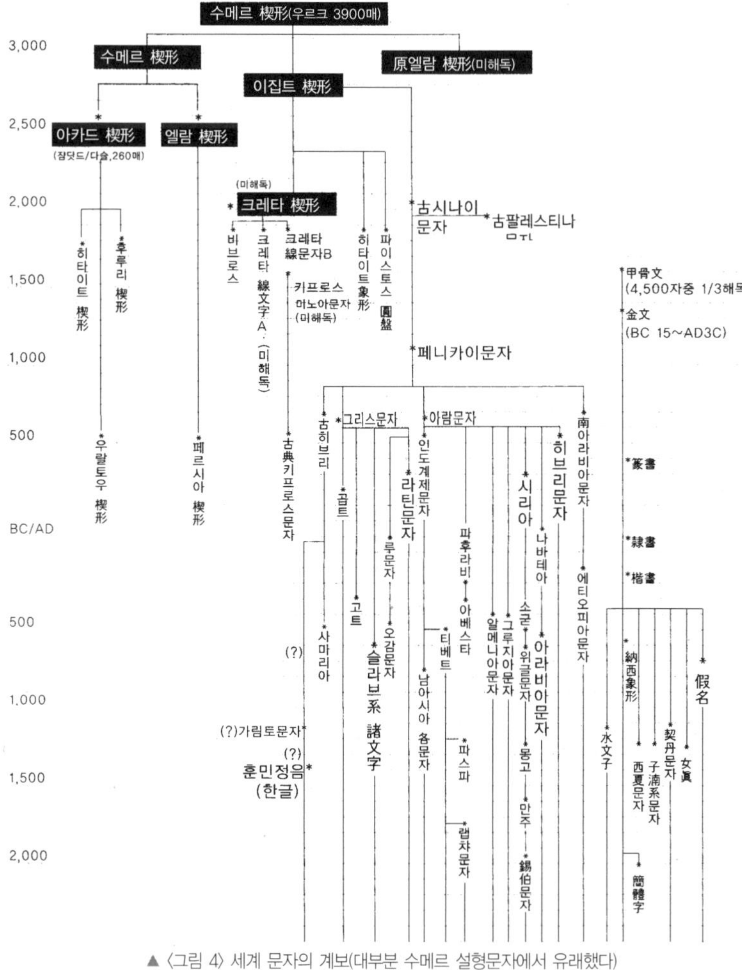

▲ 〈그림 4〉 세계 문자의 계보(대부분 수메르 설형문자에서 유래했다)

는 노아의 후손이 동쪽으로 이주한 후, 창세기의 사건들을 후손들에게 알리기 위해 노력한 흔적으로 보인다.

그런데 우리나라의 훈민정음은 어떻게 만들어진 것일까? 한글은 세계에서 가장 과학적인 구조를 가지고 있으며, 모든 소리를 표현할 수 있는 탁월한 문자이다. 라이샤워하버드대학는 "세계 어떤 나라에서도 볼 수 없는 가장 과학적인 문자 체계"라고 극찬했다. 유네스코는 한글을 세계기록유산에 등재하였고1997, 문맹 퇴치자들에게는 '세종대왕상'을 시상하고 있다. 2013년도의 문자올림픽태국에서는 최우수 문자로 선정되었고, 2010년부터 찌아찌아족인도네시아은 한글을 자국 문자로 도입해 가르치고 있다. 언어학자인 김석연국민대, 2008에 의하면, 한글을 알파벳으로 사용한 국가가 20여 개국이 넘으면 한글을 국제 공용어로 사용하겠다고 에스페란토 사무총장이 약속했다고 한다.

훈민정음한글의 기원에 대해서는 여러 학설이 분분하다. 세종대왕의 친제설親製說, 훈민정음해례본을 비롯해, 고전 기원설古篆, 정인지·최만리, 원나라의 파스파 기원설Paspa, 이익·유희, 산스크리트 기원설梵語, 성현·이수광·김봉태, 가림토설加臨土說, 加臨多文說 등이 있다. 가림토설에는 고조선 시대BC 2181에 개발했다는 설이암·안호상과 중국 개봉부開封府에 살던 유대인들11-18C이 창제했다는 설조철수이 대립한다.

문자의 해독

서남 아시아어와 이집트의 상형문자에 대한 해독은 19세기 이후 구미 학자들에 의해 이루어졌다. 현재 서남아시아에서 발굴한 40여만 장에 달하는 점토판문서clay tablets 중 25만 장은 런던자연사박물관에 소장되어 있다. 영국의 헨리 로린손1810-1895은 이란과 이라크의 경계를 이루는 베히스툰 암벽에 기록된 300글자고대페르시아어·바벨론어·엘람어를 처음으로 해독했고1846-1857, 그의 조수인 조지 스미스1840-1876는 〈길가메시 서사시〉 점토판12매을 6년 만에 해독했다. 그런데 이 서사시의 제11편에는 노아의 대홍수와 유사한 내용을 담고 있어서 대홍수가 역사적 사실임을 뒷받침한다.

같은 시기에 영국의 레이어드H.A. Layard, 1840-1845는 님루드Nimrud와 칼루Kalhu, 성경의 Calah에서 살만에셀 2세가 세운 오벨리스크를, 니네베성경의 니느웨에서는 산헤립Sennacherib, 아시리아의 유물과 아슈르바니팔의 도서관을 발굴했다. 아슈르바니팔은 한 비문에 '나는 대홍수 이전의 돌 비문에 새겨진 수수께끼 같은 글도 해독할 수 있다' 고 기록했다시친, 1999. 이러한 레이어드의 활동에 자극을 받은 프랑스의 보타Emil Botta, 1843는 사르곤 2세의 콜사바드 궁전Khorsabad Palace, 아시리아과 점토판문서를 발굴했다. 중남부의 고대 도시국가였던 라기슈 지역은 프랑스팀 1877, 닛풀 지역은 미국팀1889, 수메르는 영국과 독일팀이 각각 유물을 발굴하고 해석했다. 이 중에서 독일 콜데바이1855-1925의 바빌론 왕궁 발굴은 고고학계의 기념비적 업적으로 남아 있다.

이집트의 히에로글리프hierogliph, 聖刻文字는 프랑스의 장 샹폴리옹 1790-1832이 해석했다. 그는 나폴레옹이 가져온 이집트의 흑갈색 현무암에 새겨진 로제타문서Rosetta Documents, 1798를 32세1822에 판독했다. 그의 노력으로 이집트 문명이 그리스 문명보다 더 오래되었고, 출애굽기에 기록된 이스라엘 문화의 흔적도 발견하게 되었다.

여호와께서 거기서 그들을 온 지면에 흩으셨더라: 각 어족은 시날 지방을 떠나 사방으로 흩어졌다. 이 과정이 인류의 이동사移動史이다. 피부가 검붉은 함족은 일조량日照量이 많은 남쪽으로, 피부가 흰 야벳족은 햇빛이 적은 서쪽과 북쪽으로, 황색 인종은 온난한 동쪽으로 향했다그림5. 수천 년에 이르는 오랜 이동 과정에서 그들은 수시로 조우하는 상대 집단과 피비린내나는 살상극殺傷劇을 벌였다. 그래서 역사는 피로 얼룩져 있다. 인간의 불신과 죄성罪性이 그렇게 만든 것이다. 오랜 세월이 지나자 각 어족은 일정한 지역에 고대 국가를 세우고 정착했다. 국경선에는 무장한 청년들이 배치되었고, 이들의 보호를 받으며 같은 지역 안의 사람끼리 피를 나누며 풍습을 공유함으로써 지금과 같은 각 민족 고유의 인종人種, human races으로 분화分化한 것이다.

한민족의 이동 경로

셈족의 주류主流는 세 갈래로 나뉘어 동쪽으로 이동한 듯하다. 한

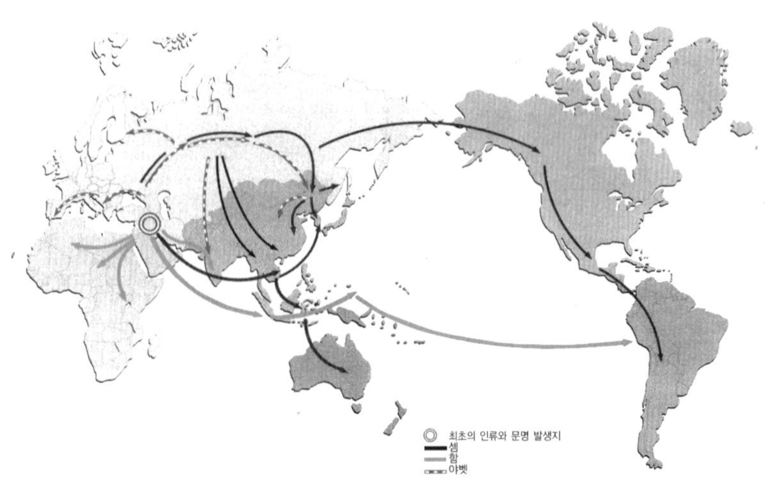

▲ 〈그림 5〉 수메르에서 한반도까지의 인류 이동 추정 경로(김성일 등, 1999)

그룹은 아라랏 산맥에서 북상해 우랄 산맥 아래에서 동진東進하다가 알타이 지역과 바이칼 호를 경유한 스텝 루트steppe route이다. 우랄-알타이어족인 우리 민족은 이 그룹에 속한 것으로 보인다. 둘째 그룹은 아라랏 산맥에서 카스피해를 피해, 자그로스 산맥을 오른편에 두고 남동진南東進하다가 힌두쿠시와 카라코람 산맥 및 천산산맥을 넘어 알타이에 이르는 천산북로天山北路이다. 셋째 그룹은 아라랏 산맥에서 힌두쿠시와 파미르 고원을 거쳐 천산산맥의 남쪽쿤룬 산맥의 북쪽으로 이동한 천산남로天山南路의 루트이다.

창 11:10-26 셈의 족보는 이러하니라 셈은 100세 곧 홍수 후 2년에 아르박삿을 낳았고 아르박삿을 낳은 후에 500년을 지내며 자녀를 낳았으며 아르박삿은 35세에 셀라를 낳았고 셀라를 낳은 후에 403년을 지내며 자녀를 낳았으며 셀라는 30세에 에벨을 낳았고 에벨을 낳은 후에 403년을 지내며 자녀를 낳았으며 에벨은 34세에 벨렉을 낳았고 벨렉을 낳은 후에 430년을 지내며 자녀를 낳았으며 벨렉은 30세에 르우를 낳았고 르우를 낳은 후에 209년을 지내며 자녀를 낳았으며 르우는 32세에 스룩을 낳았고 스룩을 낳은 후에 207년을 지내며 자녀를 낳았으며 스룩은 30세에 나홀을 낳았고 나홀을 낳은 후에 200년을 지내며 자녀를 낳았으며 나홀은 29세에 데라를 낳았고 데라를 낳은 후에 119년을 지내며 자녀를 낳았으며 데라는 70세에 아브람과 나홀과 하란을 낳았더라.

셈의 족보는 이러하니라셈-아브람: 창세기 11장은 바벨탑 사건을 소개한 후, 뒤이어 셈으로부터 그의 제10대손인 아브라함에 이르는 족보를 소개한다. 인류가 흩어지는 혼란한 시점에 모세는 왜 셈의 족보를 기록해 넣은 것일까? 그 이유는 한때 한 가족이었던 그들이 언제 다시 만날지도 모른 채 헤어지지만, 어느 곳에 가서 살든지 믿음 계열의 후손들은 하나님을 잊지 않도록 이러한 족보를 기록한 것으로 보인다.

데라는 70세에 아브람과 나홀과 하란을 낳았더라: 셈의 족보를 아브람아브라함의 출생으로 마무리한 것은 인류의 구속사에서 아브라함의 위치가 얼마나 중요한 것인지 잘 보여준다. 하나님은 인류가 타락했기 때문에, 믿음의 사람 아브라함을 선택하셨고, 그 혈통을 통해 '약속한 여인의 씨'인 예수가 탄생하도록 하신 것이다. 아브라함의 출생은 하나님이 경건 계열을 어떻게 이끌어가시는지 잘 보여준다. 아담에서 대홍수까지는 1,656년이 경과했고창 5장, 대홍수가 1년간, 그리고 홍수 후에 292년2+35+30+34+30+32+30+29+70이 경과했으므로 아브라함이 탄생한 때는 아담의 출생으로부터 1,949년1,656+1+292이 지난 시점임을 알 수 있다. 아브라함은 지금부터 4,100여 년 전에 출생했으므로, 인류 역사는 약 6,000년1,949+4,100=6,049으로 추정된다.

창 11:27-32 데라의 족보는 이러하니라 데라는 아브람과 나홀과 하란을 낳고 하란은 롯을 낳았으며 하란은 그 아비 데라보다 먼저 고향 갈대아인의 우르에서 죽었더라 아브람과 나홀이 장가들었으니 아브람의 아내의 이름은 사래며 나홀의 아내의 이름은 밀가니 하란의 딸이요 하란은 밀가의 아버지이며 또 이스가의 아버지더라 사래는 임신하지 못하므로 자식이 없었더라 데라가 그 아들 아브람과 하란의 아들인 그의 손자 롯과 그의 며느리 아브람의 아내 사래를 데리고 갈대아인의 우르를 떠나 가나안 땅으로 가고자 하더니 하란에 이르러 거기 거류하였으며 데라는 나이가 205세가 되어 하란에서 죽었더라.

데라의 족보는 이러하니라: 요세푸스에 의하면, 셈은 홍수 후 12년에 아르박삿을 낳았다. 데라는 70세에 아브람Abram, 아비, 조상을 낳았고, 나홀Nahor, Mahor, 화가 난 사람과 하란Haran, 山사람, 분산도 낳았다유대 고대사, pp. 67-68. 이들은 세 쌍둥이일 가능성이 있다. 노아의 제10대손 아브람아브라함의 부인 사래사라는 그의 이복동생이었으며, 나홀의 부인은 하란의 딸 밀가였다. 나홀과 밀가 사이에서 태어난 브두엘의 딸리브가이 후일 이삭의 아내가 된다. 야곱의 두 아내라헬·레아도 나홀의 손녀이다창 29:4-6. 나홀은 밀가에게서 8명, 르우마에게서 4명의 아들총 12명을 낳았다창 22:20-24.

데라가…… 하란에서 죽었더라: 하란은 롯과 두 딸밀가·이스가을 남기고 갈대아에서 세상을 떠났다. 데라는 가족을 데리고 하란 땅으로 이주했다. 유세비우스Eusebius, 265-340는 《연대기》에서, 아브람이 우상 창고에 불을 지르자, 불을 끄려고 창고에 들어간 하란이 불에 타 죽었기 때문에 데라가 이를 슬퍼해 우르를 떠났고, 아브람은 아들이 없어서 롯을 양자로 삼았다고 했다. 아브람은 후일 믿음의 조상인 아브라함으로 개명한다. 그리고 그의 후손 중에서 마침내 구세주이신 예수 그리스도가 탄생해 인류의 구속역사를 완성함으로써 아브라함은 '복의 근원'으로서 자리매김을 하게 된다. 예수를 믿는 자마다 누리게 되는 영생永生이 진정한 복福이다. 이러한 복음을 거부한 유대인도 언젠가 '이방인의 충만한 수'가 차게 되면 그들 중의 남은 자들이 예수를 메시아로 영접하는 날이 올 것이다롬 11:25-26.

바벨탑 사건과 고대 국가의 탄생 사이는 '잃어버린 역사'

니므롯이 주도한 바벨탑 건설은 하나님께 대한 집단 반역 사건이었다. 그 결과 언어가 갈리고, 언어를 중심으로 민족語族이 형성되었다. 언어는 민족의 핵심 요소이므로, 이를 잘 가꾸지 않으면 민족의 존립이 위협받게 된다. 언어를 효과적으로 보존하는 방법은 문자의 개발과 사용이다. 그러므로 우리는 한글의 애용과 확산에 노력해야 한다.

크리스천 지식인이 해야 할 일은 바벨탑 사건에서 고대 국가의 건설로 이어지는 '잃어버린 역사'의 실체를 밝히고 왜곡된 역사를 바로 잡는 것이다. 정사正史가 복원될 때 4,300여 년 전의 바벨탑 사건의 진실도 우리 눈앞에 밝히 드러날 것이다. 그리고 그 너머로는 온 세계를 집어삼켰던 대홍수의 물결이, 다시 그 너머로는 에덴동산과 실낙원失樂園의 장면이, 에덴동산 너머로는 천지를 창조하시던 여호와의 모습이 나타나게 될 것이다. 그리하여 창조주를 아는 지식이 온 천하에 충만하게 될 것이다.

참고 사항 (1): 바벨탑과 인구 통계H. Morris, 2004

하나님은 아담에게 생육하고 번성하라고 축복하셨다. 2014년 현재 세계 인구는 약 70억으로 추정된다. 성경은 노아의 8식구에서 오늘의 인류가 유래했다고 말한다창 10-11장. 헨리 모리스는 부부가 4명의 자녀를 가졌을 경우총 6인 가족, 30세대에는 32억 2천만 명, 5인 가족일 경우는 불과 52세대째에 43억 4천만 명으로 증가할 것으로 계산했다. 그의 주장을 인용한다.

"어셔James Ussher가 추정한 대홍수 시기를 4,300년 전으로, 그리고 한 세대를 43년으로 전제한다면, 노아 이후 100세대에 오늘의 인구에 도달하게 된다. 이 경우 한 가족당 평균 자녀의 수는 2.5명이어야 한다. 그러나 진화론자의 주장처럼 인류 역사를 100만 년으로 잡는다면, 오늘의 인구는 $10^{2,700}$명이 될 것이다. 전염병과 전쟁 등의 인구 감소 요인을 감안해도 인구는 크게 줄어들지 않았을 것이다. 만일 대홍수가 있었던 4,300년 전부터 2명의 사람에서 오늘의 인구가 되려면 연평균 인구 증가율은 0.5%가 되어야 한다. 그런데 2000년도까지 세계 인구의 평균 증가율은 2%였다. 2000년 전의 인구는 2억 명으로 알려져 있다. 만일 보수적으로 한 가구당 2.75명의 자녀를 가졌고 한 세대가 40년이라면, 그리고 4,300년 전의 2명의 선조에게서 출발했다면 2억1천만 명으로 그와 비슷한 수치에 접근하게 된다.

창세기 5장에 의하면 아담에서 노아 홍수까지 1,656년이 흘렀다. 당시의 수명은 평균 912세였고, 출산 연령은 65창 5:21–500세창 5:32였고, 각 가정은 4명 이상의 자녀를 두었다. 만일 가구당 자녀수가 6명, 평균 세대가 100년, 평균 수명을 500세로 가정한다면 대홍수 때 인구는 2억 3천 5백만 명이 된다. 만일 가족당 자녀수를 6명, 세대 연령을 93세로 계산한다면 대홍수 때 인구는 1,370억 명에 이른다. 노아는 950세를 살았고, 세 아들이 16명의 손자를 낳았다. 같은 수의 손녀들도 낳았을 것이다. 한 가정당 평균 10명의 자녀가 있다면, 대홍수에서 아브라함 출생 때까지는292년8세대이 경과했으며아브라함의 가나안 입성은 대홍수로부터 400년 후임, 175세에 죽을 때 8명의 아들을 남겼다. 400년10세대 동안 한 가족세대연령 40년이 8명이었다면, 아브라함 때 세계 인구는 280만 명이 된다.

바벨탑은 대홍수로부터 101년이 지난 후에 건축되기 시작했다벨렉 출생. 창세기 10장에는 바벨탑 사건 이후 70개 국가가 나타나는데, 이는 70 가족을 의미한다. 각 가족이 800-1,000명을 포함한다면 총 5,600-70,000명의 인구였을 것이다. 만일 진화론의 주장이 옳다면 현재의 인구는 최소 3,000억 명이 넘어야 한다. 웨스팅A. H. Westing, 1981의 계산에 의하면 진화론적으로는 최소한 세계 인구가 500억 명이 넘어야 한다.

참고 사항 (2): 모세오경과 이집트연대기

창세기나 출애굽기가 역사적 기록이라면, 왜 이집트연대기EKL에 구약의 인물과 사건들이 나오지 않는지 의문을 갖게 된다. 그래서 사가들은 모세오경이 신화라고 말한다. 그러나 이집트의 31개 왕국이 통치했던 기간들이 부분적으로 겹쳐 있다는 사실이 밝혀지면서 이 문제는 해결의 실마리를 찾았다그림 6. 호주의 이집트 파송 선교사인 다운David Down의 연구로, 《이집트 표준연대기》의 연대는 실제로는 500-1,000년이 줄어드는 것으로 밝혀졌다. 이렇게 하여 재조정된 《이집트 수정연대기》에 따르면, 모세오경에 나오는 이집트 관련 내용이 이 연대와 정확히 들어맞는다는 사실이 확인되었다.

그에 의하면, 대홍수BC 4,400년경와 바벨탑 사건BC 2,200-2,300년경 이후 미스라임의 후손이 이집트에 거주했다. 아브라함BC 2,100년경은 고왕국 시대에 그곳을 방문해 갈대아의 천문학과 수학을 전해 주었고, 요셉과 모세는 중왕국 시대에 살았다. 그리고 요셉을 총리로 임명한 파라오는 제12왕조의 세소스트리스 1세Sesostris I로, 요셉을 모르는 포악한 바로는 세소스트리스 3세Sesostris III로 추정된다. 모세를 키운 소벡네페루 여왕은 아들이 없었으므로 그녀가 죽으면서 제12왕조가 막을 내리게 되었다. 모세

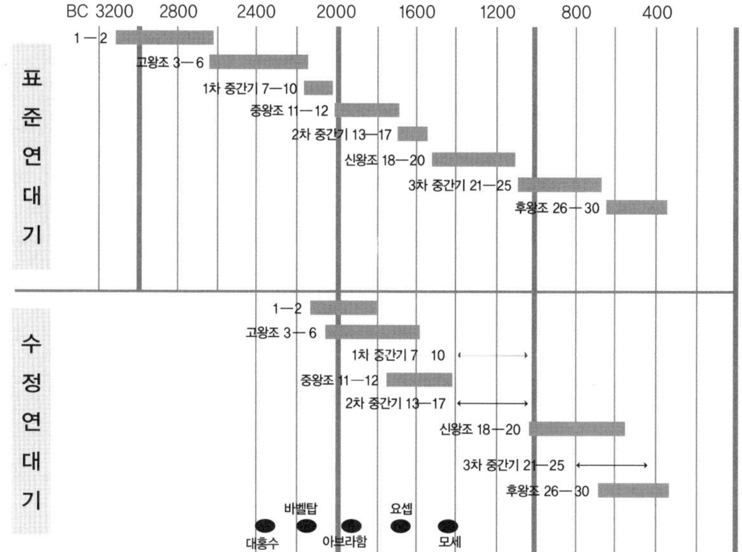

▲ 〈그림 6〉 이집트연대기 비교: 표준연대기(上)와 수정연대기(下)

가 출애굽을 요구했던 완악한 바로는 카섹엠르-네페르호텝Khasekemre-Neferhotep으로 추정된다. 출애굽 사건으로 중왕국은 멸망하고, 이때 쇠약한 틈을 타서 셈계 힉소스족이 이집트를 정복한 것으로 보인다. 제1 및 제2중간기는 서로 겹치는 기간으로, 여호수아와 사사 시대에 해당한다.

신왕국은 이스라엘의 왕정시대와 일치한다. 제3중간기는 사라지고 그 시대의 왕들은 신왕국과 후기 페르시아 왕들의 시대와 일치한다. 이집트의 프톨레마이오스 왕조는 클레오파트라 여왕을 끝으로 로마제국에 의해 멸망을 고하게 된다.

제 6 장

진화론 · 창조론 · 유신진화론

이 장에서는 과학계를 주도하고 있는 진화론과 중세 800년간 서양 과학계를 주도했던 창조론, 그리고 최근 구미歐美에서 기독교에 지대한 영향을 끼친 유신진화론에 대해 소개한다. 진화론은 공산주의보다 더 근본주의적인 유물주의唯物主義이며, 만물이 우연히 생성되었다고 믿는 자연주의自然主義이다. 또한 자연법칙을 진리의 실체라고 믿는 범신론汎神論이며, 인격신을 부인하는 무신론임을 밝히고자 한다.

제18강

진화론의 실체와 진화론이 역사에 끼친 해악

학문의 목적은 진리 탐구

학문learning이란 배우고 익혀서 얻은 체계화된 지식을 말한다. 그리고 학문의 목적은 그리스의 자연철학自然哲學이 추구했던 원질*en arche, logos*이다. 원질原質이란 우주를 구성하는 가상의 기초 물질로, 오늘의 진리眞理를 일컫는 말이다. 2,500년의 긴 역사를 가진 자연과학은 진리의 실체를 학술적으로는 이미 파악한 상태이다. 즉, 진화론이 말하는 자연법칙自然法則이거나 창조론이 말하는 창조주創造主, 둘 중 하나일 뿐이다. 전자는 자연법칙을 신격화한 범신론汎神論이며, 후자는 창조주를 인격적 존재로 믿는 인격신론人格神論이다. 따라서 창조-진화 논쟁은 인격신론과 범신론 사이의 세계관 논쟁이라 할 수 있다.

사람들은 '진화론은 과학이고, 창조론은 종교'라고 생각하는데, 이것은 매우 잘못된 편견에 근거한다. 학문은 인문·사회·자연과학으로 구성되어 있다. 그리고 자연과학은 다시 실험과학과 기원과학으로 구성된다. 인과율因果律에 근거한 실험과학實驗科學, experimental science은 실험에 의해 그 사실 여부를 확인할 수 있기 때문에 논쟁이 되는 주제가 있을 수 없다. 이에 반해 천지만물의 기원을 다루는 기원과학起源科學, origination science은 실험이 불가능한 일종의 해석 체계로 신념이자 신앙이라 할 수 있다. 여기에 진화론과 창조론이 자리를 잡고 있다. 창조론은 중세 800년간 자연과학계를 주도해 왔지만, 100여 년 전부터는 진화론이 그 자리를 대신하고 있다.

세계관 형성에 영향을 준 두 학설

세계관은 삶의 방향을 유도하는 종합적 사고의 틀이다. 이러한 세계관의 형성에 가장 큰 영향을 준 것이 진화론자들이 내세운 '교도권 분리'教道權 分離와 '코페르니쿠스 원리'이다.

'코페르니쿠스 원리'Coperunican principle는 코페르니쿠스의 지동설 발표1542를 계기로, 진화론자들이 아전인수식으로 내세우는 주장이다. 이에 따르면, 지구는 태양의 주위를 도는 한 행성行星에 불과하며, 그 위에 사는 사람도 평범한 동물의 일종에 지나지 않는다는 것이다. 그들은 이러한 주장을 '평범의 원리'平凡 原理, mediocrity principle라 부른다.

그러나 과학이 발달하면서 지구는 다른 별들에 비해 특별히 설계된 행성이라는 사실이 계속 밝혀지고 있다. 태양계와 지구의 크기·위치·구성·대기 조성·기능·행성 사이의 거리·자전과 공전·힘의 크기 및 우주의 상수 등이 조금만 변한다면, 지구 생물들은 생존 자체가 불가능하다베로우 등, 1988. 오직 지구에만 물이 있고, 생명이 존재한다. 오직 사

▲ 〈사진 1〉 S. 굴드

람만이 이성理性과 영혼靈魂을 가지고 있다. 이에 따라 인간은 역시 존엄한 존재라는 '인간중심원리'anthropic principle가 다시 부상하고 있다.

다음으로, '교도권 분리'nonoverlapping magisteria; NOMA란 종교와 과학은 서로 다른 분야를 추구하므로, 상호간에 간섭하지 말고 제 갈 길을 가도록 하자는 스티븐 굴드하버드대, 2002, 사진 1의 제안이다. 여기서 굴드가 말하는 종교는 창조론創造論을, 과학은 진화론進化論을 의미한다. 결국, 과학 분야에서는 진화론만 다루자는 이야기에 다름 아니다. 많은 지식인들이 이러한 주장을 합리적이라고 수용한 결과 '진화론은 과학이고, 창조론은 종교 교리'라는 등식이 성립하게 된 것이다.

굴드는 자연을 연구 대상으로 하는 과학science과 윤리·도덕을 추구하는 종교religion는 서로 간섭하지 말 것을 제안하면서 '과학의 그물은 우주에, 종교의 그물은 도덕적 의미와 가치들의 문제 위에 펼쳐져 있다'고 했다굴드, pp. 16-22. 일견 합리적으로 들리는 이러한 주장에 많은 지식인들이 동의하는 듯하다. 그러나 우리는 NOMA가 노리는 숨은 의도를 간과해서는 안 된다. 많은 진화학자들도 지적했듯이, NOMA는 다음과 같은 네 가지의 근본적인 오류를 가지고 있다.

(1) 종교와 과학은 독립적이 아니라 여러 분야에서 서로 중복된다.

저명한 진화학자 오르Orr, 1999는 '과학이나 종교의 주제는 개인의 일상생활에서 수시로 충돌하고 중첩되며, 경우에 따라서는 서로에 대해 무관심하기도 하다' 고 했다. 과학과 종교의 영역이 칼로 두부를 자르듯이 구분되지 않는다는 뜻이다. 진화론의 대부인 줄리언 헉슬리1969도 '종교와 과학은 분리할 수 없으며, 진화론은 종교적인 자연주의를 추구한다' 고 했다.

(2) 진화론은 과학이 아닌 종교이다Henry Morris, 2001.

진화론은 철저한 자연주의自然主義이며, 인본주의와 불가분의 관계를 가지고 있다. 자연주의란 시간이 지나면서 우주만물이 우연히, 저절로 생겨났다고 믿는 신념이자 신앙이다. 미국의 대표적 인본주의자인 에릭슨Erickson, 2000은 이렇게 말한다.

> 인본주의 철학의 핵심은 자연주의진화론이다. 자연계의 일들은 그들 자체의 원리에 의해 진행되며, 신이나 초월적 조절 따위는 없으며, 인류는 그러한 과정의 한 산물일 뿐이다. 인본주의와 자연주의는…… 상호보완적이며, 분리될 수 없는 성질의 것이다.

일찍이 진화론에 기초한 '유네스코교육헌장'1949을 작성했던 줄리언 헉슬리1969는 '종교와 과학은 서로 분리될 수 없으며, 진화론은 종교적 자연주의를 추구한다' 고 했다사진 2. 그리고 진화론을 '계시가 없는 종교' 로 정의하고, 초월적 종교를 자연주의 종교로 대체하자고 촉구했다Julian Huxley, p. 125, 222, 1964. 코넬대학의 진화학자인 프로바인1999이나 미국의 '동등시간법'에 관한 재판1981, 1987에서 진화론이 승리하도록 이끈 마이클 루즈2000도 이렇게 실토했다.

▲ 〈사진 2〉 T. 헉슬리(左)와 손자 J. 헉슬리(右)

진화론은 과학이라기보다는 견습자에 의해 발전된 이론이었다. 진화론이 도덕성을 지닌 기독교를 완전히 대신할 수 있는 이상, 특정한 종교로서 공표되었다…… 진화론은 종교인 셈이다. 이것이 초기 진화론의 실체였고, 오늘날도 여전히 그러하다Ruse, B-3, 2000. 진화론은 창조론보다 더욱 근본적인 종교이다.Ruse, Toronto Post, 2000

(3) 진화론은 과학이 아닌, 일종의 세계관사상이며 역사과학이다.

기원의 문제는 실험할 수 없는 영역에 속하므로 일정한 해석의 틀을 만들어 놓고 그에 맞추어 해석한다. 여기에서 진화론과 창조론의 두 이론이 대립한다. 일례로 우주의 기원을 설명하는 빅뱅설Big Bang theory은 형이상학적 고찰과 고등수학으로 조립한 진화론적인 가설이다. 미국의 저명한 사회학자 레프킨1998은 이렇게 지적한다.

현대의 우주론은 사회에 의해 엄청난 기만들로 재구성된 물리적 실체의 작은 조각들로 구성되어 있다.

미국의 대표적 진화론자인 마이어하버드대학는 진화론이 경험과학실험과학이 아닌 역사과학임을 인정했다T. H. Hamilton, 2001.

> 진화론적 생물학은 물리학이나 화학과는 대조적인 역사과학이다. 진화론자들은 이미 일어난 과거의 사건과 과정들을 설명하려고 시도한다. …… 사건을 유도한 특별한 시나리오를 가설적으로 재구성해 하나의 역사적 이야기를 고안한다.

(4) NOMA는 자기와 다른 해석 체계는 철저히 배격한다.

중세 로마 가톨릭이 과학에 가졌던 배타성을 지금은 진화론자들이 가지고 있다. 그들은 진화론과 반대되는 이론은 유사과학pseudoscience이라고 매도한다. 자기 주장만 옳다는 이러한 태도는 중세기에 있었던 마녀사냥의 부활에 다름 아니다.

진화론의 실체

우리는 진화론의 실체가 무엇인지 분명히 알아야 한다.

(1) 진화론은 유물론唯物論이다

진화론은 우주만물이 오랜 기간에 시행착오를 거치면서 우연히 만들어졌다고 '믿는' 자연주의적 사고체계이다. 우주를 형성한 요인은 '우연'과 '시간' 뿐이라고 말한다. 그리고 생명을 포함한 모든 만물이

화학물질로부터 유래했다고 믿는다. 이러한 유물사상이 사회과학의 형태로 나타난 것이 공산주의Marxism이며, 자연과학의 형태로 나타난 것이 진화론이다. 이처럼 진화론은 공산주의와 뿌리가 같다. 줄리언 헉슬리1976가 피력했듯이, 진화론이 추구하는 최종 목표는 '사회주의에 기초를 둔 세계정부의 건설' 이다.

(2) 진화론은 범신론이며, 인본주의를 추구한다

진화론은 자연법칙이 신神이라고 믿는 범신론pantheism이다. 범신론이 종교 형태로 나타난 것이 기독교를 제외한 일반 종교들과 사상이고, 자연과학의 형태로 나타난 것이 진화론이다. 기독교는 창조주를 진리의 실체로 믿는 인격신론이며, 인격신론이 자연과학의 형태로 나타난 것이 창조론이다. 따라서 창조-진화 논쟁은 인격신론과 범신론 사이의 싸움이라고 할 수 있다. 진화론자들은 또한 신을 인간으로 대체하려는 인본주의Humanism를 추구한다. 이러한 사실은 미국 인본주의자들이 만든 '인본주의자선언서'Humanist Manifesto, 1933, 1973, 2003에 잘 나타나 있다.

(3) 진화론은 무신론이다

유물론은 초월적인 신을 부정하고 모든 생명이 물질에서 유래했다고 주장한다. 진화론은 고대 그리스의 '생명=물질' 사상에서 출발했다. 엠페도클레스BC 493-433는 4원소물·공기·불·흙가 만물의 원질이라고 했다. 그의 사상은 레우키포스BC 5C, 데모크리토스BC 460-356 등의 원자론을 거쳐, 에피쿠로스의 유물사상으로 이어졌다.

에피쿠로스BC 342?-BC 271는 우주의 참된 실재實在는 공간*canon*과 원자atoma뿐이며, 원자의 충돌로 신神을 포함한 만물이 생성되었다는 쾌락주의Epicurianism를 주창했다. 우주는 영원하지만 창조된 것이 아니며, 스스로 운행할 뿐 감독자가 필요하지 않고, 생명은 비생명大地에서 발생했다고 했다. 그의 사상은 근세의 마르크스와 사르트르에 이르기까지 커다란 영향을 주었고, 자연과학계에서는 화학적 진화설로 부활하여 중고등 과학 교과서에서 가르쳐지고 있다.

이러한 에피쿠로스주의에 대해 역사적으로 많은 학자目的論者의 비판이 있었다. '비과학적 창조론자'인 소크라테스BC 469-399는 '인간은 설계의 산물이며, 인간의 본성에는 신성한 장인匠人의 지성이 드러나 있다'고 했다. 플라톤BC 427-347은 '신성한 장인神이 최고의 동인動因이 되어 정교한 세상을 창조했다' 고 했으며, '세계가 우연과 필요의 결과라고 주장하는 자들을 처형하라' 고 촉구했다. 아리스토텔레스BC 384-322는 '자신은 움직이지 않으면서 타자他者를 움직이는 존재unmoving mover의 지배를 받는 자연의 합목적성은 인간의 예술품보다 우위에 있다' 고 했다.

사도 바울행 8:9-24과 로마의 키케로BC 106-43도 에피쿠로스를 강력히 비판했고, 스토아 학파는 신성한 로고스가 인간의 이성과 섭리를 지배한다고 했다. 아테나고라스2C와 클레멘트155-215에서 어거스틴354-430에 이르는 기독교 교부들도 한결같이 에피쿠로스를 비판했다.

중세의 토머스 아퀴나스1225-1274는 만일 '자연계에 지식이 없다면, 그들이 목적지를 향해 가도록 인도하는 지성이 있어야만 한다' 고 하면서 에피쿠로스를 비판했다. 그는 또한 모든 운동의 배후에는 '부동不動의 동자動者' 가 있으며, 모든 운동에는 원인과 결과가 있으므로, 우주에는 반드시 최초 원인最初原因, prima causa이 존재할 수밖에 없다.

진화론의 또 다른 뿌리는 자연발생설自然發生說이다

유물주의와 더불어 진화론을 뒷받침하는 또 하나의 뿌리는 생명에 대한 자연발생설abiogenesis이다. 이 주장은 고대 그리스의 밀레토스 학파에서 출발해 원자론과 에피쿠로스주의에서 꽃을 피웠다. 근세기 초에 벨기에의 화학자인 헬몬트1579-1644는 고기를 거적으로 덮어두면 며칠 후에 쥐새끼가 저절로 생긴다고 했다. 프랑스의 박물학자인 뷔퐁1707-88은 '먹이와 온도가 생물 진화의 요인'이라고 했고, 그의 영향을 받은 라마르크1744-1829와 니덤1713-1781은 이러한 주장을 더욱 발전시켰다.

그러나 자연발생설은 세포학과 미생물 실험에 의해 허구로 판명되었다. 독일의 슐라이덴1804-1881과 슈반1810-1882은 현미경으로 식물 세포1838와 동물 세포1839를 각각 관찰한 후, 동·식물의 구성 단위가 세포cell임을 확인했다. 베를린대학의 병리학자 피르호1821-1902는 이러한 실험 결과를 종합하여 '모든 세포는 세포에서 유래한다'Cell from cell only고 선언했다.

프랑스의 파스퇴르1822-1895는 '모든 생물은 생물어버이에서만 유래한

▲ 〈사진 3〉 라마르크(左)와 찰스 다윈(右)

다' Life from life only는 속생설續生說, biogenesis, 1861을 주창해, 1800년간 이어온 생명기원 논쟁에 종지부를 찍게 했다. 그는 파리 과학아카데미가 주관한 푸셰1800-1872와의 공개 논쟁1860에서 승리했고, 이러한 논쟁은 유럽 전역에서 1864년까지 계속되었다.

한편 라마르크1744-1829의 영향을 받은 찰스 다윈1809-1882은사진 3 《종의 기원》1859에서 진화 이론을 체계화함으로써 진화론이 학계로 첫 발을 내딛게 했다. 그의 핵심 주장은 변이에 종種이 변한다는 증거의 제시와 진화의 메커니즘이 자연선택natural selection이라는 방법론의 제시였다. 그는 불신자들이 지옥에 간다는 성경의 가르침을 '가증스러운 교리'라고 비난하면서 스스로 유물론자로 자처했다고 한다.

진화론의 구성

진화론은 두 바퀴로 달리는 수레에 비유할 수 있다. 한 바퀴는 화학적 진화설이고, 다른 바퀴는 생물진화설이다.

화학적 진화설chemical evolutionism은 무신론을 강화하기 위해 소련의 오파린1894-1980이 제창한 시나리오로, '오파린-홀데인 가설'1923이라고도 한다. 그는 《생명의 기원》1936에서 이 주장을 더욱 체계화했다. 그 주장의 핵심은 무기물이 유기물을 거쳐 이중막을 가진 입자코아세르베이트로 스스로 물질진화物質進化를 했다는 것이다.

이를 확인하려고 미국 시카고대학의 밀러1953는 무기물로부터 단량체單量體, monomer를, 폭스1959는 단량체에서 고분자polymer를 합성하는 실험을 하여 성공했다. 그러나 이러한 두 실험은 오늘날 대부분의 진화론자들에 의해서도 잘못된 것으로 지적되고 있다.

생물진화설biological evolutionism은 다윈이 《종의 기원》1859에서 체계화한 가설이다. 이 주장은 실험적 사실이 아님에도 불구하고 코페르니쿠스의 지동설에 버금가는 영향을 끼치고 있다.

진화는 과학적으로 불가능하다

진화는 아래에서 보듯이, 과학적으로 불가능한 가설이다.

(1) 진화론은 열역학법칙과 대립한다.

열역학 제1법칙은 에너지가 생성이나 소멸되지 않고 항상 일정하다는 것이다. 진화론자인 아시모프Issac Ashimov, 1920-1992는 왜 에너지가 보존되는지 알 수 없지만, 자연계에서 이 법칙을 거스르는 현상은 발견된 적이 없었다고 했다. 최초의 에너지는 어디서 왔는지, 진화론적으로는 답변이 불가능하다. 더구나 다윈의 점진진화론은 시간이 갈수록 질서가 증가한다고 말하는데, 이는 우주계의 모든 반응은 무질서한 방향으로 진행한다는 열역학 제2법칙과 상반되는 주장이다. 열역학 제2법칙은 실험적으로 확인된 것이지만, 진화론은 추론推論에 지나지 않는다.

(2) 진화론은 멘델의 유전법칙과 상반된다.

돌연변이에 의해 신종新種이 탄생한다는 것은 유전학적으로 불가능한 일이다. 더구나 세포마다 유전자 수리장치DNA Repair System가 있어서 원래의 상태를 유지하도록 하며, 근린 종 사이에 태어난 잡종들은 당대에 소멸한다.

(3) 돌연변이는 유전정보를 추가하지 못하며 기형이나 열등한 변이를 만드는 퇴화 모델이다.

모건 그룹과 도브잔스키 등이 오랫동안 실험한 인공 돌연변이에 의한 초파리 실험은 역설적으로 신종의 탄생이 불가능함을 보여주었을 뿐이다.

(4) 진화론은 속생설biogenesis에 위배된다.

파스퇴르의 실험에 의하면 모든 생명은 생명어버이에서만 유래한다. 피르호1821-1902가 지적했듯이 모든 세포 역시 어버이 세포에서만 유래한다. 유전학적으로 어버이 형질에 없는 신종이 출현할 가능성은 전혀 없다.

(5) 화학적으로 합성한 아미노산이나 오탄당은 모두 D-형과 L-형이 반반씩 섞인 라세미체racemic body, 對掌體이다.

그러나 생물이 합성하는 아미노산은 모두 L-형이며, 오탄당五炭糖은 모두 D-형이다. 라세미체로는 생체고분자단백질·핵산를 결코 합성하지 못한다. 이러한 광학활성체光學活性體를 처음 발견했던 파스퇴르는 생체에 존재하지 않는 D-아미노산이나 L-오탄당은 죽은 물질이며, '죽은 물질에서는 산 물질이 나올 수 없다' 고 선언한 바 있다.

(6) 진화는 확률적으로도 불가능하다.

예컨데, 최소 단백질은 400개 아미노산으로 구성되어 있다. 400개의 아미노산 라세미체D형+L형 혼합물에서 L형 아미노산이 자연적으로 분리될 확률은 10^{-120}이고와이송, pp. 76-96, 625개 단백질로 구성된 가장 간단한 폐렴 세균PPLO, Mycoplasma이 400개의 L형 아미노산으로부터 우연히 합성될 수 있는 확률은 $10^{-75,000}$이다. 더구나 아미노산들이 생명활성을 나타내기 위해서는 특수한 배열을 가져야 하고10-869, 더 나아가 특수한 형태의 입체 구조로 접혀져야 한다10-240. 그런데 수학자 보렐p. 57, 1965에 의하면 자연계에서 10^{-50}의 확률은 불가능하며, 그보다 낮은 확률은 일어나지 않는다고 했다. 조지메이슨대학의 모로위츠H.J. Morowitz는 50억 년 동안 직전 물질로부터 대장균 한 개가 자연발생할 수 있는 확률은 $10^{-\text{천억}}$이라고 했다.

(7) 중간화석이 전혀 발견되지 않는다.

고생물학자인 굴드2002는 '화석기록들은 종의 정지를 선언하며, 종의 정지는 확실한 데이터' 라고 선언했다. 시카고에서 열렸던 진화론 학술회의1980도 이러한 사실을 공표했고, '소진화변이는 대진화로 연결되지 않는다' 고 공식 선언을 한 바 있다.

(8) 점진진화론을 기본으로 하는 신新다윈주의는 현재 단속평형설과 대립하고 있다.

그러나 단속평형설도 잘못된 진화가설에 지나지 않는다.

(9) 살아 있는 화석 생물化石生物은 진화를 부정한다.

예컨대 수억 년 전에 멸종되었다는 실러캔스가 1938년 이래로 인도양과 인도네시아 근해에서 잡히고 있는데, 수천만 년 전의 모습을 그대로 유지하고 있다. 실러캔스의 지느러미는 다리로 진화한 적이 없었다사진 4.

(10) '캄브리아 대폭발' 은 진화를 부정한다.

▲ 〈사진 4〉 실러캔스

캄브리아기에 2,000여 종이 넘는 생물들이 갑자기 출현한 것은 이들이 일시에 창조되었음을 보여준다. 또한 생물화석 중에는 척추어류도 포함되어 있어서 학계를 놀라게 한다. 척추어류가 처음부터 무척추어류와 공존한 것이다. 더구나 선先 캄브리아기에는 아무런 전이생물轉移生物도 존재하지 않았다.

(11) 생명의 자연발생은 확률적으로도 불가능하다.

오파린의 화학적 진화설은 유물론을 지원하기 위한 관제 생물학이었다. 밀러나 폭스의 실험은 자연계에서는 일어날 수 없는 조건으로 실행한 것이었으며, 최근 많은 학자가 그들 실험의 비과학성을 지적한다.

(12) 지금도 진화 현상은 일어나지 않으며, 진화에 대한 아무런 기록도 발견되지 않는다.

(13) 자연현상들공생 · 본능 · 사랑 · 모성애 · 생명현상 등은 진화론의 주장과 상

반된다.

(14) 물질의 정교한 화학구조와 기능은 지적 설계知的 設計를 증거한다.

(15) 진화의 주요 이론들은 대부분 학술적으로 부정되었거나, 추리에서 출발해 추론으로 끝나는 가설假說들이다.

(16) 진화학설 중에는 조립과 조작 및 사기극이 많다. 왜 그러할까?

(17) 스티븐 굴드와 에른스트 마이어 등은 서로 점진진화론과 단속평형설을 비난한다. 마이클 덴턴을 비롯한 비非창조론자들도 진화론의 허구에 대해 비판한다김재욱, 2011; 이규봉 역, 2008.

(18) 마이어E. Meyer, 2001가 지적했듯이, 진화론은 경험과학이 아닌 역사과학이다. 즉, 과학이 아닌 비非 과학이다.

진화론이 역사에 끼친 해악

진화론은 150여 년의 짧은 역사에도 불구하고 정치·사회·경제·문화·학문 등 모든 영역에 지대한 영향을 끼쳤다. 진화론을 수용한 19-20세기 제국주의자와 공산주의자가 진화론의 약육강식 논리에 근거해 '인간 동물'에게 자행했던 엄청난 학살극을 우리는 결코 잊어서는 안 된다. 역사를 망각하면 역사는 더 무서운 모습으로 다시 찾아오기 때문이다. 그런데 대부분의 지식 계층들이 진화론의 해악에 눈을 감고 있는 것은 참담한 현상이 아닐 수 없다. 몇 가지 사례를 들어보자.

(1) 인간 존엄성 파괴

다윈과 토머스 헉슬리는 인간이 침팬지에서, 헤켈은 원숭이에서 진화했다고 했다. 그러나 그러한 중간종이 발견되지 않으므로, 굴드 등은 영장류가 같은 진화 계통을 따라오다가 지금과 같은 다양한 생물종으로 분산진화分散進化를 했다고 말을 바꾸었다. 그러나 무수히 존재해야할 공통조상들의 중간화석은 아직까지 전혀 발견되지 않는다.

이들은 한걸음 더 나아가 인간은 동물의 일종이므로 존엄하지 않으며, 절대적 진리나 윤리·도덕도 상대적 개념으로 바꾸어야 한다고 주장한다. 이는 인간의 자기비하自己卑下로, 인종의 대량 살상을 초래하는 근거 이론이 되었다.

(2) 우생학에 근거한 인종 차별과 인권 침해

진화론자들은 유인원이 흑인·황인·백인의 순서로 진화했으므로 백인 위주로 인종을 개량하자고 주장했다. 다윈의 사촌인 골튼1883은 우생학優生學, Eugenics을 만들어 구미歐美 각국에 그 사상을 확산시켰다. 그 영향으로 백인 국가에서는 유색인에 대한 이민제한법과 유전질환자의 출산을 막는 단종법斷種法을 제정해 실시했다.

헤켈은 '자연선택설을 도입한 정치 이념은 소수 엘리트에 의한 통치체제'라고 했다. 토머스 헉슬리1871는 '이성적 사람이라면 흑인이 백인보다 우수하기는커녕 동등하다고 생각하지 않는다'고 했다. 라마르크주의자이며 '적자생존'이라는 용어를 만든 스펜서1820-1903는, 사회진화론을 통해 인종 차별의 이론적 근거를 제공했다. 독일인종협회의

▲ 〈사진 5〉 불임시술을 강요당한 케리 벅과 어머니

창립회원인 바이스만1834-1914은 인종 차별운동에 적극 관여했다.

진화론자들이 득세한 미국 버지니아주에서는 최근에 희대의 인권 재판Buck vs. Bell Trial이 열렸다. 지적 저능아는 유전적으로 저능아를 낳는다는 진화설에 근거해, 린치버그수용소 소장인 벨John Bell이 벅Carrie Buck이라는 여성을 수용소에서 꺼내주겠다는 조건으로 재판에 참석하도록 유도한 것이다사진 5. 그리고 그녀가 패소하도록 함으로써연방대법원, 1927 강제로 그녀에게 불임시술을 했다. 그녀의 변호사Irving Whitehead는 단종법을 지지하는 그 수용소의 전임 소장출신이었다.

미리 계획된 이 재판1924의 판례判例를 모델로 하여, 그 후 미국의 33개 주가 45년간 6만5천 명1927-1973에 이르는 장애 여성을 단종 처리斷種處理했다이 법은 1974년 폐기되고, 주 의회는 2002년 과오를 시인한 법안을 통과시킴.. 이 사건을 파헤친 폴 롬바르도법학, 조지아대학에 의하면, 벅 모녀는 그 후 정상인으로 판명되었다USA Today, 2013 .7. 24. 그녀의 딸 비비안은 8세에 홍역으로 죽을 때까지 우등생이었다. 이 수용소는 지금도 정신훈련센터로 운영되고 있다hankooki.com, 2013. 7. 24; MBC서프라이스, 2013. 7. 23.

또 다른 우생론자인 헤켈의 영향을 받은 독일의 히틀러는 미국 버지니아주의 단종법斷種法 재판에 더욱 고무되어, 나치전당대회1933에서 진화론을 나치강령으로 선포했다. 그리고 권총으로 자살하기까지 12년 동안 200만 명을 단종 처리했다. 그중 10만 명은 안락사를 시켰다고 한다. 2차대전 후, 뉘른베르크 전범재판에서도 나치 전범들은 버지니아 단종법을 예로 들면서 유대인 학살을 정당화했다고 한다. 히틀러는 '불치병의 단종' 이라는 글에서 이렇게 말했다.

> "결함이 있는 자손을 생식하지 못하도록 하려는 것은 가장 명석한 이성적 요구이며, 그 요구가 계속적으로 수행된다면 그것이야말로 인류의 가장 인간적인 행위이다. 그 요구는 몇백만 명의 불행한 사람들의 고뇌를 제거할 것이며, 그 결과 일반적인 건강 증진을 가져다 줄 것이다."《나의 투쟁》, p. 177

인권 모범 국가라는 미국도 우생학에 근거해, 저능아나 유전질환자의 결혼규제법1896, 생식기능을 제거하는 단종법1907, 유색인종의 이민제한법1924 등을 제정해 실시했다. 이민제한법은 1965년까지 지속되었고, 이것은 1900년 전후 백인 국가에서는 일반 현상이었다. 최근에는 왓슨J. Watson, 2007이 '흑인은 백인보다 유전적으로 지능이 낮다'고 해 논란을 빚었다.

한편, 미국의회1924는 앵글로색슨족의 이민은 장려하면서 유대인을 비롯한 아시아 인종과 동유럽 인종의 이민을 규제하는 이민제한법移民制限法을 제정했다. 스웨덴, 덴마크를 비롯한 서유럽에서도 두 법안이 속속 제정되었다. 우리나라에서는 일제가 1910년부터 소록도의 한센 환자들을 대상으로 강제불임去勢을 시술했고, 광복 후 1980년대까지도 이러한 수술은 지속되었다.

줄리언 헉슬리는 영국우생학회 회장직1959-62과 영국인본주의자협회 초대 회장직1963을 역임했고, 많은 강연을 통해 인종주의자인 골턴을 추모했다. 그는 자신이 만든 유네스코 정책 초안에서 유네스코 교육헌장이 진화론에 기초해야 하며, 세계 평화를 달성하기 위해 세계 단일정부를 세워야 한다고 역설했다. 그가 주장한, 소수 엘리트에 의한 정치조직이란 다름 아닌 극우적 파쇼주의나 극좌적 마르크스주의를 의미한다.

1900년대 초 미국 세인트루이스 만국박람회1904에서는 콩고에서 생포한 23세 피그미 청년오타 벵가을 동물 우리에 가두고 전시한 충격적인 일이 발생했다사진 6. 그는 박람회 후에 다시 뉴욕 브롱스동물원Brox Zoo에 팔려서 다시 원숭이 우리에 갇혔다. 그 후 많은 관람객의 항의로 풀려나 버지니아의 한 담배공장에서 일했지만, 35세에 자신의 슬픈 생애를 자살로 마무리했다CreationEx Nihilo, Vol. 16, No. 1, Dec, 1993.

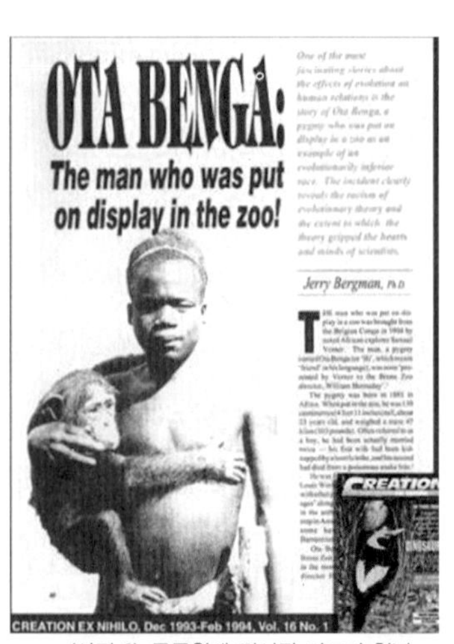

OTA BENGA:
The man who was put on display in the zoo!

One of the most fascinating stories about the effects of evolution on human relations is the story of Ota Benga, a pygmy who was put on display in a zoo as an example of an evolutionarily inferior race. The incident clearly reveals the racism of evolutionary theory and the extent to which the theory gripped the hearts and minds of scientists.

Jerry Bergman, Ph.D.

CREATION EX NIHILO, Dec 1993-Feb 1994, Vol. 16 No. 1

▲ 〈사진 6〉 동물원에 전시된 피그미 청년

(3) 국수주의·제국주의의 정당성 부여

다윈의 적자생존과 약육강식 이론은 인권 침해는 물론, 강대국의 약소국 침략에 정당성을 부여했다. 나치 전신인 툴레당Thule Geselschaft의 비밀 요원으로 가입한1918 헤켈은 일찍이 《생명의 신비》1904에서, 사회에 부담만 주는 계층고아·과부·장애인·유전 질환자·알코올 중독자을 독가스로 몰살시켜야 한다는 끔찍한 주장을 펼쳤다. 히틀러는 이러한 헤켈의 영향을 받아, '몸속으로 빨리 퍼지는 독약'상품명: Ziklon B을 만들어 아우슈비츠에서 유태인 600만 명을 학살했다.

일본은 세계 최초로 국립대학에 진화 교육1877을 도입한 나라이다. 미국의 압력으로 문호를 개방하면서1869, '만세일계萬歲一系의 천황주의' 확립과 기독교에 대한 대응책의 일환으로서 미국의 진화학자인 모스E. S. Morse를 도쿄대학에 초빙해 학생들을 진화사상으로 세뇌시켰다. 이렇게 훈련받은 자들이 약육강식에 근거해, 주변국가들이 침략하는 데 앞장서서 청일1884, 러일1904 전쟁을 거쳐 한국을 합병했다1910. 일제 침략으로 오랜 고통을 겪은 우리가 이러한 제국주의적 진화론을 우리 자녀에게 정설처럼 가르치는 것이 과연 옳은 일인지 깊이 반문해야 할 것이다.

(4) 공산주의의 도구화

공산주의자들도 진화론을 근거로 학살과 침략을 정당화했다. 마르크스는 다윈에게 《자본론》을 증정했고, 다윈의 적자생존설이 계급투쟁과 관련된다고 해석했다. 러시아의 민중봉기 이론을 수립한 허잔, 볼셰비키 혁명1917을 일으킨 레닌과 그의 후계자 스탈린은 다윈의 영향으로 기독교와 결별했다고 한다. 다윈을 영웅으로 추앙한 레닌과 스탈린은 모스크바에 다윈기념관을 세웠다. 그뿐 아니라 스탈린과 마오쩌둥毛澤東은 진화론의 약육강식 이론에 따라 수천만 명을 대담하게 학살했다. 공산주의 국가에서는 지금도 진화론 교육에 열을 올리고 있다.

(5) 학문의 영향

진화론은 모든 학문의 기초를 이룬다. 생물의 진화를 주장하는 생물학, 빅뱅설을 포함한 천문학, 약육강식에 근거한 자본주의와 공산주의를 포함한 경제학, 유인원에서 출발하는 역사학, 유신진화론을 수용하는 자유주의 신학, 약육강식을 정당화하는 사회진화론, 프로이드의 심리학 등이 그러한 사례들이다. 오늘날 세계의 교과서들은 모두 진화론으로 채워져 있으며, 백과사전·매스컴·영상 매체·박물관 등에서는 진화사상만 전시하고 가르친다. 미국의 국립지질협회NGS는 진화론의 전파에 앞장을 서고 있다. 이제, 미국은 진정한 의미에서 더 이상 기독교 국가가 아닌, 유물론적 진화론 국가로 보인다.

(6) 기독교 붕괴 촉진

진화론의 가장 큰 피해자는 기독교라 할 수 있다. 진화론은 가장 먼저 영국성공회로 침투해 전통신앙의 본산인 웨스트민스터교회를 초토화했다. 다윈이 사망했을 때 캔터베리 대주교인 페더릭 템플1821-1902은 진화론을 교계에 도입했을 뿐 아니라, 웨스트민스터 교회당에 다윈의 시신을 안장하도록 앞장섰다. 최근의 여론 조사에 의하면, 영국성공회 신부의 98%가 인간은 영장류 동물에서 진화했다고 믿는다고 하니 기막힌 일이 아닐 수 없다. 독일의 자유주의 신학자인 벨하우젠은 성경과 진화론의 접목을 시도했고, 원숭이가 사람으로 진화했다고 선언했다.

로마 가톨릭의 요한 바오로 2세1996, 1999는 진화론은 정설定說이며, 인간은 선재하는 존재유인원에서 진화했다고 공식 선언했다. 그 결과 구미의 유서 깊은 교회당들이 교인의 격감으로 술집이나 이슬람 사원으로 팔리는 기막힌 현실을 맞고 있다.

미국에서는 진화론을 수용하는 유니테리언교회가 교계와 교육계에 막강한 영향을 끼치고 있다. 짐머만위스컨신 대학이 이끄는 '목회자서신 프로젝트'2007에는 창세기를 거부하는 운동에 일만 명이 넘는 목회자들이 서명했으며, 2008년부터는 매년 12월 한 주간을 '다윈찬양주일'로 지키고 있다고 한다.

이처럼 창조주가 진화의 방법으로 천지를 창조했다는 유신진화론有神進化論은 구미 기독교를 붕괴시켰고, 최근에는 국내 기독교계에도 침투했다.

(7) 무신론의 확산

진화론은 초월적인 인격신을 부정하는 범신론적인 무신론 사상이다. 그들이 추구하는 종교는 인간을 신격화한 자연주의 종교이다. 모든 진화론자가 무신론자는 아니지만, 대부분의 무신론자는 진화론을 신봉한다. 로마의 에피쿠로스에서 본격화한 무신론은 공산주의 창시자 칼 마르크스, 진화론의 개척자 찰스 다윈, 심리학자 프로이트, 교육학자 존 듀이, 실존철학자 사르트르 등에게 결정적인 영향을 주었다. 줄리언 헉슬리1969는 전통 종교를 진화적인 자연주의종교로 대체해야 한다고 역설하면서, 도브잔스키와 더불어 종교의 통합을 시도했다.

헉슬리와 도킨스가 주도하는 영국인본주의자협회BHA는 신의 존재를 부인하고, 학교에서 종교 교육의 폐지를 목표로 활동하고 있다. 도킨스는 《만들어진 신》2006에서 종교의 역사적 해악을 열거하면서, 종교가 악의 근원이라고 비난했다. 듀이1859-1952 등이 주도한 미국인본주의자협회AHA는 초월적 종교를 공격하고, 인간의 운명은 인간 스스로 결정해야 한다고 역설한다. 다윈이나 유전학자 존스Steve Johnes는 '종교는 진화의 산물' 이라고 주장한다.

(8) 과학주의科學主義의 심화

현대인들은 이성에 의한 인간중심주의를 추구하는 경향이 강하다. 이성理性을 앞세우는 과학의 특징은 계량화, 체계화, 객관화이다. 진화론은 이러한 과학의 이름으로 종교의 영역까지 급속히 확산되고 있다.

창조-진화 논쟁은 가치관의 싸움이다

앞에서 살펴보았듯이, 진화론이 역사에 끼친 영향이 심각하지만 진화론자들의 반성하는 모습은 전혀 보이지 않는다. 이는 오늘의 교육계가 역사를 망각했거나 잘못된 길로 가고 있음을 보여주는 증거이다. 여기서 우리는 학문이란 과연 무엇이며, 학문이 추구하는 목적은 무엇인가 하는 본질적 질문을 다시 하게 된다. 창조-진화 논쟁은 단순한 학술 논쟁이 아닌 가치관의 싸움이며, 영혼이 죽느냐 사느냐 하는 처절한 영적 전투이다. 더 늦기 전에 한국 교회가 교계로 침투한 유신진화론에 대응책을 세우지 않는다면 한국 교회의 파멸은 예약된 것이나 다름없다. 만일 기독교계가 지금처럼 진화론에 무관심한 자세로 나아간다면, 10년 후 기독교의 정체성이 무엇인지 다시 묻게 될 것으로 우려된다.

사람은 이성으로 자신의 가치관세계관을 세우고, 그 가치관에 따라 행동하는 존재이다. 그런데 불행스럽게도 오늘날 진화론적 가치관이 과학을 비롯한 모든 학문을 지배하고 있기 때문에, 고등교육을 받은 사람들이 진화사상으로 무장되어 끊임없이 배출되고 있는 실정이다. 이처럼 오늘날 청소년 문제의 근저에는 진화론에 근거한 유물주의적 교육이 큰 영향을 끼치고 있다.

많은 진화론자들이 진화론을 수용한 것은 진화론이 과학적으로 증명되어서가 아니라, 진화론의 대안인 창조론을 수용하기 싫어하기 때문이다. 우리는 21세기가 던지는 아래의 질문에 정직한 마음으로 답변해야 할 것이다.

"누가 21세기의 최대 허구인 진화론의 바벨탑을 무너뜨릴 것인가?"

제19강

유신진화론이란 무엇인가?

과학과 종교

진화론은 찰스 다윈이 《종의 기원》1859을 발표하면서 비로소 학문의 세계로 들어왔다. 신학을 전공했던 다윈은 진화사상에 사로잡히면서 40세에 기독교와 결별했다. 다윈의 진화론이 발표되자 기독교계는 세 방향으로 진화론과 관계를 설정했다.

첫째는 대립對立이었다. 대표적인 사례가 창조-진화에 관한 옥스퍼드논쟁1860, 생명 기원에 관한 파리과학아카데미논쟁1861, 인류 기원에 관한 원숭이 재판1925과 동등시간법 재판1981-87, 그리고 국내의 생물교과서 재판과 창조-진화논쟁1988-1997, 2010-2013 등이다. 헉슬리가 주도한 영국인본주의자협회BHA는 초월적인 존재를 부인하고, 공교육에서 종교 교육을 폐지하라고 주장한다. 줄리언 헉슬리의 사상을 이어받은 리처드 도킨스는 《만들어진 신》2006에서 종교가 악의 근원이라고 맹렬히 비난한다. 미국의 교육학자인 듀이1859-1952가 주도한 미국인본주의자협회AHA도 기독교를 맹렬히 비난하고, 인간의 운명은 인간이 결정해야 한다고 선언했다. 이러한 선언은 총칼 없는 선전포고와 다름없다.

둘째는 불가지론不可知論, agnosticism이었다. 다윈과 유전학자인 스티브 존스는 종교를 진화의 부산물로 격하했다. 그러면서도 진화의 기작, 진화 요인, 신의 문제에 대해서는 불가지론의 입장을 견지했다. 동일과정설을 주장한 라이엘, 진화론자인 토머스 헉슬리도 신의 존재나 진화기작에 대해서는 불가지론의 입장을 취했다. 다윈은 유물주의를 고수하면서도 라이엘의 충고에 따라 종교에 대한 비판은 끝까지 유보했다고 한다.

셋째는 타협妥協이었다. 기독교 측에서는 영국성공회가 앞장을 서서 진화론 측에 타협의 손을 내밀었다. 찰스 킹슬리 신부를 비롯해 캔터베리 대주교인 템플 부자Federic and William Temple가 대표적인 인물이다. 특히 페드릭 템플은 진화론의 수용뿐 아니라 영국 의회와 협력해 다윈의 시신을 기독교의 상징인 웨스트민스터 교회당에 안장하도록 했다. 이성적 기독교를 추구하는 유니테리언Uniterian이 주도한 유신진화론有神進化論도 진화론과 기독교의 타협의 산물이라고 할 수 있다. 이들의 영향으로 미국의 대학들이 1900년을 전후하여 진화론을 수용하게 되었다. 하나님을 믿으면서 진화론도 수용한 것이다.

게놈프로젝트를 주도한 프랜시스 콜린스2011는 유신진화론을 '바이오로고스' BioLogos로, 칼빈대학의 물리학자이면서 신학자인 반틸C. Van Till, 1895-1987은 '능력이 충만한 창조'라고 불렀다. 영국성공회 신자인 C. S. 루이스, 성공회 사제인 알리스터 맥그라스, 러시아 정교회 신자인 데오도르 도브잔스키, 로마 교황 요한 바오로 2세, 한국의 신학자인 김흡영강남대과 생물학자인 최재천이화여대 등도 대표적인 유신진화론자라 할 수 있다. 미국의 창조과학자인 헨리 모리스1918-2006는 유신진화론이 과학이 아닌 신학체계이며, 인간의 타락과 구속의 필요성을 명백히 부인한다고 비판했다.

유신진화론Theistic Evolutionism의 현황

유신진화론有神進化論은 창조주가 진화의 방법으로 천지를 창조했다고 주장하며, '진화적 창조론'進化的 創造論이라고도 한다. 창조론과 진화론을 결합한 이론이므로 양측으로부터 비난을 받기도 한다. 이들은 과학을 일반계시자연계시에 대한 탐구 행위로 해석하고, 과학의 결과가 창세기의 기록과 충돌할 경우, 그 원인을 특별계시성경에 대한 해석상의 차이로 돌린다.

유신진화론은 구미歐美뿐 아니라 국내 기독교계에도 깊숙이 침투해 있다. 복음주의 신학자인 프란시스 쉐퍼도 유신진화론을 옹호해 혼란을 일으킨다. 그는 《시간·공간·물질》이라는 저서에서, "만일 방사성 동위원소를 이용한 연대측정법이 옳다고 한다면"이라고 전제한 후, 지구의 나이가 매우 오래되었다는 주장을 합리화한다. 잘못된 전제에 근거를 두고 논리를 펼치는 이러한 방식은 자가당착이 아닐 수 없다. 로마 가톨릭의 요한 바오로 2세는 "인간은 선재하는 존재유인원에서 진화했으며…… 진화론은 지동설처럼 정설定說로 인정받을 때가 올 것" 1996, 1999이라고 선언했다.

최근의 한 여론 조사2006는 영국성공회 사제의 98%98명가 유인원이 사람으로 진화했다고 믿으며, 하나님에 의한 창조창 2:7를 믿는 비율은

2%2명에 불과했다고 한다. 미국의 신학자인 짐머만위스콘신대학, 2004이 주도한 '목회자서신프로젝트'Clergy's letter project에는 1만 명 이상의 목사들이 참여했다고 한다. 이들은 매년 12월 첫 주일을 진화주일로 선포하고2008, 다윈을 기념하는 예배를 드린다고 자랑한다.

국내외 중견 목회자 중에도 이러한 이론을 수용하는 분들이 많아 우리를 놀라게 한다. 존경을 받는 한 목회자는 EBS-TV프로그램에 출연하여 하나님이 진화의 방법으로 우주를 창조했다고 주장해, 시청자들을 아연실색하게 만들기도 했다. 이들은 진화론이 무신론적 유물주의로서, 기독교를 대적하는 얼마나 무서운 세력인지 알고나 하는 소리인지 되묻고 싶다. 요즘 젊은 신학자들이 해외에서 받는 신학교육은 자유주의와 유신진화론에 기초한 것임은 잘 알려진 사실이다. 만일 지금의 상태가 계속된다면, 그들이 한국교계의 주역이 되는 10-20년 후의 한국 교회는, 유럽 교회에서 보듯이 복음은 사라지고 껍데기건물만 남게 될 것으로 우려된다. 크리스천은 사라지고 기독교라는 이름만 가진 교회! 이것이 우리가 예측할 수 있는 한국 교회의 불길한 미래상이다.

유신진화론의 등장

신학과 진화론이 접목된 유신진화론과 자유주의신학은 서구 기독교를 몰락시킨 2대 요인으로 지적받는다. 진화론을 가장 먼저 기독교계로 도입한 것은 영국의 성공회와 미국의 유니테리언이었다. 이들을 통해 진화론은 유신진화론이라는 신학 이론으로 변모했다.

미국의 경우, 1880년대에 보스턴에 근거지를 둔 유니테리언의 독실한 신자였던 아사 그레이1810-1888가 하버드대학에 진화론을 도입하는 데 앞장을 섰다. 이어서 그의 영향으로 제임스 다나1813-1895가 예일 대학에 진화론을 도입함으로써, 1900년을 전후해 미국의 대학들이 유신진화론의 온상으로 변모했다. 그 뒤를 이은 사람이 현대종합이론의 기틀을 새운 도브잔스키정교회 신부와 홀데인성공회 신자 및 로널드 피셔성공회 신자라 할 수 있다. 최근에는 스티븐 굴드하버드대학가 NOMA를 앞세워 진화론이 과학계를 지배하도록 결정적인 기여를 했다.

진화론은 유럽 자유주의신학에도 큰 영향을 끼쳤다. 벨하우젠 등의 독일 신학자들은 진화론을 적극 수용했다. 1950년 이전까지만 해도 진화론을 비판했던 로마 가톨릭도 유신진화론을 적극 수용했다. '창조적 진화'를 주창한 베르그송1859-1941에게 영향을 받은 예수회 신부 샤르댕1881-1955은 가톨릭에 진화 사상을 유입하는 데 결정적인 역할을 했다. 그리고 요한 바오로 2세1920-2005는 마침내 '진화론이 가설 이상의 정설이며, 인간은 선재하는 존재유인원에서 진화하였다'고 선언하기에 이르렀다동아일보, 1996. 11. 10.

최근의 갤럽조사2008에 의하면, 미국 지식인의 47%가 창조론을 믿으며, 40%가 유신진화론을 지지한 데 반해, 진화론의 지지 비율은 10%에 지나지 않는다는 사실이 밝혀졌다. 이는 매우 예상밖의 현상으로, 진화론이 유신진화론으로 이동한 것으로 해석할 수 있을 것이다.

유신진화론의 종류

성경적 창조론Biblical creationism은 창세기 1장 1절의 시·공·물의 창조를 제1일의 창조 사역에 포함시킨다. 이는 대부분의 교부와 종교개혁자 및 헨리 모리스를 비롯한 창조과학자들이 견지한 입장이었다. 그러나 진화이론을 대부분 수용하는 날-연대설·골격가설·간격설·진행적 창조론 등의 '진화론적 창조론'에서는 창조의 역사성을 부인한다. 따라서 이들을 유신진화론의 범주에 넣어 소개하고자 한다.

(1) 제목설Title theory

창세기 1장 1절을 1장의 제목이나 개요로 해석한다. 이렇게 되면 1절의 시·공·물이 6일창조 이전에 이미 존재하고 있었다는 이야기가 되므로, 6일창조가 '무에서의 창조'가 아닌 '유에서 유'의 창조가 된다. 그리고 2절의 접속절인 '그런데 그 땅이'히 *ha erets*라는 구절과도 상충한다. 창조의 주체인 하나님은 '6일 동안에 내가 모든 우주와 만물을 만들고 제7일에 안식했다'고 했다출 20:11, 31:17. 6일 이전에는 어떠한 존재도 없었다. 따라서 제1절은 창조 제1일의 창조사역에 속하는 것으로 해석해야 합리적이다. 버러스 스키너1904-1990 등이 이 설을 지지한다.

(2) 종속설Subordinationism

창세기 1장 1절을 2절의 종속절로 해석한다. 그들은 '태초'라는 말 앞에 정관사가 없기 때문에 '태초에'를 '-할 때에'When로 해석해 '하나님이 천지를 창조하실 때에'로 풀이한다New English Bible-The Anchor Bible. 이 경우도 6일창조가 '유에서 유'의 창조가 되므로 '무에서 유'의 창조인 빠라*bara*와 상충한다. 첫 날욤, *yom*은 창조된 '한 날'이므로 정관사를 붙이지 않은 것으로 보인다.

(3) 날-연대설Day-Age theory

'날-시대설'로도 번역한다. 창조 6일의 하루히 *yom*가 24시간의 하루가 아닌 지질학적 6기간이라는 주장이다. 이는 창세기의 6일과 동일과정설의 지질 연대를 조화시키려는 타협이론이다. 개혁복음주의 신학자인 장로교 목사 프란시스 쉐퍼1912-1984와 에드워드 영1907-1968 및 허만 바빙크1854-1921를 비롯해, 복음주의적인 미국과학자협회1941도 이에 동조한다. 그러나 많은 성경구절은 천지가 6일 동안에 창조되었다고 말한다창 2:3; 출 20:11, 31:17. 6일 이전에는 아무것도 없었다. 성경에 나오는 욤날, 기간, 때의 의미는 대부분 '24시간의 하루'이며, 그 밖의 경우는 반드시 그 단어 앞에 수식어가 붙는다. 예컨대 '여호와의 날', '심판의 날' 등이다. 더구나 창세기의 '날'이 '긴 기간'을 의미하는 것이라면, 창세기 5장에 나오는 족장들의 나이평균 912세를 설명할 수가 없게 된다. 족보에 근거한 인류 역사는 일만 년을 넘지 않는다Genesis Record, p. 45.

(4) 진행적 창조론Progressive Creationism

하나님이 천지창조 이후 자연계의 운행에 일체 관여하지 않는다는 점진적 창조 이론이다. 이는 창세기와 진화론을 조합한 타협 이론으로, 양측 모두에게서 비판을 받는다. 자칭 복음주의자라는 로스Hugh Ross, 1989는 성경무오설을 지지하면서도 전 지구적인 대홍수를 부인하고, 긴 연대설을 수용하며, 아담 이전에 백만 년 이상 유인원들이 지구 위를 활보했다고 주장한다. 그리고 아담이 5만 년 전에 창조되었다고 한다Creation and Time, p. 159, 1994. 그러나 성경은 하나님이 우주를 창조했을 뿐 아니라 붙들고 계신다고 말한다히 1:3.

(5) **골격가설**Frame theory

성경은 창조-타락-구속-회복의 구원 교리를 설명하기 위한 기록이므로 창세기의 내용은 역사적 사실이 아닌 일종의 비유라고 말한다. 이 주장은 자유주의 신학자들이 선호하는 주장으로 신학자 눌찌A. Noeltzij와 니더보스N. Ridderbos 등이 이에 동조했다.

(6) **간격설**Gap theory

에딘버러대학의 찰머스1812가 퀴비에의 다중격변설과 창세기를 조화시키려고 만든 이론으로, 창세기 1장 1-3절 사이에 큰 지질학적 간격이 있다는 것이다. 처음 창조한 원시 지구를 다스리던 루시퍼Lucifer가 하나님께 반역을 꾀하므로 하나님이 이를 파괴하신 모습이 1장 2절혼돈·공허·흑암이라고 해석한다. 그리고 3절부터 시작되는 6일 동안에 오늘의 천지가 재창조가 되었다再創造說는 것이다. 태양계에 대해서도 제4일에 창조된 것이 아니라 안개가 걷히면서 나타난 것이라고 말한다. 그러나 천지는 단 한번 창조된 것이다창 1:31; 출 20:11; 시 33:6-7, 148:5; 히 1:10. 이들은 화석化石이 루시퍼에 대한 심판과정에서 형성된 것이라고도 말한다. 이는 아담 이전에 이미 다른 사람들이 존재했으며, 아담의 범죄 이전에 대격변pre-Adamic cataclysm에 의해 죽음이 있었다는 이야기이므로, 구원의 교리를 무너뜨리는 심각한 이단사설이 아닐 수 없다롬 5:12; 고전 15:21. 이러한 주석 내용이 스코필드주석성경Scofield Reference Bible과 워치만 니Watchman Nee 등에 의해 인용됨으로써 세대주의자들과 일반인들에게 널리 확산되었다.

유신진화론의 공통 주장종합

(1) 창조의 주체는 하나님이다.

(2) 그러나 하나님은 우주만물과 자연법칙을 만든 후, 자연계의 운행에는 일체 관여치 않는다. 자연계는 자연법칙에 따라 기계적으로 작동해 오늘의 우주만물로 진화한 것이다.

(3) 모든 생물이 수억 수천만 년의 오랜 기간에 단세포에서 고등 생물로 점진 진화했다는 진화설에 동의한다.

(4) 창조의 6일은 문자적 6일이 아닌, 지질학적 6기간이다간격설은 오랜 연대를 주장하지만, 6일창조에 대해서는 문자적 6일로 믿음.

(5) 유인원이 사람으로 진화했다. 다만 아담은 영혼을 부여받은 특별한 존재이며, 지상에는 한동안 아담의 후손과 유인원이 동거했다.

(6) 우주는 빅뱅으로 탄생했고, 지금도 계속 팽창한다는 빅뱅설에 동의한다. 시간의 경과와 더불어 우주의 질서도 진화했다.

(7) 창세기는 역사적 사건이 아니라 구속의 과정을 설명하기 위한 비유나 신화이다골격가설.

(8) 이성理性으로 판단할 때 성경의 기적들을 믿을 수 없다. 이성적으로 이해되는 성경 말씀만 수용한다.

(9) 노아 홍수는 중동 지역에서 일어난 국지적인 홍수local flood였다.

(10) 아담이 태어나기 전에 긴 지질시대가 있었고, 그 시대에 살았던 생물들이 매몰된 것이 오늘의 화석化石이다.

(11) 성경은 하나님의 말씀이 아니라 랍비들이 편집한 것이다.

유신진화론의 비판

유신진화론은 기독교의 전통 복음을 심각하게 왜곡하고 날조한 이단사설이다갈 1:6. 그들의 주장이 왜 잘못인지 살펴보면 다음과 같다.

(1) 우주는 빅뱅이 아닌 하나님의 말씀으로 무에서 탄생했다. 태양에서 지구가 떨어져 나온 것이 아니라, 지구가 태양보다 3일 전에 탄생했다. 창세기의 역사성은 12제자·바울·교부들 및 종교개혁자들이 일관되게 주장했다.

(2) 하나님은 우주만물의 창조는 물론, 능력의 말씀으로 만물을 붙들고 계신다히 1:3. 까마귀 새끼가 하나님을 향하여 부르짖으며 먹을 것이 없어서 오락가락할 때에 먹을 것을 예비하시는 분도 하나님이시다욥 38:41.

(3) 하등 생물이 고등 생물로 진화했다는 주장은 열역학 제2법칙에 위배된다. 하나님이 각종 생물을 종류대로 만드신 후 '보시기에 좋았다' 는 말씀도 진화를 부정하는 표현이다. 만일 물고기나 새를 만들었을 때 형체가 없었다면 어떻게 '보시기에 좋았더라' 고 선언하실 수 있었겠는가.

(4) 사람은 하나님의 형상대로 창조된 존엄한 존재이며, 단순한 동물의 일종이 아니다. 오직 인간만이 이성과 영혼을 가지고 있다.

(5) 성경의 기적은 하나님의 전능성에 의한 것으로, 비과학이 아닌 초과학이다. 과학 지식은 불완전하며, 끊임없이 새 이론으로 대체되면서 완전을 지향한다.

(6) 노아 홍수가 전 지구적이었다는 사실은 방주가 아라비아 반도보

다 더 높은 아라랏 산맥으로 흘러간 사실을 보아도 알 수 있다.

(7) 화석과 지층은 노아 홍수 후기와 그 이후의 격변으로 형성되었음이 분명하다. 정상 여건에서 생물의 사체들은 부패하거나 다른 동물의 먹이가 되므로 화석화가 일어나지 않는다. 세인트헬렌스 화산 폭발 1980은 화석과 지형이 단기간에 형성되었음을 보여준다.

(8) 생명의 자연발생설은 파스퇴르의 실험1861으로 부정되었다. 파스퇴르의 속생설續生說, 슐라이덴1837 · 슈반1838의 세포설細胞說, 멘델1865의 유전법칙 등에 의해서도 부정되었다. 그럼에도 불구하고 자연발생설과 화학적 진화설이 지금까지 기승을 부리는 것은 아이러니가 아닐 수 없다.

(9) 유신진화론자들은 성경의 중심 교리인 창조 · 타락 · 구속의 역사성을 부인한다. 창조와 타락죄의 역사성을 부정한다면 구원의 교리도 무너지게 된다.

신학자들의 비판

합동신학원대학合神, 수원은 '유신진화론에 대한 합동신학교 교수들의 입장'2011을 통해, 다음과 같이 유신진화론의 신학적 위험성에 대해 공개적으로 경고했다.

〈유신 진화론에 대한 합동신학교 교수들의 입장〉

유신진화론은 현대 과학의 이론이 가정하는 진화론의 틀에 따라서 창세기 1장을 해석한다. 그러나 현대 과학의 이론이 가정하는 진화론의 틀이란 하나의 가설일 뿐 확정된 진리가 아니며, 그 가설을 따라

'하나님의 창조'를 주장하는 시도는 오류이다. 유신진화론을 받아들일 경우 구체적으로 다음과 같은 오류를 범한다.

(1) 이분법의 오류: 유신진화론은 성경을 단지 주관적 의미와 목적만을 말하는 것으로 보며, 객관적 사실은 과학이 말한다고 주장한다. 따라서 신학적 사실과 의미조차도 성경의 정당한 해석에 근거하기보다는 오히려 진화론적 범례를 따르는 과학을 기초로 설명한다.

(2) 이중 진리의 오류: 유신진화론은 동일한 진리가 한편으로는 성경의 증거로, 다른 한편으로는 진화라는 과학적 증거로 제시되고 있다고 말한다. 그리고 우주와 인류의 기원과 관련해서는 진화론적 증거를 말하는 과학의 진리 인식이 성경의 증거보다 우월하다고 말한다.

(3) 성경 해석의 오류: 유신진화론은 진화론에 따른 과학 증거에 기초를 두고 기원을 설명해야 한다는 진리 인식의 원리에 따라서, 창세기 1장을 창조 과정에 관한 역사적 사실로 보지 않는다. 단지 온 자연과 인간이 피조물이라는 의미만을 전달하는 문학적 기록으로 볼 뿐이다. 유신진화론은 아담과 하와를 창조된 최초의 역사적 인물로 인정하지 않는다.

(4) 창조와 섭리의 혼동: 유신진화론은 창조와 섭리를 구분하지 않고 창조를 진화의 과정으로 환원시킨다. 그 결과 창조를 제1 원인이신 하나님의 직접 활동으로 보지 않으며, 단지 진화라는 제2 원인의 작용에 의한 것으로 해석을 한다.

(5) 대표 교리의 오류들: 유신진화론은 죄를 의지적 불순종으로 보지 않으며, 성경적 죄의 개념을 부인한다. 모든 악은 자연의 본질적 상태로 이해할 뿐이다. 아담과 하와를 역사적으로 존재하지도 않았던 것

으로 여기므로, 인간의 죽음이 그들의 타락의 결과로 인한 것이 아니라고 주장한다. 따라서 예수 그리스도의 대속의 은총으로 인한 구원도 없다고 주장한다. 예수 그리스도는 인간이 진화하여야 할 정점에 있는 오메가 포인트로 여겨질 뿐이다. 따라서 합신 교수들은 유신진화론이 성경의 교훈에 어긋나는 그릇된 이론으로 판단한다.

과학의 최종 권위인 성경

성경과 과학이 불일치하는 사례가 종종 나타난다. 과학자들은 성경이 과거에 기록된 것이므로 과학성이 결여된 탓이라고 말한다. 그런가 하면 일부 크리스천 과학자들은 두 이론을 접목하여 해석하려고 한다. 이들이 그렇게 하는 이유는 과학 이론을 성경보다 더 신뢰하기 때문이다. 요즈음에는 과학 이론을 종교처럼 믿는 과학종교 신자들이 급증하고 있다. 그러나 과학 이론에는 한계가 있다. 다윈이 진화론을 발표한 직후, 영국의 과학자 617명이 발표한 다음과 같은 '반진화론 선언'1865이 이러한 사실을 잘 보여준다.

> 성경의 진리를 의심하는 과학자들에 대해 가슴이 아프다. 우리는 자연과학이 완전하지 않으며, 성경과 실험 내용이 일치하지 않더라도 언젠가 일치할 때가 오리라 확신한다.

자연과학의 역사를 보면, 과학의 주도 이론은 수십 년을 지속한 것이 드물다. 다윈의 진화론도 그동안 수없이 수정과 보완을 계속했다. 이처럼 과학 이론은 한계가 있어 완전을 향해 발전해 가는 과정에 있다. 이에 반해 성경은 창조주의 말씀이므로 영원 불변이다. 따라서 두 이론이 상충할 경우 성경을 우선해야 한다. 혼합 이론을 만들려는 것은 바른 자세가 아니다. 교회사적으로 대부분의 이단은 성경 해석에 대한 지나친 열심 때문에 발생했다는 사실을 잊어서는 안 된다.

일례로, 가나의 혼인 잔치에서 예수님이 물로 포도주를 만든 사건이 나온다. 과학자들은 어떻게 물H_2O이 알코올C_2H_5OH로 바뀔 수 있느냐고 하면서, 성경의 비과학성을 비판한다. 이것이 오늘의 과학이 보여주는 한계이다. 그러나 만일 예수님이 우주를 창조한 분이라면 물을 알코올로 바꾸는 일이 무슨 대수일까?

물질을 이루는 최소 단위는 원자이며, 원자는 핵과 전자로 구성되어 있다. 전자電子는 자연법칙에 따라 핵의 주위를 일정한 궤도로 돌기 때문에 모든 물질이 지금의 모습을 유지하는 것이다. 그러나 최근의 진동振動이론에 의하면, 어떤 물질에 강한 충격을 가하여 진동시키면, 그 물질의 전자가 궤도를 이탈하므로 다른 원소로 바뀌게 된다고 한다 히 12:26-27; 벧후 3:10. 방사성 동위원소도 반감기에 따라 다른 원소로 바뀌는 전형적인 사례이다. 그러므로 물이 알코올로 바뀌는 것은 과학적으로 볼 때 얼마든지 가능한 일이다. 창조주의 전지전능을 믿는 자라면, 그리고 성경을 하나님 말씀으로 믿는 자라면, 성경에 나타난 소위 비과학적 현상 때문에 고민을 해야 할 하등의 이유가 전혀 없다.

자연과학은 자연계에 대해 연구하는 학문이며, 자연계에는 자연법칙이 작용한다. 자연계와 자연법칙을 만든 분이 창조주創造主이다. 따라서 과학 이론에 대한 판단 기준은 가변적 과학 이론에 둘 것이 아니라, 영원불변한 하나님의 말씀에 두어야 한다. 과학의 법칙은 끊임없이 완성을 향해 바뀌며 보완되고 있다. 그것이 지향하는 방향은 창조주가 설정한 자연법칙의 완전성이며, 종착역은 오메가 포인트인 예수 그리스도가 될 것이다. 왜냐하면 그분이 창조주이기 때문이다. 실험과학의 허울을 쓴 진화론은 과학을 빙자한 비과학非科學, non science이며, 창조론은 비과학으로 매도되고 있는 초과학超科學, super science이라는 사실을 잊어서는 안 된다.

이단사상은 잘못된 열심의 산물

성경은 말세에 복음을 혼잡하게 하는 사조들이 나타날 것이라고 경고한다. 바울은 갈라디아 교인들에게 다른 복음을 전하면 저주를 받는다고 했다갈 1:8-9. 우리는 교회사를 통해 복음에 대한 잘못된 열심이 이단을 양산한다는 사실을 알고 있다. 이단이 가장 많이 내세우는 세 가지 주제는 창조론, 기독론, 종말론이다. 우리는 종말의 시대를 살고 있다. 지금은 종말론이 기승을 부릴 시기이지만, 이상하게도 창조론 논쟁이 그 자리를 대신하고 있다. 사탄이 창조론을 집중 공격하는 이유는 창조론기초석을 파괴하면 그 위에 세워진 구원의 집도 자동적으로 무너지기 때문이다. 그래서 창조에 관한 내용을 여러 형태로 재단하면서, 세속 이론과의 혼합을 끈질기게 시도한다. 성경에 기록된 대로 믿으면 아무 문제가 없을텐데, 오히려 그렇게 믿는 사람들을 문자주의자나 근본주의자라고 매도한다. 그리고 창세기를 상징적으로 해석하거나, 창세기가 역사적 기록이 아닌 비유라고 강변하기도 한다.

유신진화론은 잘못된 타협 이론

최근 청소년의 교회 이탈이 심각한 상황이다. 그들이 교회를 떠나는 가장 큰 이유는 진화론 교육의 영향이다. 중고등학교의 생물, 물리, 지리, 역사 교과서들은 모두 진화적 시각으로 기술되어 있기 때문에 크리스천 청소년들이 학창 시절에 정신적 혼란을 겪는다. 이러한 상황에서 그들이 선택할 수 있는 길은 창세기를 부정하거나, 소위 과학 이론진화론과 타협하는 길뿐이다. 그렇게 나타난 현상 중 하나가 유신진화론의 확산이다. 교회가 방황하는 젊은 세대에게 명쾌한 성경적 해답을 주지 못한다면 한국 교회는 가라앉는 배와 다를 바 없다.

아직 기회는 있다. 더 늦기 전에 한국 교회가 이러한 현실을 직시하고, 분명한 해답을 주어야 한다. 불완전한 진화론과 타협하려 하지 말고, 성도들이 전통 개혁신앙에서 이탈하지 않도록 교계 차원의 대책을 세워야 한다. 복음주의 과학자와 신학자가 진화론에 대처하는 기구를 만들어 구체적 대안을 만들어야 한다. 진화론자나 유신진화론자들과의 무익한 변론을 피하고, 성도들을 대상으로 바른 창조론을 가르쳐야 한다.

제20강

창조론과 지적설계론

기독교계는 지금까지 창세기를 신학의 차원에서만 해석해 왔다. 그런데 최근 과학기술이 급속도로 발전하면서 창세기 해석에 큰 혼선이 생겼다. 과학계를 장악한 진화론evolutionism이 유신진화론有神進化論의 이름으로 기독교계에 침투했기 때문이다. 이들은 창세기의 내용을 진화론과 조화시키거나 역사적 사실이 아닌 신화나 비유로 해석한다. 그래서 창세기가 과학과 대립하지 않으며, 역사적 기록임을 변증할 필요성이 제기되었고, 이에 부응하여 나타난 것이 창조과학創造科學, creation science이다. 창조과학은 전통 복음을 지키려는 과학적 몸부림이다. 따라서 신학神學은 창조과학과 손을 잡고 바른 전통 복음을 지키기 위해 긴밀히 협력해야 한다. 교계 지도자들이 먼저 창조과학에 관심을 가지고, 교회와 신학교에서 창조과학을 가르치도록 앞장서야 한다.

창조론의 명암

미국에서는 이성을 강조하는 기독교 일파인 유니테리언Uniterianism이 가장 먼저 진화론을 수용했다. 이와 더불어 무신론을 추구하는 미국인본주의자협회AHA와 무신론변호사모임인 미국시민자유연맹ACLU은 창조론에 대한 공격에 가세했다. 이에 위기감을 느낀 지질학 교사 프라이스McGredy Price, 1870-1963는 《새로운 지질학》1923에서 젊은 지구론을 주장했다. 그의 뒤를 이어 수력학자인 헨리 모리스버지니아공대, 1919-2006와 생화학자인 두안 기쉬UC Berkley 및 신학자인 존 휫콤그레이스 신학교 등이 창조과학운동을 본격화했다. 특히 모리스와 휫콤은 공동 저술한 《창세기 대홍수》1961에서 '젊은 지구론'을 확립해 종교계와 교육계에 큰 영향을 주었다.

1961년, 미국과 소련의 우주개발 경쟁에서 소련이 먼저 유인有人 우주선의 발사에 성공하자 미국은 큰 충격에 빠졌다. 그리고 소련처럼 진화교육을 도입하자는 잘못된 여론이 들끓었다. 이러한 분위기에서 케네디 대통령은 공교육에서 종교교육을 금지하는 연방수정헌법을 만들게 했고1963, 그가 암살을 당한 다음 해1964에 법안이 발효되었다. 공교육에서 종교 교리에 기초한 내용을 가르칠 수 없다고 규정한 이 법에 따라 테네시주1968를 필두로 대부분의 주州가 창조론 교과서 내용을 진화론으로 대체했다.

진화론의 공세에 밀린 창조과학자들은 창조론을 성경적 창조론과 과학적 창조론으로 구분하고, 교과서에서 진화론과 동시에 과학적 창조론을 가르치도록 시도했다. 아울러 창조과학 이론의 개발을 위한 창조연구회CRS, 1963와 창조연구소ICR, 1972를 설립했다. 그들의 활동으로 아칸소와 루이지애나주에서 동등시간법同等時間法, equal time law, 1980의 입법화에 성공했다. 이 법은 우주만물의 기원에 관해서는 진화론뿐 아니라 창조론적 설명도 같은 시간만큼 가르치도록 규정한 것이다. 그러나 ACLU의 즉각적인 제소로, 아칸소1981에 이어 루이지애나1987의 동등시간법이 위헌 판정을 받았다. 그 결과 미국에서 창조과학이 법적으로 퇴출을 당하는 초유의 사태가 발생했다. 이는 미국의 건국 정신인 청교도 신앙의 한 축이 무너졌음을 의미한다.

이러한 창조론의 퇴출에도 불구하고 현재 미국에서 60개가 넘는 창조과학 단체CRS·ICR·AiG·CMI 등가 활발히 활동하고 있는 것은 고무적인 현상이다사진 1. 특히 AiGAnswers In Genesis는 창조과학박물관5,574m², 켄터키주, 2007. 5. 28을 건립해동아, 2007. 5. 21, 창조론 확산에 중추적 역할을 하고 있다. 이들은 박물관 부지에 실물 크기의 노아 방주와 바벨탑을 건설할 계획도 추진하고 있다AiG News, 2007. 5. 29.

▲ 〈사진 1〉 창조과학박물관 방문(2007): AiG회장 K. 햄(中) · 정계현(右中) · 필자(右)

창조론의 종류

창세기에 대한 해석은 다양하며, 이에 따라 수많은 창조 이론이 대두되었다. 그러나 전통 신앙에서 벗어난 유신진화론적 견해가 대부분이다. 대표적인 창조 이론으로는 성경적 창조론 이외에 제목설·종속설·간격설·날-연대설·진행적 창조론·골격가설 등이 있다. 이 중 성경적 창조론을 제외한 다른 이론들은 사실상 유신진화론有神進化論이라 할 수 있다.

성경적 창조론Biblical creationism은 다음과 같은 내용이 핵심이다.

① 성경무오축자영감: 성경은 문자 그대로 하나님의 말씀이며 오류가 없다.

② 역사성: 창조 기록은 비유가 아닌 역사적 사실이며, 과학적으로도 타당하다.

③ 무에서의 창조: 우주는 절대무絕代無에서 창조되었다라 *Creatio ex nihilo*.

④ 6일창조: 천지만물은 6일 동안에 모두 창조되었다창 2:3; 출 20:11, 31:17.

⑤ 종류대로 창조: 모든 생물은 처음부터 완벽한 형태로, 종류대로 창조되었다.

⑥ 젊은 지구: 우주와 지구의 나이는 매우 젊다1만 년 미만 추정.

⑦ 인간 존엄성: 인간은 하나님 형상대로 창조된 만물의 영장이다창 1:26-27.

⑧ 전 지구적 대홍수: 노아의 홍수는 전 지구적인 대홍수였다창 7:19.

⑨ 격변설: 대홍수를 전후해 오늘의 지형·지층·화석·기후가 형성

되었다. 석유와 석탄도 이 시기에 형성되었다.

⑩ 자연계의 기원: 창조론적 해석이 진화론적 해석보다 과학적이다.

성경적 창조론에 대해 손봉호철학, 고신대는 철학적 입장에서 다음과 같이 정의했다.

(1) 무에서 창조: 일반 종교나 신화에서 나오는 창조는 유有에서 유有의 창조이다…… 인간의 상상력은 경험과 논리의 한계를 벗어나지 못한다. 따라서 하나님이 무無에서 유有를 창조했다는 기록은 인간이 지어낸 상상의 산물이 될 수 없음이 명백하다.

(2) 자연의 세속화: 창조주와 자연을 동일시하지 않고 구별해야 한다. 자연은 피조물일 뿐이며, 그 속에는 신적 요소가 없다. 다만 인간이 다스리고 조작하는 대상일 뿐이다…… 중세 가톨릭은 아리스토텔레스적인 범신론적 신학이 뿌리 깊기 때문에 성경적 우주관을 받아들이지 못했다.

(3) 직선적 시간관: 창조란 없는 것으로부터 있게 한 것으로, 모든 일의 시작을 의미한다. 여기서 시간관이 나왔다. 시작이 있다는 것은 종말도 있다는 말이다. 시간이 창조되어 종말을 향해 진행한다는 직선적 시간관은 어거스틴이 《신의 도성》에서 수립한 개념으로, 기독교 고유의 것이다…… 다른 종교나 사상은 예외 없이 순환론적 시간관이다.

(4) 하나님의 의지: 하나님이 천지를 창조하신 까닭은 그분이 원하셨기 때문이다. 원했다는 말은 의지를 전제로 한다. 자유의지로 천지를 창조하셨다는 말이다. 그리스 철학에는 자유의지라는 개념이 없다. 자유는 성경 고유의 것이지 그리스 사상에서 온 것이 아니다…… 기독

교의 인간관은 인간이 자유의지를 가지고 태어난 인격자로 보아야 한다. 이렇게 할 때 문화에 의한 비인격화를 막을 수 있게 된다.

지적설계론知的設計論

미국에서 창조론이 법적으로 퇴출되자1987 그 빈자리를 메운 것이 지석설계론intelligent design, ID이다. 서명한 형법학사인 필립 존슨1991, UC Berkley이 혜성처럼 나타나 제창한 이론이다사진 2. 그는 《심판대 위의 다윈》1991에서 창조-진화 논쟁의 본질은 유신론-무신론 사이의 논쟁임을 지적하고, 진화론은 자연주의자연주의에 기초한 비非과학이라고 비판했다. 《진리의 쐐기》2000에서는 에피쿠로스에서 스티븐 굴드에 이르는 유물론적 견해들이 모두 제국주의적 이론이므로 쐐기wedge를 박아서 깨뜨려야 한다고 주장했다.

마이클 비히생화학, 르하이대는 《다윈의 블랙박스》1996에서 모든 생물계에서 발견되는 '환원 불가능한 복잡성'irreversible complexity은 설계의 증거라며, 존슨의 주장을 적극 두둔했다. 그는 편모세균의 작동 기구와 쥐덫의 구조를 예시하면서, 이들을 구성하는 복잡한 구조물 중 하나라도 제거한다면 기능이 마비된다고 했다. 따라서 생물의 정교한 구조와

▲ 〈사진 2〉 P. 존슨(左)과 W. 뎀스키(右)

기능은 설계의 증거라는 것이다. 영국의 윌리엄 뎀스키수리철학는 《설계추론》1998에서 지적 원인은 경험적으로 탐지할 수 있으며, 데이터에 근거해 지적 원인과 자연적 원인을 구분할 수 있다고 했다. 이처럼 비히와 뎀스키에 의해 지적설계론은 학문의 틀을 갖추게 되었다.

ID의 두뇌역할을 하는 디스커버리연구소Discovery Institute, Seattle, 1990는 유물론적 자연주의를 비판한 영국 신학자 C. S. 루이스1898-1963의 영향을 받은 브루스 채프먼전 레이건 보좌관이 설립한 학술 단체이다. 이 조직의 부책임자 존 웨스트1996는 "신과 인간에 대한 전통 관념을 부인한 마르크스 · 다윈 · 프로이트가 인간을 동물이나 기계와 같은 존재로 규정했다"고 비판했다. 같은 연구소의 윌리엄 리처드1998도 "자연주의자들은 오직 자연만이 존재하며, 자연은 그들에게는 보이고 존재하는 모든 것을 의미한다…… 이러한 자연은 종속적 존재이지 궁극적 실체가 아니다"고 자연주의진화론를 비판했다. 이 연구소의 부설기관인 과학문화센터CSC, 1996는 다윈주의와 유물론의 제거를 목표로 하며, 쐐기전략wedge strategy으로 미국에서의 교과서 개정운동을 펼치고 있다. 그 결과, 5개 주에서 진화론과 지적설계론을 같이 가르치는 성과를 거두었고, 40개 주에서는 현재 논쟁 중이다.

국내 동향

국내에서는 나사NASA 출신의 김영길재료공학, KAIST 등이 세계복음화성회1980, CCC, 여의도의 초빙 강사로 내한한 헨리 모리스 등의 창조과학에 관한 강연을 통역하면서 자극을 받아, 한국창조과학회KACR, 1981를 설립했다. 이 단체의 산파역을 한 김준곤 목사CCC는 한 강연회1993, 온

▲ 〈사진 3〉 김준곤 목사(左)와 김영길 박사(右)

누리교회에서 기독교의 3대 적대 세력은 공산주의, 진화론, 이슬람이라고 했다. 그리고 한국 교회사의 3대 사건은 공동성경과 공동찬송가의 사용 및 한국창조과학회의 설립이라고 했다사진 3. 이 학회의 주도로 창조-진화 논쟁이 KBS-3을 포함한 매스컴과 《동아 사이언스》 등에서 치열하게 전개된 바 있다.

2006년에는 반反진화를 표방한 한국진화론실상연구회김기환가 진화론 교과서의 개정을 목표로 결성되었고, 지적설계연구회이승엽, 서강대도 출범했다. 2009년에는 한국진화론실상연구회와 한국창조과학회 교과서분과위원회가 교과서진화론개정추진회교진추, 이광원의 이름으로 통합되었고, 학술위원회를 중심으로 교과서의 개정운동을 펼치고 있다. 그동안 시조새, 말의 화석계열, 화학적 진화설, 후추나방 등에 대해 개정청원을 했고, 20여 개의 진화론 주제에 대해서도 계속 청원할 계획이다.

창조론과 지적설계론ID

두 주장은 모두 반反진화론적이며, 자연계가 설계된 작품이라는 데 공감한다. 그러나 다른 점도 있다. 창조론은 자연의 설계자가 창조주

하나님이라고 특정特定하지만, ID에서는 설계자가 누구이든 상관하지 않는다. 그저 자연계가 설계 작품이라는 사실만 강조할 뿐이다. 그 결과 ID회원의 과반수가 비기독교인이다.

지구와 우주의 나이에 대해 창조론측은 젊은 연대를, ID측은 오래된 연대를 수용하는 분위기이다. 진화론에 대해서도 창조론측은 적극적으로 대립하지만, ID측은 진화론을 부분적으로 수용하는 분위기이다. 한편 진화론자들은 ID가 창조론의 변형이라며 맹렬히 비난한다. 따라서 창조론자들은 진화론에 대항하는 입장에서는 ID측과 협력하지만, 설계자에 대한 인식의 차이가 있으므로 일정한 거리를 두어야 하는 묘한 입장에 처해 있다.

교회학교에서 창조교육을 가르치자

앞에서 살펴보았듯이, 진화론은 유물주의이며, 무신론적 해석체계이다. 결코 실험적으로 입증된 과학이 아니다. 그들은 약육강식에 근거해 힘으로 목표를 달성하려는 결과주의resultism를 추구한다. 사춘기의 중고등학생들이 과학의 이름으로 진화사상만 배우도록 강요를 당하는 것은 매우 부당한 일이다. 그 영향으로 학생들의 가치관이 유물주의와 무신론적으로 바뀌고, 인간성과 사랑이 사라지고 있는 것은 서글픈 현상이다. 한국의 기독교가 쇠퇴하는 근본 이유 중 하나는 이러한 진화교육에 기인한다는 사실을 알아야 한다. 상황이 이러함에도 무관심으로 일관하는 기독교 지도층의 각성이 절실히 요구된다. 우리 자녀가 무신론적이며 유물론적 가치관에 빠지지 않도록 주일학교 공과에 '창조-진화'의 과목을 편성하고, 교회학교에서부터 청소년들을 창조 신앙으로 무장시켜야 할 것이다.

▲ 〈사진 4〉 H. M. 모리스

참고 사항: 헨리 모리스와 창조과학운동

미국에서는 원숭이재판1925의 영향과 기독교과학자 단체인 ASAAmerican Scientific Affiliatin의 진화론 수용으로, 간격설과 날-연대설이 진화론과 타협 이론으로 확산되었다. 이러한 시기에 '젊은 지구론'을 중심으로 창조과학의 기초 이론을 확립한 사람이 모리스Henry M. Morris, 1918-2006이다. 그는 '창조과학의 아버지'로 불린다사진 4. 그의 전공은 수력학라이스대학이었지만, 지질학을 비롯한 자연과학계에 엄청난 영향을 끼쳤다. 그는 평생 50권이 넘는 저작을 남기고 2006년 2월 25일 87세의 나이로 소천했다.

그는 휘트컴John Whitcomb과 함께 《창세기 대홍수》The Genesis Flood, 1961를 저술해, 잠자던 교회들을 흔들어 깨웠다. 이 책은 오랜 지구 나이 이론에 매몰된 지질학계는 물론, 과학계와 신학계를 요동치게 했다. 그는 동료들과 더불어 CRSCreation Research Society, 1967를 결성했다. 그리고 버지니아공대 석좌교수 시절에 UC버클리의 생화학교수인 기쉬Duane Gish와 함께 창조과학 이론을 개발하고 후진을 양성하기 위해 창조연구소ICR: Institute for Creation Research, 1971를 세웠다.

2002년 갈보리교회Costa Mesa, 2002에서 '창조론의 횃불을 넘기며' Passing the Torch of Creation라는 고별 연설을 했고, 8년간 그의 휘하의 11명의 과학자들이 주도한 RATERadioisotopes and the Age of the Earth 프로젝트 발표 대회2005. 11에도 참석했다. 그의 저술은 전공분야와 창세기를 해석하는 데 매우 탁월했다. 그는 토목공학의 최고 영예인 ASCEAmerican Society of Civil Engineer의 펠로우였고, VPIVerginia Polytechnic Institute의 석좌교수였다. ICR의 영향으로, BSABible Science Society와 KACR한국창조과학회 등을 비롯한 국내외 수백 개의 창조과학 단체들이 결성되었다. 그는 겸손하고 온화했으며 근면하고 성실했다. 그의 유업은 아들인 존 모리스ICR 회장와 헨리 모리스 3세ICR 이사장에 의해 계승되고 있다.

제21강

성경의 과학적 사실과 창조과학자들

성경은 성령의 감동으로 쓰인 하나님의 말씀이다딤후 3:16. 하나님이 우주만물과 자연법칙을 만들어 운행하시므로, 성경에는 자연계에 대한 설명과 운행 원리자연법칙가 많이 담겨져 있다. 바울은 만물 속에 '하나님의 능력과 신성'이 나타나 있으며롬 1:20, 예수가 만물을 붙들고 계시는 창조주라고 했다롬 11:36; 골 1:18.

> 창세로부터 그의 보이지 아니하는 것들 곧 그의 영원하신 능력과 신성이 그가 만드신 만물에 분명히 보여 알려졌나니 그러므로 그들이 핑계하지 못할지니라(롬 1:20).
>
> 이는 만물이 주에게서 나오고 주로 말미암고 주에게로 돌아감이라 그에게 영광이 세세에 있을지어다 아멘(롬 11:36).
>
> 또한 그가 만물보다 먼저 계시고 만물이 그 안에 함께 섰느니라(골 1:17).

성경은 수많은 과학적 사실을 담고 있다. 그중에 현대과학이 풀지 못하거나 상충되는 것처럼 보이는 구절들도 들어 있다. 이는 과학의 수준이 불완전하기 때문에 일어나는 현상일 뿐이다. 자연과학과 관련한 대표적인 성경 기록을 살펴본다.

우주·물리학 분야

(1) 별의 수

3,500년 전의 창세기22:17와 2,700년 전의 예레미야서 33:22에는 별들의 수가 셀 수 없을 정도로 많다고 했다. 과학자들은 17세기 초까지 별의 숫자를 수천 개 정도로 추정했고육안으로 6,000개 관측, 지금은 은하계의 별을 10^{22}개로 추정한다.

(2) 12궁성

욥기38:32a의 "네가 열두 궁성을 때를 따라 이끌어 내겠느냐?"에서, 열두 궁성은 황도 12궁을 의미한다. 지구가 태양의 주위를 돌면서 황도대의 12성좌를 지난다. 각 성좌가 한 달씩 나타나므로 '궁성의 때'로 표현한 것이다.

(3) 삼성의 모습

사람들은 오리온자리에 있는 삼성의 별들을 서로 가까이 있는 것으로 보아 변할 수 없는 띠의 모양이라고 생각했다. 그러나 4,000여 년 전에 기록한 욥기38:31에는 "네가 묘성황소자리 별을 매어 묶을 수 있으며 삼성오리온자리 별의 띠를 풀 수 있겠느냐"고 했다. 즉, 삼성은 서로 떨어져 있는 다른 별무리라는 것이다. 묘성은 묶여 있지만, 삼성은 풀린 띠이므로 대조적이다. 과학자들은 최근까지 묘성이 흩어진 먼지구름이며, 삼성은 변할 수 없는 띠 모양이라고, 성경을 비판했다. 그러나 지금은 묘성이 500개 이상의 별들로 구성된 성단이며, 이 중에서 7개의 별만 육안으로 볼 수 있으므로 '7자매별'이라고도 부른다. 그리고 삼성욥 9:9; 암 5:8은 띠가 아니라 오리온성좌로, 서로 떨어진 곳에 있는 별무리라는 사실도 밝혀졌다.

(4) 토성과 금성

토성은 태양계의 행성으로, 성경에는 기윤Chiun, 암 5:25 또는 레판Rephan, 행 7:43으로 기술했다. 기윤은 토성의 신Ninib을 뜻하는 아시리아어 카이와누Kaiwanu에서, 레판은 토성의 이집트 방언에서 유래했다. 금성은 새벽별로 예수 그리스도를 지칭하지만계 22:16, 바벨론에서는 '하늘의 여황'인 이쉬타르Ishitar를 지칭한다. 유대 여인들은 이방 여신을 위해 '이쉬타르의 빵'을 만들어 제사했다렘 7:18.

(5) 북두칠성

욥기38:32b의 "북두성과 그에 속한 별들을 인도하겠느냐"는 말씀은 '욥아, 너는 황도 상의 열두 궁성을 각각 그들의 계절에 따라 나타나도록 이끌어낼 수 있겠느냐? 너는 북두성을 그에 속한 별들과 함께 끝없이 돌고 있는 궤도로부터 이끌어낼 수 있겠느냐?'는 의미이다. 북두성은 각각 7개의 별자리를 중심으로 구성된 북두칠성큰곰자리과 그에 속한 소북두성작은곰자리으로 이루어져 있고, 일 년에 한 달씩 매일 저녁에만 나타난다.

(6) 표준 시각

오늘의 국제 표준 시간은 영국 그리니치천문대의 원자시계에 맞추어져 있다. 이 시계는 20년마다 태양의 궤도에 맞추어 재조정한다. 이는 태양을 포함한 행성의 회전 궤도가 규칙적이기 때문이다. "광명체들이 있어 낮과 밤을 나뉘게 하고 그것들로 징조와 계절과 낮과 해를 이루게 하라"는 내용창 1:14, "땅이 있을 동안에는 낮과 밤이 쉬지 아니하리라"창 8:22는 말씀은 행성의 법칙을 의미한다욥 38:33; 렘 31:35-36; 시 148:1, 3-6. 행성의 3법칙은 루터교 신자인 케플러1605-1618가 처음 밝혔다.

(7) 분광과 오로라

욥기38:24-25는 "광명이 어느 길로 뻗치며"라고 했다. 여기서 '뻗치며'히 *galek*는 분배나뉨를, '길'*terek*은 밟고 지나가는 길을 의미하는 것으로, 빛의 운동성을 나타낸다. 프리즘을 이용해 빛이 분광되는 사실을 처음 밝힌 사람은 뉴턴1672이다.

또한 '북방의 금빛'욥 37:22은 영국의 탐험가 피어리1909가 북극에서 오로라aurora, 極光를 발견함으로써 확인했다. 오로라는 태양의 대전입자가 100km의 상공에서 전리층과 부딪힐 때 발생하는 것으로, 유해한 태양광선의 입자들을 전리층의 입자들이 저지하는 과정에서 발생하는 불꽃현상이다. 이러한 장엄한 불꽃의 춤사위는 지구상의 생명을 보호하려는 창조주의 섭리를 잘 보여준다.

(8) 북쪽하늘의 허공

욥기26:7는 "그는 북쪽을 허공에 펴시며 땅을 아무것도 없는 곳에 매다시며"라고 하여, 북쪽 하늘에 빈 공간이 있다고 했다. 미국 천문학계1980는 은하계의 북쪽에 거대한 허공지름 3억 광년이 있음을 확인했다. 2007년 8월에도 미네소타대학 연구팀이 오리온자리의 남서쪽에 있는 거대한 허공지름 10억 광년을 발견했다.

(9) 시·공·물의 공존

창세기1:1는 시간, 공간, 물질이 동시에 창조되었다고 선언한다. 현대물리학에서는 아인슈타인이 특수상대성원리1905를 발견함으로써 이러한 사실을 밝혔다.

(10) 운석

유다서 13절에 나오는 '유리하는 별'은 혜성cometes을 지칭한다. 유성별똥별은 우주에서 대기권으로 침투하는 광물성 물질인데, 타나 남은 유성의 잔해가 운석이다. 3,500여 년 전의 기록으로 추정되는 여호수아서10:11는 "하늘에서 큰 우박 덩이great stones, RSV를 아세가에 이르기까지 내리시매"라고 했다. 여기서 '큰 우박 덩이'는 별똥별隕石을 의미한다. 아리스토텔레스BC 322는 이러한 운석의 존재를 부인했으며, 운석의 존재가 최초로 확인된 것은 1803년의 일이다.

(11) 네 가지 힘

우주를 지탱하는 네 힘핵력·약력·중력·전자기력 중에서 양성자와 중성자를 결합하는 핵력이 가장 강력하다. 원자핵 안의 입자들은 핵력으로 묶여 있는데, 핵의 밀도는 1입방 인치당 10억 톤이 넘는다. 그런데 최후의 심판 때에는 핵력이 풀어질 것으로 베드로는 경고한다.

그 날에는 하늘이 큰 소리로 떠나가고 물질이 뜨거운 불에 풀어지고 땅과 그중에 있는 모든 일이 드러나리로다…… 그 날에 하늘이 불에 타서 풀어지고 물질이 뜨거운 불에 녹아지려니와(벧후 3:10-12).

여기에서 물질*stocheia*은 원소들을 말하며, '풀어지고'와 '녹아지려니와'의 원어 루오히 *luo* 묶인 것을 풀다는 핵력이 사라지는 현상을 의미한다. 우주가 존재하는 것은 하나님이 이러한 핵력을 강하게 붙들고 있기 때문이다골 1:17; 히 1:3b.

(12) 열역학 제1법칙

'에너지와 물질은 서로 전환되지만, 생성이나 소멸이 되지 않고 항상 일정하다'는 법칙이다. 그렇다면 최초의 에너지와 물질은 어디서 온 것일까? 창세기 1장 1절은 '태초에 하나님이 천지를 창조했다'고 했다. 창조란 아무것도 없는 상태에서 있도록 만드는 행위이다. 빛의 근원이시며 자존하시는 하나님출 3:14이 태초에 천지를 만드신 것이다.

(13) 열역학 제2법칙

'우주계의 모든 반응은 엔트로피enthropy, 無秩序度가 증가하는 방향으로 진행한다'는 법칙이다시 102:26. 창조 초기에 우주의 질서도가 가장 높았다가 아담이 타락하면서창 3:17-19 쇠퇴하기 시작한 것으로 보인다. 지구의 자전 속도는 계속 느려지고 있으며, 지자장地磁場도 계속 감소하고 있다. 과학자들은 50억 년 이후에는 행성들도 먼지로 사라질 것으로 예측한다. 성경은 우주가 멸망할 것이라고 곳곳에서 경고한다시 102:25-27; 사 51:6, 히 1:10-11. 이는 시간과 더불어 질서가 증가한다는 진화론의 주장과 상반된다. 과학자들이 이 법칙을 발견한 것은 17-18세기에 이르러서이다.

이밖에도 성경은 우주의 크기욥 22:12; 사 55:9; 렘 31:37, 정확한 행성 궤도렘 31:35-36 등에 대해서도 기술한다.

지구과학 분야

(1) 허공의 지구와 자전

욥기26:7는 "그는 북쪽을 허공에 펴시며 땅을 아무것도 없는 곳에 매다시며"라고 해, 땅지구이 허공에 떠있다고 했다. 고대 동양에서는 지구가 거북의 등에 얹혀 있다고 했고, 불교에서는 지구가 평평하며 그 중앙에 수미산須彌山이 있다고 말한다. 프톨레마이오스100는 지구가 견고한 지지체에 매달려 있다고 했다. 그러나 창세기 제1장은 '저녁이 되고 아침이 되니 이는 xx날'이라고 하여, 지구의 자전과 공전을 암시했다욥 38:12, 14. 학계에서는 16세기에 이르러 코페르니쿠스1543가 지동설을 제기했고, 17세기에 케플러1605가 행성의 법칙을 발견했다.

(2) 둥근 지구

욥기26:10는 '수면에 경계를 그으시니 빛과 어둠이 함께 끝나는 곳이니라'고 하여, 지구가 구형임을 암시한다. 2,700년 전에 살았던 이사야40:22는 '(그가) 땅 위 궁창on the circle of the earth에 앉으시나니'라고 해, 궁창욥기 26:7의 '둥글다'와 같은 의미이 둥글다고 표현했다. '땅을 아무것도 없는 곳에 매다시며'욥 26:7라는 구절은 지구가 허공에 떠 있음을 보여준다. 지구를 비롯한 모든 행성계에 적용되는 만유인력의 법칙은 뉴턴이 《프린키피아》1687에서 처음으로 밝혔다.

(3) 지구 형태

지구는 원래 한 덩어리였으나창 1장, 노아 홍수에 의해 5대양 6대주로 분리되었음을 암시한다창 6–9장. 대홍수의 영향으로 지층과 화석, 석유와 석탄 등이 생성되었으며, 대홍수 후에 '하늘의 창water canopy'이 사라지면서 인간의 수명이 단축되었음을 보여준다.

(4) 물질의 파동

히브리서12:26–27는 "그때에는 그 소리가 땅을 진동하였거니와 이제는 약속하여 이르시되 내가 또 한 번 땅만 아니라 하늘도 진동하리라 하셨느니라 이 또 한 번이라 하심은 진동하지 아니하는 것을 영존하게 하기 위하여 진동할 것들 곧 만드신 것들이 변동될 것을 나타내심이라"고 했다. '진동'이란 물질을, '진동할 것'이란 파동을 의미한다. 물리학에서는 물질을 진동량振動量으로도 표시하며, 진동수와 진동파장이 바뀌면 다른 물질로 전환된다. 이러한 물질파동설은 브로글리1923가 처음 제안했다.

(5) 방사능

2,580여 년 전에 활동한 에스겔28:14은 사탄에 대해 "너는 기름 부음을 받고 지키는 그룹임이여 내가 너를 세우매 네가 하나님의 성산에 있어서 불타는 돌들 사이에 왕래하였도다"라고 기술했다. 여기서 '불타는 돌들'은 방사성 원석으로, 이는 사탄이 방사능이 나오는 성산聖山

에 살았음을 의미한다. 프랑스의 물리학자인 베크렐1896과 퀴리1897가 이 방사능을 처음 발견했다. 이밖에 원자의 분해벧후 3:10와 핵의 축합욥 26:8, 37:11, 16; 잠 8:26에 대한 기록도 있다.

(6) 채광과 제련

욥기는 채광28: 1–2과 제련법23:10, 28:9–11에 대해 설명한다.

> 금을 제련하는 곳이 있으며 철은 흙에서 캐내고 동은 돌을 녹여 얻느니라(욥 28:1–2).
>
> 굳은 바위에 손을 대고 산을 뿌리까지 뒤엎으며…… 각종 보물을 눈으로 발견하고…… 감추어져 있던 것을 밝은 데로 끌어내느니라(욥 28:9–11).

(7) 대기

대기에 압력1기압=760mmHg이 있다는 사실은 이탈리아의 토리첼리1643가 처음 확인했다. 그러나 3000년 전에 기록한 것으로 보이는 욥기 28:25는 "(하나님은) 바람의 무게를 정하시며 물의 분량을 정하시며"라고 하여, 공기에 무게가 있다고 기술했다. 여기에서 '물의 분량을 정한다' 는 의미는 물의 밀도무게를 부피로 나눈 수치로, 0℃, 1기압에서 1,0임.를 정하셨다는 뜻이다. 얼음의 비중은 0.92g/㎤로, 물 위로 뜨기 때문에 수중 생물이 얼어 죽지 않게 된다. 이밖에, 전도서에는 대기의 순환전 1:6; 사 55:10에 대한 기록도 있다.

(8) 물의 변화와 순환

욥기38:30, 37:10, 36:27–28; 시 135:7; 렘 10:13는 물이 기체, 액체, 고체로 변

한다고 했다. 이처럼 물이 세 형태로 전환되는 사실은 욥보다 1,500년 이후에 활동한 탈레스BC 624-546가 비로소 발견했다. 한편, 전도서의 기자는 비의 근원이 바다라고 했고전 1:7, 물은 순환한다고 했다욥 36:27-28; 전 1:7; 사 35:10; 렘 10:13. 물의 순환 현상은 16-17세기에 프랑스의 페라울Pierre Perrault과 마리오Marriotte가 처음으로 확인했다.

(9) 해로와 바다 샘

바다 밑에 해로가 있음을 밝힌 해양학의 아버지 매튜 모리1806-1873는 시편 8편 8절의 구절을 읽고서, 세계 최초로 해양지도1855를 만들었다시 107:23-24; 전1:7. 성경에는 또한 해저에서 샘이 솟는다는 구절욥 38:16; 시 33:6-9; 잠 8:28도 나온다. 이러한 사실은 1960년대에 초음파탐지기로, 1973년에는 잠수정으로 확인되었다. "네가 바다 근원에 들어갔었느냐"욥 38:16a에서 말하는 '바다의 샘'은 '해저의 샘들'springs of the sea을 지칭하는데, 최근 심층수深層水로 개발되어 각광을 받고 있다. 로마의 지리학자인 스트라보BC 63-AD 21가 처음으로 그 존재에 대해 기술했다.

(10) 전파통신

욥기38:35는 "네가 번개를 보내어 가게 하되 번개가 네게 우리가 여기 있나이다 하게 하겠느냐"고 했다. 아울러 "누가 홍수를 위하여 물길을 터주었으며 우레와 번개 길을 내어 주었느냐"욥 38:25고 했다. 폭풍구름의 내부에 축적된 양전하와 음전하 사이의 전압이 공기의 절연력보다 커질 때 번개를 일으키며 천둥소리를 내게 된다. 번개는 대전경로를 따라 흐르며, 이때의 온도는 4만℃가 넘는다. 오늘의 통신은 이러한 전파를 이용한 것이다. 프랭클린은 번개가 전기를 만든다는 사실을 확인하고 피뢰침을 개발했다. 사무엘1791-1872은 전신기를 만들어 제자알렉산더 벨에게 무선연락을 했다. 벨은 최초로 자석식 전화기1875를 비롯해, 축음기와 광선전화를 발명했다. 전파를 이용한 라디오·마이크로 웨이브·전화·광통신 등이 개발은 모두 20세기에 이루어진 일들이다.

이밖에도 성경에는 지각의 움직임욥 9:5-6; 시 104:8; 사 40:4, 지진민 16:32-35, 화산시 104:32, 144:5, 암석의 침식욥 14:18-19, 28:10, 시삭 균형사 40:12, 지구 형태시 103:12; 사 40:22, 중력욥 26:7, 38:6에 대해 기술한다. 그리고 동일과정설에 대한 경고벧후 3:4도 있다.

생물과학 분야

(1) 종류대로 창조된 생물

창세기 제1장은 하나님이 모든 생물을 '종류대로' 창조했고, '보시기에 좋았다'고 했다. 이는 생물의 진화를 부정하는 표현이다. 하나님의 말씀으로 생물은 처음부터 종류대로, 그리고 완벽한 형태로 창조되었음을 의미한다. 스웨덴의 생물학자인 린네1707-1778는 이러한 말씀에 근거해 자연계를 광물계·동물계·식물계로 나누었고1758, '종의 불변설'1758을 주장했다.

(2) 암수 조화

하나님은 생물을 암수로 만드셨고, '보시기에 좋았다'고 하셨다. 그리고 생육하고 번성하라고 축복하셨다창 1장. 대홍수 때에도 방주에 동물의 암수 한 쌍씩을 넣으시고, 생육하고 번성하라고 하셨다. 아담에게도 하와와 짝이 되게 하셨다.

(3) 유전법칙

하나님은 야곱에게 열성 인자의 양羊에서 우성 인자의 양들얼룩지고 무늬가 있는 것이 나오는 꿈을 보여주셨다창 31:11-12. 멘델의 유전법칙1865에 의하면, 유전자는 우성 인자와 열성 인자로 구성되어 있어서 제1대 자손에서는 우성 형질이 나타나지만, 제2대에서는 3:1의 비율로 열성 형질도 나타난다. 하나님은 점이 있거나 얼룩무늬의 숫양의 유전인자를 가진 새끼 양들이 나오게 하셨다. 모든 세포에 있는 핵산 수리장치DNA repair system는 유전자의 원형을 유지하도록 돕는다.

(4) 식물食物

하나님은 동물들의 먹거리로 푸른 풀을, 사람에게는 씨 맺는 채소와 씨 가진 나무열매를 주셨다창 1:20-30. 사람과 동물은 모두 초식성이었으나, 대홍수 이후 사람에게 육식을 허용하셨다창 9:2-3. 이후, 육식동물에 의한 먹이사슬이 작동한 것으로 보인다.

(5) 되새김하는 토끼

레위기11:6에는 '토끼도 새김질을 하되 굽이 갈라지지 아니하였으므로 너희에게 부정하고'라고 했다. 최근까지도 동물학자들은 이 구절이 비과학적이라고 공격했다. 그러나 그리지맥프랑크푸르트동물원 박사는 토끼가 새벽0-3시에 되새김질하는 사실을 처음으로 확인했다.

(6) 주인을 아는 가축들

하나님은 동물을 육축과 기는 것과 들짐승으로 구분하셨다창 1장. 육축이 사람 곁을 떠나지 않는 이유는 그들이 본능적으로 주인을 알아보기 때문이다사 1:3.

(7) 동일한 육체

성경은 모든 생물이 흙으로 지어졌기 때문에 동일한 화학 성분을 지니고 있음을 암시한다창 1:11, 24–25, 3:19; 시 103:13–14; 벧전 1:24–25.

인체과학 분야

(1) 한 인류

하나님은 한 혈통으로 인류를 만드셨다창 2:21–22; 행 17:26. 아담xy에게서 하와xx가 나왔고, 이들로부터 모든 인류가 나왔다. 만일 하와xx로부터 아담xy이 나왔다면, 하와에게 없는 y유전자를 외부에서 공급해 주었어야 한다. 이렇게 되면 인류는 한 혈통이 아니라 이질적 요소y가 추가된 존재가 된다.

(2) 유전 형질

아담은 자기 형상을 닮은 아들을 낳았다창 5:3. 어버이의 유전자에 없는 형질이 자손에게 나타나지 않는다. 이러한 사실은 멘델1865이 '유전법칙'을 발견함으로써 확인되었다. 어버이로부터 그들을 닮은 자손들이 나올 뿐이다. 시편 기자3,000년 전는 이렇게 고백한다. "내 형질이 이루어지기 전에 주의 눈이 보셨으며 나를 위하여 정한 날이 하루도

되기 전에 주의 책에 다 기록이 되었나이다"시 139:16. 여기서 '정한' 의 의미는 물리적 외형이 미리 결정되었다는 뜻이다.

(3) 혈액 순환

피는 영양분과 산소를 신체의 모든 기관으로 공급하고, 노폐물과 이산화탄소를 실어 나른다. 성경은 '피는 생명과 일체' 이므로 피를 먹지 말라고 경고한다창 9:4; 레 17:1, 11, 14. 혈액의 순환을 처음으로 밝힌 사람은 영국의 하비1650였다. 그는 '피가 심장에서 온몸으로 뿜어져 나갔다가 다시 심장으로 되돌아온다' 고 했다. 이탈리아의 동물학자인 말피기1628-94는 '정맥과 동맥은 육안으로 구분하기가 어려우며, 가느다란 혈관모세혈관으로 연결되어 있다' 고 했다.

(4) 갈비뼈 골막

갈비뼈의 골막periosteum은 갈비뼈를 재생하는 기능이 매우 강하다. 따라서 갈비뼈는 손상되더라도 바로 재생된다. 그뿐만 아니라 개체를 합성하는 전분화능全分化能을 가진 줄기세포가 가장 많은 장기이기도 하다. 창세기에는 아담의 갈비뼈로 하와를 만든 기록이 나온다창 2:21-23.

(5) 할례

하나님은 아브라함에게 생후 8일이 되면 남자아이에게 할례를 행하라고 하셨다. 이는 8일째에 혈액이 가장 잘 응고되기 때문이다창 17:10-14. 스칸질로Nathan Scanzillo는 혈액을 응고시키는 비타민 K와 프로트롬빈이 생후 8일째에 가장 많이 분비된다는 사실을 밝혔다. 프로트롬빈의 분비량은 생후 3일에 30%, 8일에 110%, 그 이후는 100%선을 유지한다. 따라서 생후 8일에 할례를 하면 출혈을 최소화할 수 있다.

(6) 전염병 등

모세오경3,400년 전에는 문둥병레 13-14장, 유출병레 15장, 옴 환자들은 일반인으로부터 격리하고, 그들이 사용한 물건은 태우든가 물로 씻으라고 했다. 질병이 병원균에 의해 전염된다는 사실이 밝혀진 것은 19세기 파스퇴르와 고흐에 의해서이다.

수술에 필요한 클로로포름을 처음 발견한 심슨Simpson은 하나님이 아담의 갈비뼈로 하와를 만드셨다는 기록에서 힌트를 얻었다고 한다. 이밖에도 성경은 마취제로서 우슬초시 51:7; 눅 10:34; 약 5:14, 술잠 23:32-35; 딤전 5:23, 심리요법잠 4:22-23; 막 11:23-24; 빌 4:6; 벧전 5:7, 성 생활잠 6:26, 15:15-20 등에 대해 소개한다.

하나님을 믿은 과학자들

오늘의 주요한 자연과학 이론은 창조과학자들이 수립한 것이 많다. 16-17세기에 현대과학을 태동시킨 과학혁명科學革命은 대부분 개신교 계통의 과학자들이 주도했다. 그런데 이들이 수립한 이론이 마치 진화론을 뒷받침하는 것처럼 오도되는 현실이 안타깝다. 진화론은 가설이지만, 창조론은 실험적으로 검증된 내용이 많다. 실험적으로 검증되지 않은 진화론이 자연과학의 대표 이론으로 행세하는 것은 기이한 현상이 아닐 수 없다. 자연법칙을 발견한 대표적인 창조과학자들을 소개한다.

▲ 〈사진 1〉 파스퇴르

▲ 〈사진 2〉 멘델

생명과학 분야

근세기 초에 생명의 기원에 관한 논쟁이 뜨거웠다. 많은 학자들은 생명이 저절로 발생했다고 했으나, 이탈리아의 의사인 레디1626~1697와 스팔란차니1729~1799는 수프soup를 살균하면 구더기가 생기지 않고 부패하지도 않는 사실을 실험으로 입증했다. 뒤이어 프랑스의 파스퇴르1822~1895는 플라스크에 쇠고기수프를 넣고 살균하면 부패하지 않는 사실을 입증해, 2,000여 년간 계속된 생명 발생 논쟁에 종지부를 찍게 했다사진 1.

이와는 별도로 독일의 슐라이덴1804~1881, 슈반1810~1882, 피르호1821~1902 등은 생물의 최소 단위는 세포이며, 모든 세포는 어버이 세포에서 유래한다는 세포설細胞說, 1838~1839을 확립했다. 피르호는 네안데르탈인이 공통적으로 관절염을 앓은 사실에 착안해, 당시 유럽 일대에 햇빛을 가린 빙하기가 있었다는 사실과, 네안데르탈인이 현대인의 한 부류임을 밝혔다.

오스트리아의 수도원 신부인 멘델1822~1884은 유전법칙을 발견한 위대한 창조과학자이다사진 2. 7년간 225회에 이르는 완두콩을 인공교배

▲ 〈사진 3〉 린네(左), 퀴비에(右)

실험을 하여 발견한 유전법칙遺傳法則을 자연과학협회 정기 학술대회1865, 부린, 오스트리아에서 발표했지만, 진화학자들의 거부로 인정을 받지 못했다. 그러나 1900년에 그의 법칙이 다시 사실로 확인되자, 진화학자들은 태도를 바꾸어 이 법칙이 흡사 진화론을 지지하는 듯이 악용하고 있다.

식물학자이면서 성경학자였던 스웨덴의 린네1707–1778는 동물 4,000종과 식물 5,000종에 대한 분류 체계를 만든 후, 이러한 분류는 진화가 아닌 형태적 배열임을 강조했다사진3左. 그리고 만일 종種이 쉼없이 변한다면 자신의 생물 분류 작업은 불가능했을 것이라고 했다. 그는 창세기에 기록된 생물의 종류kind를 생물학적 용어인 '종'species으로 바꾸어 불렀다. 같은 루터교 신자로서 고생물을 창시한 프랑스의 조르주 퀴비에1769–1833는 종의 불변설에 적극 동조했다. 퀴비에는 몽마르트에서 발굴한 화석을 복원해 고생물학의 시조가 되었다사진3右. 퀴비에의 제자 아가시1807–1873는 빙하생물학자로, 하버드대학에서 아사 그레이와 격렬히 논쟁한 전형적인 창조과학자이다.

창조론–진화론 간의 옥스퍼드논쟁1860에서 윌버포스 목사를 도운 사람이 런던자연사박물관의 관장인 오웬1804–1892이었다사진 4左. '영국

▲ 〈사진 4〉 오웬(左)과 플레밍(右)

의 퀴비에' 라는 별명을 가진 그는 공룡dinosaur이라는 용어를 처음으로 창안했다.

페니실린을 발견한 알렉산더 플레밍1849-1945 사진 4右과 페니실린의 생산 공정을 개발해 제2차 세계대전의 승리를 뒷받침한 플로리와 체인H. Florey & E. Chain, 1941도 모두 독실한 크리스천이다. 체인은 '적자생존과 진화가 돌연변이에 의해 유발된다는 가정은 내가 보기에 증거가 없고 사실과 다른 듯하다. 나는 그토록 오랫동안 수많은 과학자들이 한마디의 불평도 없이 그러한 진화론을 수용하는 사실에 그저 놀랄 뿐이다' 라고 했다. 이밖에도 생물학의 창시자인 존 레이1627-1705, 현미경을 발견한 레벤후크1632-1723 등도 독실한 크리스천이었다.

▲ 〈사진 5〉 코페르니쿠스(左), 갈릴레오(右)

▲ 〈사진6〉 케플러(左), 뉴턴(右)

물리학 분야

과학혁명을 이끈 신부 코페르니쿠스1473-1543는 〈천구의 회전에 관하여〉1543를 발표해 지동설을 주장했다사진 5左. 그는 프라우엔 성당벨지움의 주임신부로서, 하나님을 신실히 섬기던 독실한 창조과학자였다. 그의 뒤를 이은 갈릴레오1564-1612 사진 5右는 지동설과 역학을 더욱 발전시켰으나, 교황청에 의해 자택에 연금을 당한 채 불우한 말년을 보냈다. 그는 하나님이 우리에게 '자연과 성경'이라는 두 권의 책을 주셨는데, '과학은 천체가 어떻게 움직이는지 알려주고, 성경은 천국에 가는 방법을 알려준다'고 했다.

루터교 신자인 요하네스 케플러1571-1630는 20여 년간 천체를 관측하면서 행성의 운행에 관한 세 법칙을 발견했다사진 6左. 그는 이러한 발견으로 창조주의 이름이 높임을 받는다면 내 이름은 없어져도 좋겠다고 고백했다고 한다.

지동설과 역학이론 및 중력의 법칙을 집대성한 《프린키피아》1687를 저술한 뉴턴1642-1727은 절대 시공 개념에 기초한 고전 물리학을 확립

▲ 〈사진 7〉 파스칼

했다사진 6右. 그는 '태양·행성·혜성으로 구성된 너무나도 아름다운 천체에는 지성을 가진 강력한 분의 의도와 통제가 있으며, 그는 태초부터 계셨다고 믿을 수밖에 없다. 지존하신 하나님은 영원무궁하시며 완벽하신 분'이라고 했다. 그리고 자신의 모든 발견은 기도로 이루어졌다고 했다.

프랑스의 파스칼1632-1662은 파스칼의 원리를 발견했고, 페르마Fermat와 함께 확률론을 정립했다사진 7. 구원문제에 확률론을 가미한 '파스칼의 내기' 이야기는 지금도 세인들의 흥미를 끈다. 그는 31세에 교통사고에서 목숨을 건진 후, 남은 생애를 명상과 기도에 전념했다. 이 기간에 저술한 작품이 유명한 《팡세명상록》이다.

이밖에도 뉴턴과 더불어 고전 물리학을 완성한 제임스 맥스웰1831-1879, 사진 8左, 현대 우주론의 기초를 놓은 허셀 부자1738-1822 & 1792-1871, 19세기의 최대 과학자로서 말년을 복음 전파에 헌신한 패러디1791-1867, 무선통신을 발명한 모르스1791-1872, 절대온도와 열역학 제2법칙

▲ 〈사진 8〉 맥스웰(左)과 브라운(右)

을 발견한 캘빈1824-1907, 진공관을 발명한 플레밍1849-1945, 아폴로 우주계획을 성공적으로 이끈 베르너 폰 브라운1912-1977, 사진 8右 등도 빼놓을 수 없는 창조과학자들이다. 브라운은 캘리포니아주의 교과 과정에 대한 의견서에서 이렇게 답변했다.

> 달에 보낸 아폴로가 성공을 거둔 것은 우리가 그 어떤 사소한 사실도 간과하지 않았기 때문입니다. 이러한 정직성의 관점에서 학생들에게 우주·생명·인간의 기원에 대해 진화론과 다른 이론을 가르치도록 권고합니다. 우주가 우연히 생긴 것이 아니라 계획되었을 가능성을 간과하는 것은 큰 실수입니다.

열운동학의 데이비1778-1829, 유체역학의 스톡스1819-1903, 계산기를 발명한 베비지1792-1871, 열역학 제1법칙을 발견한 제임스 줄1818-1889, 전동기와 검류계를 발명한 헨리1797-1878 및 틴들1820-1893도 잊을 수 없는 창조과학자들이다. 인생 말년에 이르러 복음을 영접한 아인슈타인1879-1955은 아쉬움이 많이 남는 과학자였다.

▲ 〈사진 9〉 돌턴(左), 보일(右)

화학 및 지질학 분야

화학 분야에서는 원자의 주기율과 배수비례의 법칙을 발견한 영국의 존 돌턴1766-1844 사진 9左 및 보일의 법칙을 발견한 '화학의 아버지' 로버트 보일1627-1691 등을 들 수 있다사진 9右. 보일은 아침마다 성경을 읽으며 선교와 성경 번역에 앞장을 섰다고 한다. 클로로포름을 발견했고, 부인과학의 기초를 놓은 심슨1811-1879은 한 공개모임에서 '나에게 가장 큰 발견은 구주를 모신 것' 이라 대답했다고 한다. 방부제를 발명한 리스터1827-1912도 빼놓을 수 없는 크리스천 화학자이다.

램1849-1934, 가우스1777-1855, 번즈1971, 콤프턴1892-1962 등으로 이어지는 지자기학地磁氣學 분야의 학자들은 라이엘의 오랜 지구 이론에 대해 다양한 반론을 제시했다. 프랑스지질학회 회장이었으며 파리자연사박물관장이었던 레모인P. Lemoine, 광물학자인 부르스터1781-1868, 지층학의 스테노1638-1686, 시편에 기록된 해로를 찾아 해양학을 개척한 모리1806-1873, 화석학자 우드워즈1665-1728 등도 하나님을 두려워한 지구과학자들이었다. 레모인은 이렇게 진화론을 비판했다.

> 젊은이들을 심각한 속임수에 걸려 넘어지게 하는 진화론은 이 세상에서 계속 가르쳐지고 있는 하나의 교리에 불과하다. 그러나 많은 동식물학자들은 진화론이 적합하지 못한 이론이라고 확신한다. 우리는 진화가 불가능하다는 결론을 내릴 수 있다.

현대 창조과학자들

창조과학을 학문 수준으로 이끈 사람이 미국의 헨리 모리스수력공학이다. 그는 《창세기 대홍수》1961를 통해 오래된 지구 나이를 주창하는 동일과정설의 허구를 밝히고, 대홍수에 의한 격변설을 주장했다. 그가 끼친 영향은 지질학·생명과학·신학 등으로 파급되었고, 국내외 200여 개의 창조과학 단체를 태동시켰다. 기쉬Duane Gish와 함께 설립한 창조연구소ICR, 1971는 창조과학 이론의 산실로, 학위도 수여하는 학술·교육기관으로 발전하고 있다. 지금은 아들 존 모리스지질학가 회장직을 맡고 있다.

기쉬생화학, UC Berkley는 헨리 모리스와 더불어 ICR을 설립했다. 그 역시 많은 저술을 남겼고, 스티븐 굴드를 포함한 수많은 진화론자들과 공개토론300회을 했다. ICR이 배출한 대표적인 학자로는 오스틴Steve Ostin, 지질학, 오어드Michael Oard, 빙하지질학, 험프리Russel Humphrey, 천문학, 호스트마이어Mark Horstemeyer, 지질학, 그리고 켄터키에 창조과학박물관을 설립해 운영하는 햄Kenneth Ham 등을 들 수 있다.

국내에서 창조과학 활동을 하는 대표적인 학자로는 한국창조과학회KACR를 설립한 김영길전 한동대 총장, 재료공학을 필두로 김정욱환경공학, 서울대, 김정한분석화학, 연세대, 김정훈신경세포학, 연세대, 김종배면역학, 한동대, 김준분자생물학, 고려대, 김해리생화학, 서울대, 노희천원자력공학, KAIST, 성인화미생물학, 고려대, 송만석수학, 연세대, 이웅상식물학, 명지대, 임번삼미생물학, 고려대, 정계헌동물학, 순천향대, 정순량유기화학, 우석대, 조덕영신학, 창조선교회 등을 비롯하여 다음과 같다가나다순, 괄호 안은 대표 근무처.

강준원환경공학, 연세대, 고건컴퓨터공학, 서울대, 곽진환미생물학, 한동대, 권명상수의학, 강원대, 권영헌물리학, 한양대, 권진혁물리학, 영남대, 권혁상재료공학, KAIST, 길소희지질학, KACR, 길원평물리학, 부산대, 김경태분자생물학, 포스텍, 김광컴퓨터공학, 원주대, 고 김기환섬유공학, 교진추, 김경천기계공학, 부산대, 김농오조경학, 목포대, 김만복바이러스학, 연세대, 김명현재료공학, 창조과학선교회, 김성철공학, KACR, 김성현전기화학, 건국대, 김수영화학, 건국대, 김영식정보공학, 조선대, 김영인기계공학, 한동대, 김오현생화학, 교진추, 김완모지구과학, 기원과학기술연구소, 김은숙물리학, 전주대, 김준대기학, 서울대, 김진곤화학공학, 포항공대, 김창환공학, 서강대, 김철중금속공학, 전주대, 김홍석기계공학·구약학, KACR, 도명술분자생물학, 한동대, 류승원공학, KACR, 명재춘신학, KACR, 민성기기계공학, ADD, 박명균기계공학, 명지대, 박영철컴퓨터 공학, 백석대, 백행운생화학, 을지대, 백현주공학, 교진추, 서민호의학, 계명대, 서병선분자생물학, 한동대, 소현수화학, 서강대, 손기철원예학, 건국대, 손영훈기계공학, KACR, 신동수화학공학, 계명대, 신무환기계공학, 명지대, 신용호수학, 울산대, 신현길육가공학, 한동대, 심영기화학, 순천향대, 양승훈물리교육학, 경북대, 오덕철미생물학, 제주대, 원동연재료공학, 연변대 부총장, 유근배지질학, 서울대, 유영한식물학, 공주대, 유정칠동물학, 경희대, 유종호자원공학, 성결대, 윤여표예방의학, 식약청장, 윤의수세포학, 공주대, 이강래수학, 고신대, 이경호조선공학, 인하대, 이광원동물학, 교진추, 이국행화학, 전북대, 이규봉이학, 삼육대, 이미순채소학, 덕성여대, 이병수보건학, 경인여대, 이승엽기계공학, 서강대. 이양림생물학, 이화여대, 이억섭기계공학, 인하대, 이원국지구과학, 공주대, 이은일의학, 고려대, 이인자약학, 대구가톨릭대, 이재신화학, 아주대,이정자수학, 연세대, 이종헌토목공학, 경일대, 이하백소아과학, 한양대, 장대식공학, 신학, 장순흥원자력공학, 한동대, 장해동식품공학, 한남대, 전창진신경과학, 경북대, 정광도공학, KACR, 정병갑생명과학, 고신대, 정선호물리학, 건국대, 정선호물리학, 정찬문화학, 연세대, 정현필정보통신공학, 조선대, 제양규재료공학, 한동대, 조민수공학, 서울대, 조정일생물교육학, 전남대, 차성도물리학, 강원대, 최승철공학, 아주대, 하주헌생화학, 경희대, 한윤봉나노공학, 전북대, 허성욱물리학, 허정윤역사신학, 피어선, 허종화식품공학, 경상대, 현종익수학, 제주교육대 총장, 현창기생물공학, 한동대, 현천호기계공학, ADD, 홍기범인하대 등이상 대학교육·KACR 관계자 국한. 이 밖에도 수많은 학자와 전문 강사들이 이 운동에 참여하고 있다.

해외에서 활동하는 학자로는 미국의 최인식의학, KACR 미주지부 박사를 비롯, 이재만지질학, ACT, 이동용천문학, KACR 시카고지부, 박창성지구과학, WEC, 김무현기계공학, 텍사스공대, 김루웅발생공학, KACR 워싱턴지부, 김낙경식품공학, 식약청, 최우성생화학, ACT, 일본의 우제태응용생물학, 中部大學, 인도네시아의 김요한고체물리학, 수라바야대, LSPI과 고 전광호분자생물학, 수라바야대, 몽골의 고재형생명과학, KAIST, 몽골국제대 등을 들 수 있다.

창조주의 능력과 신성이 숨쉬는 자연

자연계를 바라보면서 어떤 이들은 우연의 결과로, 어떤 이들은 창조주의 작품으로 해석한다. 사상事象은 하나인데 해석 방법은 이처럼 확연히 갈린다. 그러나 정직한 과학자라면, 자연계에 나타난 창조주의 능력과 신성을 발견하게 될 것이다.

성경과 과학은 대립하지 않으며 상호보완적이다. 아인슈타인은 '종교가 없는 과학은 절름발이고, 과학이 없는 종교는 장님'이라 했고, 뉴턴은 '이성은 종교의 벗'이라 했다. 그런데 오늘날 일부 크리스천 과학자들이 성경을 비과학적이라 매도하고 훼손하는 것은 매우 안타까운 일이다. 더 늦기 전에 신학자와 창조과학자들이 협력해 바른 대안을 만들고 진화론의 덫에 걸린 한국 교회를 구출해야 할 것이다.

주요 참고 자료 가나다, ABC순

| 국문 단행본 |

강상렬 역, 엘렌 로스 원저,《BKC강해주석 창세기》, 두란노, 서울, 2011.

과학기술원 창조론연구회 역Philip Johnson 원저,《다윈주의 허물기》, IVP, 서울, 2000.

길원평 외,《줄기세포 연구와 난치병 치료》, 배아복제반대 과학자모임, 서울, 2006.

김광채 역,《성 어거스틴의 고백록》, CLC, 서울, 2004.

김기환,《생물의 진화는 과학적 사실인가?》, 한국진화론실상연구회, 서울, 2008.

김봉태,《훈민정음의 음운 체계와 글자 모양》, 삼우사, 서울, 2002.

김석희 역David Roll 원저,《문명의 창세기》, 도서출판 해냄, 서울, 2007.

김성일 등,《성경으로 여는 세계사》1-3권, 신앙계, 서울, 2004.

김성일 등,《한민족 기원 대탐사》, 창조사학회, 서울, 1999.

김영길 · 조덕영,《과학으로 푸는 창조의 비밀》, 국민일보, 1994.

김재욱,《진화론에는 진화가 없다》, 생명의말씀사, 서울, 2011.

김정훈,《아담의 배꼽》, 서울, 2009.

김종배,《신비한 인체의 창조 섭리》, 국민일보, 서울, 2005.

김　준, 《진화론의 붕괴》, 한국창조과학회, 서울, 2010.
김지찬 역Flavus Josephus 원저, 《유대 고대사 I》, 22쇄, 생명의말씀사, 서울, 2011.
김창환 공역Michel Behe 원저, 《다윈의 블랙박스》, 불빛, 서울, 2001.
박영목 · 김영수 공역찰스 다윈 원저, 《종의 기원》, 한길사, 서울, 1994.
박영호 역웬함 고든 원저, 《창세기 1-15상》, 4쇄, 도서출판 솔로몬, 서울, 2006.
박종일 역, 《다윈주의와 지적 설계론》, 인간사, 서울, 2009.
박봉규 외, 《인간환경》, 동성사, 서울, 1994.
박재성, 《성경이 만든 한자》, 드림북스, 서울, 2007.
선한용 역, 《성 어거스틴의 고백록》, 대한기독교서회, 서울, 2003.
손봉호, 창조의 철학적 의미, 《창조는 과학적 사실인가?》, pp. 155-162, 14판, 한국창조과학회, 서울, 1995.
심재원, 《복음을 담은 그릇 우리말 보듬기》, 도서출판 좋은 땅, 서울, 2010.
《아가페 성경사전》, 23쇄, 아가페성경사전편찬위원회, 서울, 2007.
안경전 역주, 《환단고기》, 상생출판, 대전, 2012.
양승훈, 《창조와 격변》, 예영, 서울, 2006.
유석근, 《또 하나의 선민 알이랑민족》, 예루살렘, 서울, 2006.
유재덕, 《기독교 역사》, 6쇄, 도서출판 브니엘, 서울, 2010.
이강국 역, 《한자에 담긴 창세기의 발견》, 미션하우스, 서울, 2006.
이광일 역수잔 바우어 원저, 《세상의 모든 역사》, 이론과 실천사, 서울, 2007.
EBS다큐프라임 제작팀, 《신과 다윈의 시대》, 세계사, 파주, 2010.
이규봉 공역아리엘 로스 원저, 《우주와 생명의 기원》, 시조사, 서울, 2008.

이근영 역제카리아 시친 원저, 1999, 《틸문, 그리고 하늘에 오르는 계단》, 이른 아침, 2006.

이동선 역루이스 파스퇴르 원저, 《자연발생설의 검토》, 안국출판사, 서울, 1987.

이병수 편역, 《정확무오한 성경》, 세창미디어, 서울, 2011.

이병수 역, 《큰 깊음의 샘이 터지며》, 한국창조과학회, 서울, 2013.

이병호 역샤르댕 원저, 《자연 안에서 인간의 위치》, 분도출판사, 왜관, 2006.

이승엽 · 이수현 공역Philip Johnson 원저, 《심판대 위의 다윈》, 제2판, 까치, 2006.

이승엽 · 김응빈 공역스티븐 마이어 등 원저, 《생명의 진화에 관한 8가지 질문》, 2011.

이심주 역, 《우주와 인간의 시작》, 부흥과 개혁사, 서울, 2011.

이용철 역리처드 도킨스 원저, 《눈먼 시계공》, 사이언스 북스, 2004.

이웅상 공저, 《자연과학과 기원》, 생능출판사, 서울, 2009, 2012수정판.

이재만, 《노아 홍수 콘서트》, 두란노, 서울, 2009.

이재만, 최우성, 《빙하시대이야기》, 두란노, 서울, 2011.

이정자, 《생명의 수학적 디자인》, 북스힐, 서울, 2008.

이은일, 《한 손에 잡히는 창조과학》, 두란노, 서울, 2008.

임번삼, 《잃어버린 생명나무를 찾아서》상 · 하, 두란노, 서울, 2002.

임번삼, 《창세기가 말하는 창조역사》Ⅰ · Ⅲ · Ⅱ, 한국창조과학회, 서울, 2007.

임번삼, 《창조과학원론》상 · 하, 한국창조과학회, 서울, 2007.

임번삼, 《진화론 · 교과서 · 세계관》, 제1회 교과서진화론 개정 추진 학술 포럼, 서울역 대회의실, 2012. 6. 16.

임번삼 · 전광호 · 우제태 공역Michel Denton 원저, 《진화론과 과학》, 한국창조과학회, 1994.

장국원, 《역사와 신화》, 서울, 2006.

전광호, 우재태 공역, 《고대한자 속에 감추어진 창세기 이야기》, 예향, 인천, 1996.
전문진 외, 《현대의 생물공학과 생물산업》, 400-409, 아카데미서적, 서울, 2003.
정동수 역, 《천사와 UFO 바로알기》, 그리스도예수안에, 인천, 2009.
정동수 역, 《킹제임스 흠정역성경전서, 제2판》, 그리스도예수안에, 인천, 2008.
제자원, 《옥스퍼드원어성경사전》, 창세기 1-11장, 제자원, 서울, 2006.
소호연, 김종흡 공역어거스틴 원저, 《하나님의 도성》, 크리스천다이제스드, 고양, 2010.
필립 존슨 원저, 이승엽 · 이수현 공역, 《심판대 위의 다윈, 지적설계논쟁》, 까치글방, 서울, 2006.
한국창조과학회, 《30가지 테마로 본 창조과학》, 생명의말씀사, 서울, 2011.
한국창조과학회 역Fred Willson 글, 《하나님의 창조 속에 나타난 형태 · 수 · 패턴 및 황금비율, 피보나치 수열 · 황금나선, 그리고 행성의 공전 주기》원문은 ICR, Impact, 354, 2002.
한창완, 《기독교의 진수》, 쿰란출판사, 서울, 2011.
홍종락 역, 《진리의 쐐기를 박다》, 좋은 씨앗, 2005, 서울Philip E. Johnson, 2000, The Wedge of Truth, Splitting the Foundation of Naturalism, Intervasity Press, Downers Grove, Il..
히틀러, 《나의 투쟁》, 홍신문화사, 서울, 2006

| 영문 단행본 |.

Andrew Snelling, *AiG-U.S*, November 7, 2007.

Arthue C. Custance, *Flood Tradition of the World, The Flood: Local or global?*, Grand Rapid, MI, 1979.

Batt D. Ehrman; *Misquoting Jesus: The Story Behind Who Changed the Bible and Why*, 2005한국어판, 성경왜곡의 역사, ISBN 978-89-352-0649-0.

Colin Renfew, *Before Civilization*, Alfred A. Knopf Publishers, N.Y., 1974.

C. Thaxton et al, *The Mystery of Life's Origin*, Philosophical Library, 1984.

Duane T. Gish, *Evolution, The Fossils Say NO!*, Creation Life Publishers, San Diego, 1979.

Emil Borrel, *Elements of the theory of probability*, Prentice Hall, Englewood Cliff, N.J., 1965.

Ernst Mayr, *Populations, Species and Evolution*, Belknap Press, Cambridge, Mass. 1970.

Ernst Mayr, *Foreword to Process and Pattern in Evolution by Terrell H. Hamilton*, MacMillan, NY, 2011.

Evan Fales, *Naturalism and Phisicalism, in Martin*, 2007 .

Francis S. Collins, *The Language of God: A Scientist Present Evidence for Belief Simmons and Schuster*, 2006.

Herototus, *History*, BC 440.

Henry M. Morris, *The Biblical Basis Modern Science*, 3rd Printing, Master Books, Green Forest, AR, 2004.

Henry M. Morris, *The Defender's Study Bible*, Master Books, 2006.

Henry M. Morries, *The Genesis Record*, Baker Books House, Grand Rapid, Michigan 39th ed., 2006.

Henry M. Morris, *The Long War Against God*, Baker Books House, Grand Rapids, MI, 1989.

Hubert P. Yckey, *Information Theory, Evolution and the origin of life*, Cambridge University Press, 2005.

Jean Bottero, *Every Life in Ancient Mesopotamia*, 2001.

John D. Morris, *The Young Earth, Master Books*, 1994.

John T. Scoupes, James Presley, *Centre of the storm: Memories of John T. Scoupes*, Holt, Rinehart & Winston, New York, 1967.

Jonathan Wells, *Icons of Evolution; Science or Myth?*, Regnery Publishing Inc., 2002.

Julian Huxley, *Essays of a Humanist*, Harper & Row, New York, 1964 .

Julian Huxley, *Evolution in Action*, New American Library, New York, 1963.

Julian Huxley, *The New Divinity in Essays of a Humanist'*. Penguin, London. 1969Barlow C. 2003. A Tribute to Julian Huxley, and others, p. 3.

Kai Nielsen, *Atheism*, Encyclopedia Britannica, Aug. 23, 2009.

Kenneth Ham, *The New Answers Book*, Master Books, Green Forest, AR, 2007.

Lewis Spencer, *The Myth of Mexico and Peru*, 1994Origin de los Indias.

L. Vardiman et al, *Radioisotopes and the Age of the Earth-Young Earth Creationist Research Initiative*, Vol.1(2004) and Vol.2(2005), Institute for Creation Research, Sandiago, CA.

M. Ruse, *But is it science?: The philosophical questions to Evolution Controversy*, Prometheus Books, New York, 1988.

Percival Davis et al, *Of Pandas and People*, Haughton Publication, 1989.

Philip Zuckerman , *Atheism: Contemporary Rates and Patterns, chapter in The Cambridge Companion to Atheism*, ed. by Michael Martin, Cambridge University Press: Cambridge, UK, 2005 .

Randy L. Wysong, *The Creation-Evolution Controversy*, Inquiry Press, Midland, MI., 1976.

Robert Silberberg, *Scientists and Scoundrels*, A Book of Hoaxes, 1965.

R. R. Wilson, *Geneology and History*.

Samuel N. Kramer, *The Sumerians; Their History, Culture, and Character*, 1963.

Stephen J. Gould, *The Structure of Evolution Theory*, Cambridge: Belknap Press of Harvard University Press, Boston, 2002.

Stepen Meyer, *The origin of biological information and the higher taxonomic categories*, Proceedings of the Biological Societies of Washington, 2004.

Ted Hondenrich, *Humanism*, The Oxford Companion to Philosophy, Oxford University Press, 1995.

The Westminster Confession of Faith, London, 1643.

William F. Albright, *Recent Discoveries in Bible Land appended to Robert Young's Analytical Concordance to the Bible*, New York: Fund and Wagnalls, 1936.

William A. Demsky, *The design inference : Eliminating Chance Through*, Cambridge University Press, Cambridge, 1998.

찾아보기 가나다, ABC순

| ㅁ |

| ㅂ |

| ㅈ |

창세기의 원原역사, 과학으로 말하다
–창세기 1–11장

초판 1쇄 발행 | 2014년 5월 15일
초판 2쇄 발행 | 2015년 11월 25일

지은이 | 임번삼
펴낸이 | 임만호
펴낸곳 | 도서출판 **크리스챤서적**
주 소 | 서울 강남구 선릉로 112길 36 창조빌딩 2F (우: 135-867)
전 화 | 02)544-3468~9 **팩 스** | 02)511-3920
e-mail | holybooks@naver.com
등록번호 | 제 10-22호 **등록일자** | 1979년 9월 13일

책임편집 | 임영주
디자인 | 임홍순
제 작 | 임성암
관 리 | 정진수 · 양영주

Printed in Korea
ISBN 978-89-478-0303-8 03230

정가 15,000원